地铁车辆段技术管理创新与实践

黄　剑　李岳平　主编

吉林科学技术出版社

图书在版编目（CIP）数据

地铁车辆段技术管理创新与实践 / 黄剑， 李岳平主编. -- 长春 : 吉林科学技术出版社， 2024.5

ISBN 978-7-5744-1315-3

Ⅰ. ①地… Ⅱ. ①黄… ②李… Ⅲ. ①地下铁路一车辆段一研究 Ⅳ. ①U231.4

中国国家版本馆 CIP 数据核字（2024）第 092685 号

地铁车辆段技术管理创新与实践

主　　编　黄　剑　李岳平
出 版 人　宛　霞
责任编辑　鲁　梦
封面设计　树人教育
制　　版　树人教育
幅面尺寸　185mm×260mm
开　　本　16
字　　数　350 千字
印　　张　15.75
印　　数　1~1500 册
版　　次　2024 年 5 月第 1 版
印　　次　2024 年10月第 1 次印刷

出　　版　吉林科学技术出版社
发　　行　吉林科学技术出版社
地　　址　长春市福祉大路5788 号出版大厦A 座
邮　　编　130118
发行部电话/传真　0431-81629529 81629530 81629531
81629532 81629533 81629534
储运部电话　0431-86059116
编辑部电话　0431-81629510
印　　刷　廊坊市印艺阁数字科技有限公司

书　　号　ISBN 978-7-5744-1315-3
定　　价　95.00元

编 委 会

主　编

黄　剑　中交四航局第五工程有限公司

李岳平　中交四航局第五工程有限公司

副主编

王洛怡　中交四航局第五工程有限公司

徐进增　中交四航局第五工程有限公司

李　伟　中交四航局第五工程有限公司

刘　斌　中交四航局第五工程有限公司

邱祥临　中交四航局第五工程有限公司

鲍　金　中交四航局第五工程有限公司

许远方　中交四航局第五工程有限公司

陈学勤　中交四航局第五工程有限公司

前　言

随着城市化进程的加速发展，地铁作为高效、便捷的交通工具，在各大城市中发挥着日益重要的作用。地铁车辆段的土建装修施工是确保地铁安全、高效运行的关键环节，其中涉及的技术管理问题更是重中之重。本书聚焦于这一领域，深入探讨地铁车辆段技术管理的创新与实践。

本书首先对地铁车辆段技术管理的基本概念、发展历程和现状进行概述，为后续的深入探讨奠定基础；重点分析当前地铁车辆段技术管理面临的挑战与问题，提出针对性的创新策略。本书的特色在于深入浅出地阐述了地铁车辆段技术管理的核心问题与解决方案，帮助读者更好地理解地铁车辆段技术管理的实际应用和实施过程。

此外，本书还对未来发展趋势进行展望，为地铁车辆段技术管理的持续创新提供思路和指导。希望本书能够为相关从业人员提供有益的参考和借鉴，促进地铁车辆段技术管理的进步和发展。同时，我们也希望通过本书的出版，能够引发更多人对地铁车辆段技术管理的关注和思考，共同推动我国地铁事业的健康发展。

目　录

第一章　项目概况

本章将以福州市城市轨道交通4号线一期工程建设作为主要研究内容，对其项目的工程概况以及施工方面的自然条件和相关的施工管理要求进行阐述。

第一节　工程概况

一、项目简介

福州市城市轨道交通4号线一期工程建设规模为线路全长28.4km，线路起点为橘园站、终点站为帝封江站，全线均采用地下线敷设，共设23座车站，设螺洲车辆段1座，洪塘停车场段1座。4号线一期全线划分为三个标段，其中第3标段内容包含鳌峰路站（不含）~江边村站~会展中心站~林浦站（不含与6号线换乘节点部分）~城门站~螺洲镇站~帝封江站（不含）、螺洲车辆段及出入段线，共5站6区间1车辆段及出入段线。4号线一期第3标段合同价约为35.12亿元人民币（合同暂定总价），已于2022年3月31日建成。

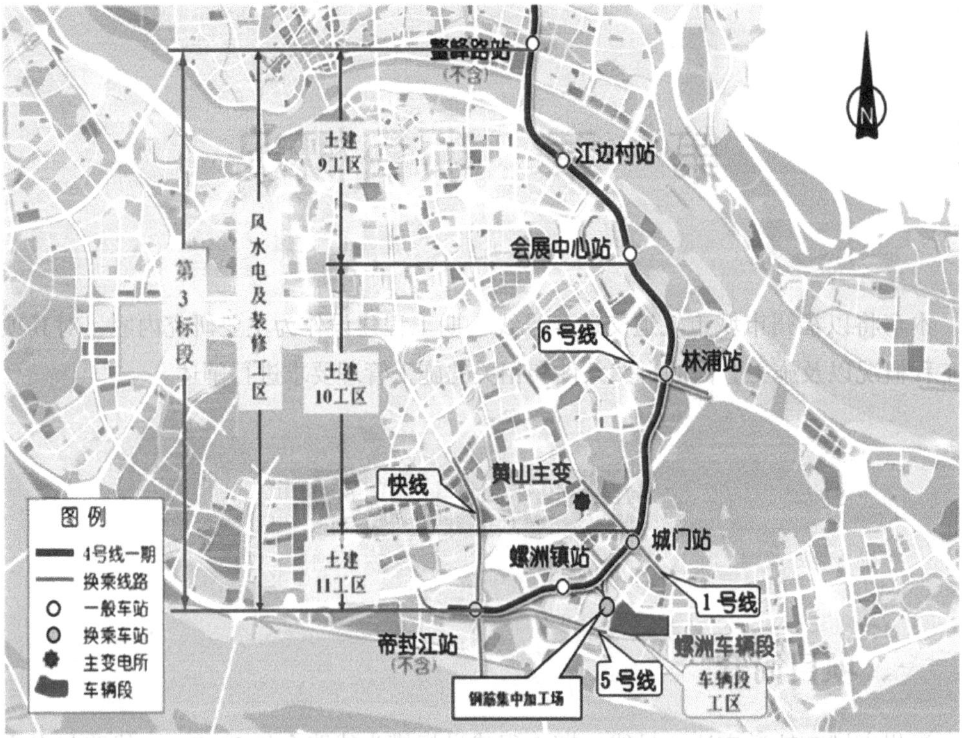

图 1-1　福州地铁 4 号线一期第 3 标段范围及螺洲车辆段工区位置图示

4 号线车辆段选址位于线路南端，规划螺洲支路移动螺城路以南，规划前锦路以西，规划螺福路以北的地块内，占地面积约 23.22 公顷，选址内主要为方岐洲村和前锦村。合同价约为 6.51 亿元人民币（合同暂定总价），计划于 2022 年 3 月 31 日建成。项目基本概况见表 1-1。

表 1-1　项目基本概况

序号	项目	内容
1	工程名称	福州市城市轨道交通 4 号线一期工程第 3 标段 螺洲车辆段
2	建设单位	福州地铁集团有限公司
3	勘察单位	广州地铁设计研究院有限公司（联合）福建省建筑设计研究院
4	设计单位	广州地铁设计研究院有限公司（总体院） 广州地铁设计研究院有限公司（工点院）
5	监理单位	四川铁科建设监理有限公司（联合）福建亿联升集团有限公司
6	总承包单位	中国交通建设股份有限公司
7	施工单位	中交第四航务工程局有限公司
8	监督单位	福州市建设工程质量安全监督站
9	合同价	65116.2421 万元（暂定） （按施工图据实结算，项目的费用按照 7% 下浮率调整价款）

续表

序号	项目	内容
10	承包方式	施工总承包
11	合同工期	合同工期 1552 日历天。 开工日期：2017 年 12 月 31 日； 竣工日期：2022 年 3 月 31 日； 试运行日期：2022 年 4 月 1 日 -2022 年 6 月 30 日； 各车站、区间必须在 2020 年 12 月 28 日前实现洞通，具体节点工期按主合同相关要求执行。 执行本协议规定的工期，如业主有调整，按调整后的日期执行。
12	建设地点	福州市仓山区城门镇前锦村、城门村

二、工程简介

螺洲车辆段征地总面积 23.22 万 m^2，为地下结构。车辆段分盖下结构及盖外结构两部分，盖下及盖外共设计有 14 栋单体建筑，建筑占地面积 205277m^2，建筑总面积 170370.89m^2（包含盖板面积），盖上用于上盖物业开发（不在本次招标范围）。

螺洲车辆段定位为 4 号线的定修车辆段，承担 4 号线的定修、月检、列检及停放任务，大架修任务由 6 号线横港车辆段承担，同时具备临修功能。车辆编组采用 B 型车 6 辆编组。供电制式采用 DC1500v 接触网供电。

螺洲车辆段主合同工程内容（不含工艺设备及钢作业平台）见表 1-2。

表 1-2　螺洲车辆段主合同工程内容一览表

序号	工程项目	工程内容
1	上盖物业开发的盖板和盖下工程	包括：土建工程、绿化工程、装修工程、所有风水电混凝土结构内预埋管线、垫铁及穿线、吊、托、支架、设备基础、预埋工程（除相关设备采购及安装外）（乙方统筹协调为准）、永久用水、排水的接入。
2	前期工程	租借地、三通一平、市政设施迁移维护、绿化迁移、临时占道、交通疏解及市政道路破复、管线迁改、河道迁改、配合辅助工程等前期工程。
3	与 4 号线一期工程同步实施及配套的工程	含管线、站点周边景观改造提升、道路永久回复、提升及移交项目。
4	4 号线一期工程相关工程	4 号线一期工程上盖、下穿、交叉换乘、附属配套工程等和地铁相关的工程、综合管廊。
5	其他	主合同文件中施工图纸、工程量清单和本工程招标文件中的相关条款以及业主单位及甲方认为必须由乙方完成的工程内容。

螺洲车辆段设计总平面布置图详见图 1-2 所示。

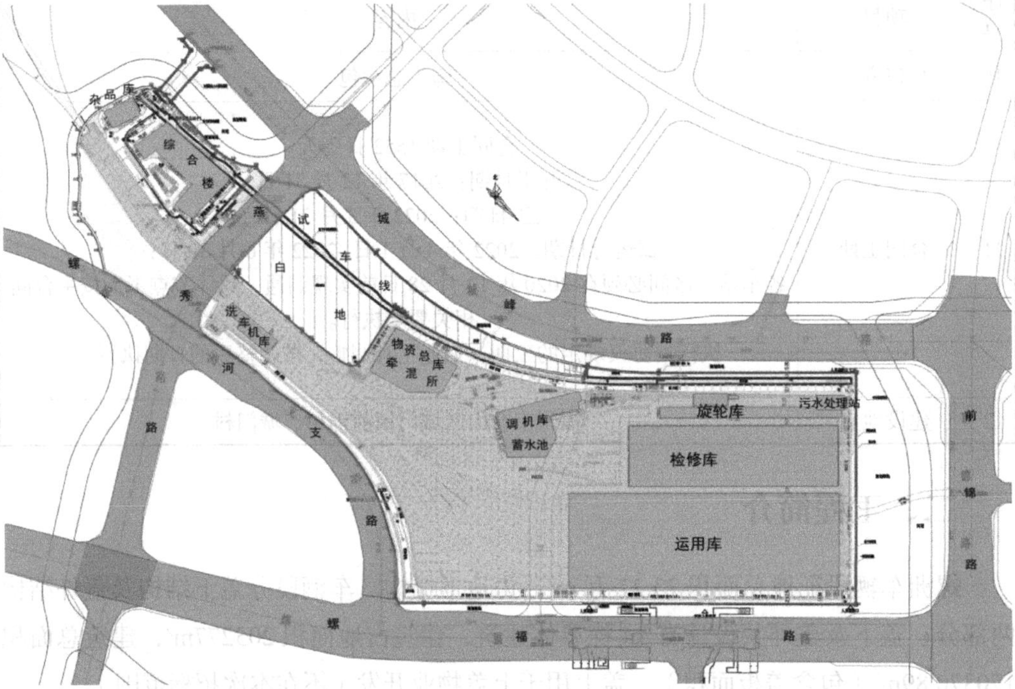

图 1-2 螺洲车辆段设计总平面布置图

1. 工程内容（主合同）

螺洲车辆段工程内容（不含工艺设备及钢作业平台）包括：前期工程、土建工程、人防工程、绿化工程、装修工程、通风空调、给排水和消防（除灭火系统）、动力照明、燃气、电梯、厨房设备等安装工程及永久用水、排水接入。

2. 主要工程量

因目前设计图纸尚未出图，主要工程量仅能结合初步设计概算清单进行统计，主要工程量详见下表 1-3 所示：

表 1-3　主要工程量清单表（初步设计概算清单）

序号	项目	单位	数量
一	生产办公房屋	m^2	170790.52
1	建筑与装饰	m^2	170790.52
1.1	土建结构	m^2	166444.25
1.1.1	盖板下	m^2	128986.93
1.1.2	盖板外	m^2	37457.32
1.2	装修	m^2	170790.52
2	低压照明	m^2	170790.52
3	通风空调	m^2	170790.52
4	给排水及消防	m^2	170790.52
5	电梯	部	6
二	附属工程	项	1
1	基坑支护	m^2	94648.14
1.1	支护	m^2	94648.14
1.2	挡土墙	m^2	22279.268
2	路基土石方	m^3	1367083.00
2.1	土方开挖	m^3	1186484.00
2.2	土方回填	m^3	151333.00
3	施工监测	项	1
4	场区道路	m^2	27595.00
5	站场排水	m	9210.00
6	试车线（盖外部分）	m^2	4600.20
7	场区绿化	m^2	81215.64
8	地下通道	m^2	983.66
9	标志导向	项	1
10	其他	项	1
三	盖板屋面	m^2	128986.93
四	上盖匝道	m^2	2352.20
五	前期工程	—	—
1	河道迁改工程	项	1
2	交通疏解、管线迁改、便道工程	项	1

第二节　工程项目实施条件及重难点技术分析

一、项目实施条件及实地调查勘察

（一）地理位置

螺洲车辆段选址位于福州地铁 4 号线一期线路南端，选址位于福州市仓山区螺城路以南，规划前锦路以西，规划螺福路以北的地块内。经现场考察螺洲车辆段占地范围主要包括城门镇前锦村与城门村两个村庄，地理位置图详见下图 1-3 所示。

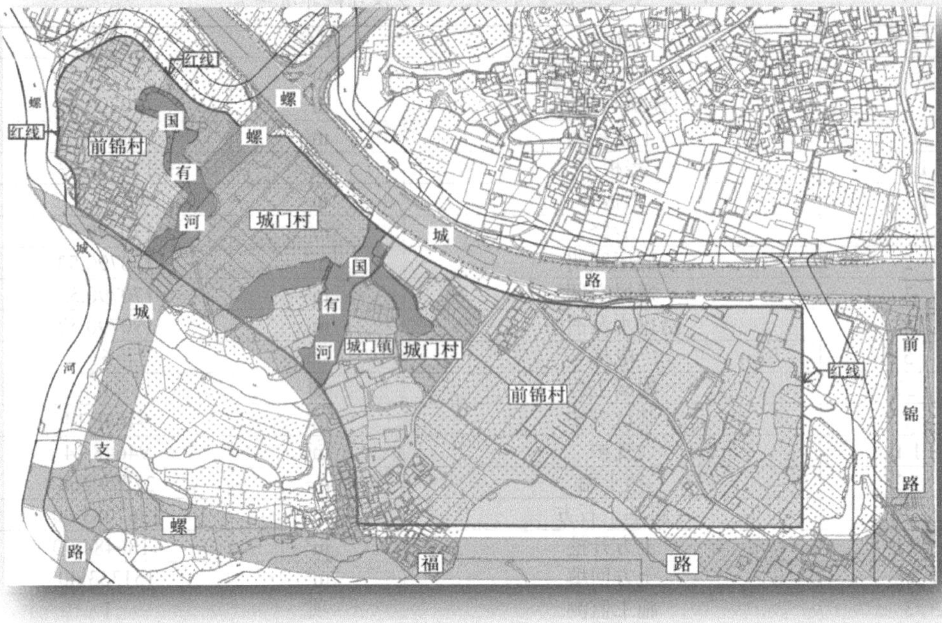

图 1-3　螺洲车辆段地理位置图

（二）周边环境

1. 场地现状

螺洲车辆段用地现状为农田、池塘、民房及部分厂房，总拆迁面积约 5.76 万 m^2。其中主要厂房沿螺城路侧分布，厂房建筑面积约 1.50 万 m^2。民房主要分布在车辆段北侧及西南角，民房建筑面积约 4.26 万 m^2。其余区域主要为农田及池塘。

红线范围内有一条既有河道“螺城河”，该河道横穿车辆段西侧用地范围（影响长度约 200m，河道最宽处约 30m，深度约 1 ~ 3m）。目前该河道部分迁改工作已由中冶京城单位实施，部分纳入车辆段范围，由中交四航局实施，经同实施单位对接“2020 年 3 月 31 日具备通水条件”为该改河项目工期节点目标。若按该目标推进，总体项目不影响螺洲车辆段施工。

根据地勘资料揭示车辆段原场地内外分布有鱼塘和小河涌，且本场地 <2-4-6>（含泥）中细砂层较发育，地表水与地下水存在水力联系，第四系松散层孔隙潜水与第四系松散层孔隙承压水有一定的水力联系，第四系松散层孔隙承压水与孔隙—裂隙水及基岩裂隙水有一定的水力联系。地下水位受季节及气候条件等影响。

车辆段西南侧河道为新建河道根据现场调查未出现较大水位变化；车辆段设计围护结构盖下基坑采用 SMW 工法桩 + 竖向斜撑方案进行围护，出入段基坑采用“旋挖桩 + 内支撑”型式进行围护，围护结构穿透 <2-4-6>（含泥）中细砂层，确保基坑施工安全。

2. 管线调查情况

本项目施工范围内弱电管线、水管、架空高压电、信号塔等，目前施工影响范围内周边管线主要为横穿整个用地红线区的前锦村 10kv 架空高压电，岐尾 10kv 架空高压电，福州闽华鞋业公司用电，1 号环网柜，3 号变压器，胪雷变 956 开关（10kv），高仕路站用电（10kv）、直径 100mm 的钢管供水管。

（1）架空高压线

场内所有高压线为架空形式，前锦村 10kv 架空高压电位于站场咽喉区，岐尾 10kv 架空高压电位于运用库区域，福州闽华鞋业公司用电，胪雷变 956 开关（10kv）位于检修库施工区域，高仕路站用电（10kv）位于运用库施工区域，均横穿施工场地，南北走向，部分电线杆位于征地红线内，后期该区域施工前需迁改至场地外侧。

（2）直径 100mm 钢管供水管

目前直径 100mm 的钢管沿着村道地面铺设，未埋设，横穿施工场区，后期该区域施工前需迁改至场地外侧。

（3）环网柜、变压器

环网柜位于场区东北角试车线施工区域附近，3 号变压器位于库前施工区域，后期该区域施工前需迁改至场地外侧。

（4）其他

根据以往图纸，现场走访情况显示地下无预埋燃气、自来水、输油管道等。但是在施工过程中要注意若有异常管线出现一定要认真核实。

3. 水文气象条件

（1）水文

1）地下水类型

依据初勘报告，地下水按赋存方式分为第四系松散岩类孔隙水、层状基岩裂隙水。

2）地下水补给与排泄

第四系孔隙潜水主要赋存在第四系砂层中，其补给主要靠大气降水，砂层水排泄主要表现为大气蒸发，地下水水位受季节影响明显。第四系孔隙承压水主要接受大气降水、上层地下水向下补给及侧向径流的补给，以蒸发、侧向径流和越流补给下一层地下水的方式排泄。

基岩裂隙水发育于强风化—中等风化带中，主要由远处侧向补给以及在基岩裂隙水水位下降时由第四系砂层越流补给，排泄主要是以地下径流的方式排入临近河流和湖泊。

3）地下水动态

勘察区内，地下水位变化主要受气候的控制，每年 4 ~ 9 月份为雨季，大气福州市轨道交通降水丰沛，是地下水的补给期，其水位会明显上升，而10月～次年3月为地下水的消耗期，地下水位随之下降，但表层孔隙潜水，孔隙承压水、基岩水水位、水质等特性相对稳定；水位年变化幅度为2.0～3.0m。市区内河附近的上层滞水水位会随内河水位的变化而变化，在闽江、乌龙江附近地下水亦会随闽江以及乌龙江的潮汐水位涨落而起伏变化。

（2）气象

根据福州市地方志编纂委员会办公室编写的《福州市志》，福州市属亚热带海洋性季风气候，温和湿润、雨量充沛、光热丰富。年平均气温在19.3℃以上，年日照时数在2000小时以上。每年5～6月为雨季，月最高雨日18天，年平均雨天149天，无霜期326天，多年平均降雨量1359.6mm；历年地面平均风速为2.7m/s，全年主导风向为静风（C），其频率20.2%，次主导风向为东南风，频率14.5%；台风的影响发生在5月中旬至11月中旬，7月中旬至9月下旬为盛行期，占全年发生次数的80%，年均5.4次，受台风影响平均风速和极大风均达12级，风向北西。多年平均气温19.6℃，历年极端最高气温39.9℃，历年最低气温-1.7℃；平均雾日为22.4天，最高达68天。

4. 工程地质条件

根据《福州市轨道交通4号线工程螺洲车辆段及出入段线初步勘察阶段岩土工程勘察报告》及阶段性详勘中间资料揭示，螺洲车辆段地质情况最突出的特点是（含泥）中细砂层较厚（2～16m）、广泛分布有淤泥，对止水围护桩、建筑灌注桩、基坑开挖质量控制带来较大影响。主要地层由上至下分别为耕田土/杂填土、粉质黏土、淤泥、（含泥）中细砂、淤泥夹砂、淤泥质土、强风化岩（砂土状）、强风化岩（碎块状）、中风化岩。

（1）地质剖面图

车辆段场范围内主要地层由上至下分述如下列内容：

1）填土层（Q4ml）

①素填土（Q4ml）<1-1>

以黏性土、粉土为主，夹有5%～10%的碎石、沙砾，为中压缩性土，表层0.00～0.50m含有少量植物根系，回填年限多大于10年。本层在1个钻孔（BDZ2-B223）中揭示，本层厚度1.60m；层顶标高6.06m；层底标高4.46m。

②杂填土（Q4ml）<1-2>

以碎石、中细砂和黏性土为主，夹有5%～25%的碎石、沙砾，含少量生活垃圾、建筑垃圾，土质不均匀，回填年限多大于10年。本层在29个钻孔中揭示，本层厚度0.50～6.80m，平均厚度3.08m；层顶标高5.76～8.85m，层底标高0.05～5.86m。

③耕植土（Q4ml）<1-3>

灰、灰黑色，松散，稍湿，主要位于农田耕种区域范围内，含有大量植物根系和腐殖质，本层在7个钻孔中揭示，本层厚度0.50 ~ 0.80m，平均厚度0.61m；层顶标高5.38 ~ 6.35m，层底标高4.78 ~ 5.85m。以上各填土地层在垂直方向上分布均为不均匀，局部可能存在上层滞水。

2）长乐组海陆交互相、海相沉积层（Q4mc/Q4m）

①海陆交互层（Q4mc）

粉质黏土，地层代号<2-1>

可塑状态，含高岭土、氧化铁，切面较光滑，有光泽，无摇振反应，干强度与韧性中等，黏性一般。本层不连续分布，厚薄变化大，在25个钻孔中揭示，本层厚度0.60 ~ 4.00m，平均厚度1.65m；层顶标高2.08 ~ 5.86m，层底标高1.08 ~ 4.85m。

②海积层（Q4m）

A. 淤泥，地层代号<2-4-1>

深灰色，流塑，饱和，含腐植质、有机质，有腥臭味，无摇振反应，有光泽，切面光滑，干强度及韧性中等，有机质含量在3.05% ~ 4.57%。本层在35个钻孔中揭示，本层厚度0.50 ~ 9.50m，平均厚度2.91m；层顶标高1.08 ~ 4.85m，层底标高-5.30 ~ 2.85m。

B. 淤泥质土，地层代号<2-4-2>

深灰色，流塑 ~ 软塑状态，含腐植质、有机质，以及少量砂，有腥臭味，无摇振反应，有光泽，切面光滑，干强度及韧性中等，有机质含量约4.13%。本层在17个钻孔中揭示，本层厚度1.40 ~ 9.50m，平均厚度5.37m；层顶标高-18.24 ~ -0.86m，层底标高-26.28 ~ -8.36m。

C. 淤泥夹砂，地层代号<2-4-4>

呈深灰色，流塑，饱和，以黏粒为主，多夹2 ~ 10mm粉细砂薄层，层状砂与淤泥厚度比大于1/10，局部表现为淤泥与砂交互层，呈千层饼状分布规律，另含有腐烂植物碎屑，有腥臭味，摇振反应中等，无光泽，干强度及韧性低，有机质含量在1.83 ~ 5.05%。本层在23个钻孔中揭示，本层厚度1.00 ~ 13.10m，平均厚度4.16m；层顶标高-14.72 ~ -1.78m，层底标高-21.53 ~ 2.78m。

D.（含泥）中细砂，地层代号<2-4-6>

呈深灰色，中密为主，局部稍密，饱和，以细砂和中砂为主，局部夹有粗砂和粉砂透镜体，另含一定量的淤泥及少量有机质，颗粒级配良好。本层在35个钻孔中揭示，本层厚度0.80 ~ 18.20m，平均厚度7.80m；层顶标高-21.53 ~ 2.85m，层底标高-23.03 ~ -0.86m。

3）东山组海积、冲积～洪积层（Q3m/Q3al+pl）

①粉质黏土，地层代号 <3-1>

灰黄、灰绿色，可塑～硬塑状态，含高岭土、氧化铁，切面较光滑，有光泽，无摇振反应，干强度与韧性中等，黏性较好。本层在 32 个钻孔中揭示，本层厚度 1.500 ～ 28.40m，平均厚度 7.48m；层顶标高 -35.04 ～ 0.13m，层底标高 -43.00 ～ -9.54m。

②粉细砂（Q3m/Q3al），地层代号 <3-2>

浅灰色，中密～密实状态，饱和，成分以粉砂、细砂为主，局部夹有中粗砂、砾砂。颗粒级配良好。本层在 11 个钻孔中揭示，本层厚 1.50 ～ 3.30m，平均厚度 2.52m；层顶标高 -32.54 ～ -24.48m，层底标高 -34.64 ～ -27.34m。

③淤泥质土（Q3m/Q3al）地层代号 <3-4>

深灰色，流塑～软塑状态，饱和，含少量砂、腐植质、有机质，蛤等，无摇振反应，有光泽，切面光滑，干强度及韧性中等，有机质含量 2.09% ～ 2.51%。本层在 8 个钻孔（MZD2-B132、MZD2-B141、MZD2-B142、MZD2-B143、MZD2-B144、MZD2-B080B、MZD2-B208、MZD2-B225）中揭示，本层厚度 1.20 ～ 7.00m，平均厚度 4.06m；层顶标高 -25.76 ～ -9.54m，层底标高 -28.64 ～ -12.44m。

④卵石（Q3m/Q3al+pl）地层代号 <3-8>

浅灰色，密实，饱和局部松散或中密，饱和，圆形、亚圆形，磨圆度较好，风化程度为中等风化，粒径一般为 0.3 ～ 4 厘米，揭示粒径最大达 13 厘米，含量为 50% ～ 60%，间隙主要多中细砂充填。本层在 10 个钻孔（MZD2-B209、MZD2-B203、MZD2-B204、MZD2-B217、MZD2-B218、MZD2-B222、MZD2-B223、MZD2-B226、MZD2-B227、MZD2-B231）中揭示，本层厚度 3.30 ～ 16.00m，平均厚度 7.65m；层顶标高 -31.08 ～ -26.28 m，层底标高 -45.30 ～ -31.39m。

4）残积 / 坡积土层（Qel-dl）

熔结凝灰岩残积黏性土（硬塑），地层代号 <5-5>

呈灰黄色，黄褐色等，硬塑，湿，岩芯呈土柱状，具有遇水崩解特点，原岩为熔结凝灰岩。摇振无反应，光泽反应光滑，干强度及韧性中等。本层仅在 4 个钻孔（MZD2-B221、MZD2-B223、MZD2-B225、MZD2-B228）中有揭示，本层厚度 1.90 ～ 5.00m，平均厚度 3.20m；层顶标高 -37.34 ～ -29.56m，层底标高 -39.24 ～ -32.96m。

5）岩石全风化带（γ53/J3n）

全风化熔结凝灰岩，地层代号 <6-2>

呈灰黄色，含少量中粗粒石英颗粒、含大量白云母片及长石，长石大部分风化成黏土矿物，岩石风化剧烈，原岩组织结构已风化破坏，但尚可辨认，岩芯呈坚硬土柱状，遇水易崩解。该层岩石坚硬程度属极软岩，岩体完整性等级极破碎，岩体基本质量等级Ⅴ级。本层仅在 6 个钻孔（MZD2-B207、MZD2-B210、MZD2-B226、MZD2-B227、MZD2-B232、MZD2-B236）中揭示，本层厚度 2.50 ~ 5.40m，平均厚度 3.62m；层顶标高 -40.95 ~ -16.99m，层底标高 -46.35 ~ -20.73m。

6）岩石强风化带（γ53/J3n）

①强风化熔结凝灰岩（砂土状），地层代号 <7-3>

呈灰白色，灰黄色，较硬，含少量石英颗粒，风化强烈，原岩组织结构已大部分风化破坏，岩芯多呈砂土状，遇水易软化、崩解，母岩为凝灰岩。本层岩石坚硬程度属极软岩，岩体完整程度属极破碎，岩体基本质量等级Ⅴ级。本层在 29 个钻孔中揭示，本层厚度 1.20 ~ 15.90m，平均厚度 3.68m；层顶标高 -46.35 ~ -12.24m，层底标高 -48.84 ~ -13.64m。

②强风化熔结凝灰岩（碎块状），地层代号 <7-4>

呈灰白色，灰黄色，硬，进尺有响声，岩石风化强烈，岩石结构破坏严重，岩芯主要呈碎块状，岩块敲击易碎，母岩为凝灰岩。岩石坚硬程度属较软岩，岩体完整程度属较破碎 ~ 破碎，岩体基本质量等级为Ⅳ－Ⅴ级。本层在 29 个钻孔中揭示，本层厚度 0.30 ~ 18.40m，平均厚度 3.89m；层顶标高 -48.84 ~ -13.64m，层底标高 -63.44 ~ -14.14m。

7）岩石中等风化带（γ53/J3n）

中风化熔结凝灰岩，地层代号 <8-2>

呈灰、灰绿色，块状构造，岩质较坚硬，裂隙发育，岩芯破碎，岩芯多呈块状 - 短柱状，部分为长柱状，近似 RQD=15-45，岩芯采取率 TCR 为 80% ~ 90%，锤击声脆，不易击碎，结构部分破坏，原岩结构清晰可辨，岩性主要为晶屑熔结凝灰岩，中等风化。岩石坚硬程度属较硬 ~ 坚硬岩，岩体完整程度属较破碎 - 较完整，岩体基本质量等级为Ⅲ－Ⅳ级。本层在 36 个钻孔中揭示，揭露厚度 1.62 ~ 11.23m，平均厚度 4.55m；层顶标高 -63.44 ~ 6.75m，层底标高 -67.68 ~ 17.44m。

8）岩石微风化带（γ53/J3n）

微风化熔结凝灰岩，地层代号 <9-2>。

灰白色，褐黄色，坚硬，稍湿，含大量中粗粒石英颗粒、白云母片及长石，岩性主要为晶屑熔结凝灰岩，岩芯呈 15 ~ 65cm 长柱状，RQD=80-85，岩芯采取率 TCR 为 95% ~ 100%，锤击声脆，不易击碎，结构未破坏或微破坏，风化裂隙少见发育。岩石坚硬程度属较硬岩 - 坚硬岩，岩体完整性等级属较完整 - 完整，岩体基本质量等级为Ⅱ－Ⅲ级。本层仅在 1 个钻孔（MDZ2-B083B）中揭示，揭露厚度 7.79m；层顶标高 17.44m，层底标高 25.23m。

9）孤石（γ53/J3n）

中风化熔结凝灰岩（孤石）<10-2>

灰白色，褐黄色，坚硬，稍湿，含大量中粗粒石英颗粒、白云母片及长石，岩性主要为晶屑熔结凝灰岩，岩芯呈 18 ~ 45cm 长柱状，RQD=70-80，岩芯采取率 TCR 为 90% ~ 100%，锤击声脆，不易击碎，结构未破坏或微破坏，风化裂隙少见发育。岩石坚硬程度属较硬岩 - 坚硬岩，岩体完整性等级属较完整 - 完整，岩体基本质量等级为Ⅱ – Ⅲ级。本层仅在 3 个钻孔（MDZ2-B084B、MDZ2-B224、MDZ2-B232）中揭示，揭露厚度 2.00 ~ 2.70m，平均厚度 2.43m；层顶标高 -26.53 ~ 15.65m，层底标高 -28.53 ~ 18.15m。

5. 交通

螺洲车辆段紧邻螺城路，螺城路西接城市三环辅道（距离 1.2km），东接 324 国道（距离 1.6km）。螺城路为新修城市道路，双向 6 车道，且车流量较少，总体交通条件比较便利。

二、项目特点及工程重点、技术难点

1. 工程特点分析

（1）工程规模大、施工周期长

螺洲车辆段场址位于城峰路以南、前锦路以西、螺福路以北、螺洲支路东北侧与燕秀路东西两侧的地块内，占地面积约 23.22 公顷，盖板面积为 13.5 万 m^2，基础土方开挖总量多达 150 万 m^3，灌注桩混凝土总量约 25 万 m^3，土建工程施工周期为 16 个月。

（2）新型模式工程项目，技术管理风险高

福州地铁 4 号线螺洲车辆段作为新型模式工程项目（边勘探设计、边出图、边施工），由于目前仅有初步设计图和概算工程量清单，项目在履约过程存在着施工组织不可预见风险、技术管理风险、进度控制随意性强、工程质量风险，以及成本管控难度大等不利因素。

（3）受征地拆迁及设计方案调整影响，施工工期相当紧

螺洲车辆段场地占地面积大，场地内涉及河道、村道改移，建筑房屋及农田、果树征拆等。征拆范围涉及城门镇和前锦村，征拆条件复杂，根据市政府征拆节点迟迟无法完成场地移交。设计方面车辆段盖板受上盖物业开发影响，前期上盖开发基础数据及布置无法最终确定，造成盖板及以下总体方案无法确定，设计条件严重滞后。

（4）地质条件复杂，桩基施工质量难以控制

盖上规划为高层建筑，对地基承载力及沉降要求较高，即对地基（对灌注桩）施工质量提出更高要求；且依据地质详勘报告揭示，车辆段地质主要以深厚淤泥层为主，在灌注桩施工过程中，极易造成塌孔现象，存在一定施工风险。

（5）本工程涉及的专业面比较广

本工程涉及给排水、通风空调、动力照明、轨道安装、施工专业队伍多、交叉干扰施工多，施工过程管理控制难度大。

（6）重大危险源较多

根据初步设计显示，本工程涉及深基坑及大基坑开挖、高大模板支撑体系施工、工程结构安全防控、起重作业、多塔作业等。

2. 工程重难点分析及应对措施

本项目施工重点及难点分析见下表 1-4 所示。

表 1-4 项目施工重难点分析

序号	重点与难点	分析	对策
1	“新型模式工程项目”履约风险大	分阶段性交地、分阶段性勘察、分阶段性设计出图、分阶段施工，项目在履约过程中存在着施工组织不可预见风险、进度控制随意性强、成本管控难度大等不利因素。	1.组建强有力的征拆、技术、造价商务小组，专门对口征拆、设计、造价商务工作； 2.提前做好风险评估，做好施工过程成本管控，及时做好现场签证工作。
2	征拆难度、强度大，启动较晚，已影响有效工期，将会造成后期成本投入加大；且受上盖方案迟迟未定稿影响，盖下出图滞后，现场施工组织难度大，施工准备时间短；施工任务重	1.螺洲车辆段涉及征地面积23.22万m^2，拆迁房屋面积5.76万m^2；依据市政府下达节点要求2018年11月底完成交地工作。与市政府下达的目标对比已滞后8个月。 2.上盖开发单位未定，上盖方案未定，盖下图纸“难产”，施工准备工作面临时间不够，边准备边启动的情况。 3.施工红线被五号线高仕路站占用，导致村道分三期导改，占用了工程施工区域，给支护结构、桩基、土方开挖施工组织造成很大困难。	1.由参建过2号线车辆段及停车场前期工作的人员组建前期部，由项目书记任前期部组长，主动对接建设单位前期部及政府拆迁指挥部； 2.依据总工筹进度计划，编制分期交地节点计划上报建设单位，重点攻破； 3.重点做好征地拆迁过程跟踪台账及交地资料收集工作； 4.计划先行租赁第一批用地开工； 5.积极对接设计，按照项目部施工安排及时与业主、设计单位沟通，催促出图。

续表

序号	重点与难点	分析	对策
3	灌注桩数量巨大，地质情况差，质量管控压力大	灌注桩总数量大（建筑桩基约7352根），施工周期长（计划12个月）。 根据地质勘察报告揭示螺洲车辆段地质条件差，广泛分布淤泥、淤泥夹砂、淤泥质土及深厚（含泥）中细砂。 在旋挖灌注桩施工过程中，易造成缩径及塌孔风险。且螺洲车辆段后期规划上盖物业开发，对盖下桩基承载力要求高，灌注桩施工质量管控压力大。 但同时灌注桩工期压力紧，施工任务重，如何快速展开工作，组织现场施工，也是管控的一大重点。 灌注桩施工质量控制和施工进度控制是项目质量管控的重点。	1.组织多家综合实力较强的队伍和现场管理团队实施。 2.合理布置现场施工场地，合理安排现场施工组织。针对场地原状土承载力不够，初步考虑采用利用砖渣进行换填，并辅以部分钢板、钢套箱支垫，积极展开工作面。 3.计划采用地泵加布料机的方式进行灌桩，避免施工场地内过多机械增加安全隐患，避免交叉作业影响进度，同时也减轻了因下雨场地泥泞对灌桩的影响。 4.采用5台钢筋笼自动滚焊机进行钢筋笼加工，保证钢筋成品质量，保证钢筋笼供应进度。 5.按照四标体系要求对钻孔灌注桩进行典型施工，确定技术指标及技术参数。认真做好典型施工技术总结，指导后续工程桩施工。 6.通过设计优化，增加长护筒措施，同时施工过程根据不同地质层灵活调整泥浆比重和钻进方法，尽量缩短下笼时间，尽可能减小缩径概率，及时灌注水下混凝土，减少待料时间。 7.加强施工质量，二次清孔后，质量管理部、工程部技术联合监理单位对沉渣厚度进行检查，在浇筑混凝土前再进行复查，确保沉渣厚度符合设计要求。
4	土方开挖量大、弃土压力大	螺洲车辆段土方开挖量约154万m^3，且设计考虑全部外运；灌注桩施工产生的钻渣及泥浆暂估约32万m^3。 目前市政府对渣土上路管控严格，弃土点紧张，土方运输单位可选择面窄，实际外运价格远远高于合同单价，土方外弃压力大。	1.择优选择实力雄厚、信誉好的土方队伍； 2.尽快取得地方政府对远运弃碴场的位置和运距的确认，争取在工程前期即启动渣土外运单价调增相关事宜； 3.广泛调查工程所在地周边满足要求的弃土点，作为同土方运输单位合同谈判的有利条件。
5	地势低洼，面临非常大内涝风险，且对材料运输造成很大影响	螺洲车辆段建筑地基基础、主体结构及场区工程均在基坑底进行施工，由于地势低洼（低于原地面约6m～12m），雨季排水、降水压力大，场地高差同时给材料运输带来困难。	1.针对螺洲车辆段地下室特殊情况协调设计绘制降排水专项图，合理规划排水线路，形成系统性排水系统； 2.雨季应急物资（污水泵、排水管、电箱、沙袋）进行重点保障，由专人负责整个场地的排水工作。

续表

序号	重点与难点	分析	对策
6	约束边缘柱形式多样、体积大、空腔面积狭小	施工时约束边缘柱钢筋密集，绑扎难度大，模板支撑加固困难，施工后易造成胀模、混凝土表面微变形，空腔混凝土浪费严重。存在返工和混凝土超灌现象，施工工期长、成本、质量、安全控制难度大，风险高。	1.选择合理的施工方案，优化协调设计，尽量统一截面尺寸，优先选择定性模板； 2.做好临边防护，钢筋安装及模板施工时采用成型防护设施，做好临边防护措施； 3.沟通设计，优化方案，空腔内采用后壁大直径钢管进行安装替代内模板，减少模板安装风险、降低混凝土损耗率，节约成本。
7	基础防水板及楼板均为厚大体积，属于大体积混凝土施工	混凝土施工过程质量控制难度大，温度控制难于把握；楼板施工安全风险高，混凝土自防水及温度裂缝控制难度大。	1.做好大体积混凝土施工方案，采取有效的大体积混凝土温度措施；做好教育和交底工作；开展专项方案学习讨论会。 2.施工过程做好温控检测和相关记录分析，做到及时跟踪、及时反馈。 3.做好高支模支撑体系方案确定，确保盖板混凝土安全顺利浇筑，过程严格控制浇筑质量和过程架体搭设检查。
8	量价核算难度大，计量收款周期长，项目垫资风险大（计量周期：30天（计量期间上月20号到当月19号）+14天审批+14天内支付=58天，项目垫资2个月较久。）	1.新型模式工程项目，在施工预算编制过程中的不可预见性、随意性较大。 2.项目备案类型“房屋建筑工程”，与市政工程存在争议。从项目费用方面来讲房屋建筑工程的定额水平、取费标准，远比市政工程低，对比轨道交通工程更低，但是车辆段与停车场在管理实施方面又按照轨道交通的标准要求（特别是安全文明方面的投入），导致本项目在安全文明等措施费用方面存在较大的缺口。 3.本项目外界环境复杂，涉及福州市政府机关、地铁公司、概预算咨询单位及项目经理部等多个管理单位，协调量大，思路难统一，造成工作过程中的沟通量较大，工作效率不高。 4.进度支付到结算完毕过程时间较长，支付比例较低，项目部垫资风险较大。	1.成立商务小组，确定各部门各岗位在工作过程职责与分工，转变传统观念，树立工作核心是“开源节流”与“双赢双利”的工作理念，学会站在设计单位及业主的角度思考； 2.定期组织内部沟通，分析工作计划进展情况及存在问题，动态更新，总结经验，明确阶段工作重点及方向，落实下阶段责任及分工； 3、完善机构设置，项目部增设预算部，聘请专业预算员，主要负责施工图预算、量价核算等工作，为结算做准备； 4.加强预算与设计相结合，在设计出图之前，由预算人员针对定额水平、价格差异等方面提出专业意见，汇入设计图内，避免设计出图后的变更； 5.加大业务培训力度，提高商务人员整体的业务水平。

续表

序号	重点与难点	分析	对策
9	涉及专业多，施工队伍复杂，协调管理难度大	1.地铁工程是一个大型的综合性工程，需要多个专业一同建设，施工过程中，每家单位都存在着关联，作业空间交叉，工序相互搭接，交错复杂。 2.同时还包括与外部的厂商、市政、毗邻建筑等外部关系，关系复杂。	1.积极对接设计单位、监理单位、各专业队伍、业主，主动作为。 2.认真审图，针对其他专业的施工部分，提早沟通，提前做好筹划，合理组织安排。 3.加强自身的计划管理。按工程实际情况做好施工进度、材料进场、人员进场、临时用地等计划。形成以线路为单位，与各家单位统一制定相互协调的系统性、可实施性的施工筹划，并严格落实执行。 4.充分利用每日协调会的作用。

3. 项目施工风险防范

本项目施工风险防范见下表 1-5 所示。

表 1-5　项目施工风险防范

序号	重点与难点	分析	对策
1	大面积深基坑开挖及支护，且临近周边市政道路，危险性大	螺洲车辆段为地下室结构，设计为深基坑开挖，其中大部分盖板下维护区域需要进行二次基坑开挖，基坑支护方式复杂，工序繁琐，且临近周边道路，存在较大危险性。	1.基坑围护结构（SMW工法桩、灌注桩、钢支撑、混凝土撑）施工过程中严格把控质量关； 2.有规划性的安排土方开挖工作，分段、分层开挖，严格控制单层开挖深度； 3.开挖过程中重点做好监测工作及巡视工作； 4.针对雨季施工制定可行性保障措施； 5.优化基坑支护设计方案。
2	模板支撑架投入量庞大，且均为高支模支撑体系，危险性较大	螺洲车辆段盖板面积13.5万m^2，模板支撑架投入量预计将达到2万吨左右。且支撑架搭设高度均超过8m，楼板厚度超过1.8m，属于危险性较大的分部分项工程。大体量支撑架的搭设及后续拆除技术及安全管控难度大。	1.提前考察实力雄厚的多家供应商，保障后期支撑架供应； 2.优化模板支撑架搭设方案，在搭设方案中寻求最优方案，降低支撑架投入量； 3.严格按照37号文件要求，编制专项施工方案、组织专家论证，强化技术交底，过程严格执行验收制度。
3	主体结构施工投入的起重设备量大，安全管理压力大	为满足建筑主体结构施工，预计须投入29台塔吊（不含汽车吊），3台人货梯，起重安全管理任务繁重。	1.成立塔吊及升降机安拆领导小组，针对塔吊安装、拆迁过程全程监控； 2.单独成立起重班，落实班前会，重点对司机、信号进行班前教育； 3.安装防碰撞远程监控系统，加强防碰撞措施。

三、项目重、难点分析及控制措施

1. 灌注桩

为了在 10 个月内完成 8250 根灌注桩施工任务，项目部在做好平面布置及资源优化的同时，提前跟踪勘察设计，根据地质情况及设计桩长，做好设备选型，组织多家综合实力较强的桩基队伍进场分区域同步实施，现场投入 36 台桩机及 72 台配套设备。集中钢筋加工中心内设置 5 台自动钢筋笼数控滚焊机进行钢筋笼加工，确保了灌注桩施工进度及质量。施工结束灌注桩声波检测一类桩合格率达 97%，无三、四类桩。

2. 土石方

螺洲车辆段属于超大基坑开挖工程，四面环河地下水位丰富，在面临出土量巨大及运距价格调整问题上，项目部多方位考虑，择优选择土方队伍，针对福州市计价及出土文件规则认真解读、积极对接。土方车辆在安装 GPS 定位系统的同时，取得福州市城管委批准的线路及出土点文件，定期调取数据形成红头文件，推动概算调整，成为福州地铁第一个将运距从 35km 调整为 70km 的项目，真正落实“关注成本、盈利为荣”的企业效益文化。

3. 高支模支撑体系超厚盖板及约束边缘柱

车辆段盖板高度在 10 ~ 14.6m 之间，盖板最大厚度为 1.8m，占整体盖板面积比重的 40%；约束边缘柱总根数为 1862 根，截面宽度为 2.5m，长度范围在 2.8 ~ 6m。盖板体系属于超过一定规模的危险性较大的分部分项工程，且工期紧任务重，支撑架体总支撑体系约 17 万 m^3，现场根据工期需要一次投入量在 2 万 t 左右。大体量支撑架的搭设及后续拆除技术，其安全管控难度大，项目部严格按照住建部 37 号文要求，编制专项施工方案、组织专家论证，强化技术交底，过程严格执行验收制度；优化模板支撑架搭设方案，在搭设方案中寻求最优方案，降低支撑架投入量；约束边缘柱通过采用定型大钢模进行组拼，合理配置相应尺寸，确保材料周转、拼装方便的同时保证混凝土外观质量。

4. 起重设备、垂直运输设施投入量大

为满足建筑主体结构施工，现场安装投入 27 台塔吊，3 台人货梯，起重设备安全管理任务繁重。为了确保工程任务的顺利完成，项目部成立塔吊及升降机安拆领导小组，针对塔吊安装、拆迁过程全程监控，单独成立起重班，落实班前会，重点对司机、信号、司索工进行班前教育，定期进行设备保养及检查维护。安装防碰撞远程监控系统，加强防碰撞管控措施。严格落实“三个管到：管到每一个工点、管到每台设备、管到每一个人”，确保设备安全高效运行。

第三节　工程项目相关要求

一、质量、职业健康安全和生态环境保护要求

1. 质量管理目标

工程质量目标为合格，符合国家质量验收规范、福建省地方质量验收规范及福州轨道交通质量验收要求，确保实现以下质量目标：单位工程一次交（竣）工验收合格率达 100%，质量事故 0 案次。

2. 职业健康安全管理目标

为强化责任意识，明确管理目标，有效遏制和减少各类事故的发生，不断提升管理水平，根据国家、福建省、福州市相关规定及中国交建有关规定，特制定本标段项目职业健康和安全目标，具体目标主要如下：

（1）员工生产安全责任事故死亡率为 0；

（2）员工生产安全责任事故重伤率为 0；

（3）一般（含）以上安全生产责任事故起数为 0；

（4）一般（含）以上机械伤害事故起数为 0；

（5）一般（含）以上火灾事故及火灾伤亡事故起数为 0；

（6）不发生环境污染责任事件；

（7）一般（含）以上职业病害责任事故起数为 0。

3. 环保、文明施工管理目标

强化环境保护，弘扬绿色工地；强化环保意识，全面落实责任；

强化双控机制，做到关口前移；强化体系建设，夯实环保基础；

强化措施落实，解决管理顽疾；强化刚性培训，提升能力意识；

强化资源配置，加大环保投入；强化组织建设，实现监管分离；

强化环保检查，形成高压态势；强化奖惩机制，重奖重罚分明；

强化应急管理，筑牢最后防线；强化教训总结，切实举一反三；

强化专业管理，强化标准建设；推广规范管理，强化信息应用；

优化生态环境，强化精细管理；实现污染预防，推进节能降耗；

达到持续改进，确保横纵到边；强化绿色发展，严防环境事件。

二、项目目标与合同、顾客、政府及上级要求

1. 工程进度管理目标

总工期 1552 日历天（不含试运行 3 个月，须提供试运行保障），计划开工日期 2019 年 08 月 01 日，计划竣工日期 2022 年 06 月 30 日。关键节点工期：接车时间为 2021 年 11 月 30 日，基本完工时间为 2022 年 06 月 30 日。

2. 工程质量创优目标

本项目作为中交福州地铁 4 号线第 3 标段组成部分，需全力确保第 3 标段标段创优目标的实现：确保福州市优质工程“榕城杯”、福建省优质工程“闽江杯”，争创中国交建品质工程，同时积极响应业主要求，争创国家优质工程奖。

3. 工程成本控制目标

确保实现降低成本、增加效益的目标，目标进一步细化为不出现亏损情况。

4. 文明工地创建目标

争创五公司和四航局文明工地、地铁工程“平安工地”、福建省“文明施工示范工地”、“中交文明标化工地”。

三、施工安全目标措施

（一）安全措施

1. 施工现场应设专人值班，建立隧道进出人员动态管理制度。

2. 各种机械（如泵车）操作人员和车辆驾驶员，必须取得操作合格证，对机械操作人员建立档案，安排专人管理。

3. 泵车输送管的质量应符合要求，泵管应定期检查，特别是弯管等部位的磨损情况。输送管应采用支架、台垫、吊具等固定，并且设置布料杆动作的地方必须具有足够的支承力，水平泵送的管道敷设线路应接近直线，少弯曲。

4. 砼浇筑前必须做好模板系统内人员的清场工作，浇筑期间任何人不得随意进入模板系统下。

5. 混凝土浇筑过程应加强支架监测，施工前后应设专职安全员协同木工检查模板及支撑的系统的稳定性。

6. 机制砂混凝土浇筑时绝对禁止拆除任何模板及下部支撑，现场设专人负责监管。

7. 所有进入施工现场的工作人员需按要求佩戴防护装置，如安全盔、绝缘鞋、戴绝缘手套等，进入钢筋层埋设观测原件要防止钢筋扎伤。

（二）安全技术措施

1. 布料杆支腿应全部伸出并支固，未支固前不启动布料杆；布料杆升离支架后方可回转；布料杆伸出时，应按顺序进行，严禁布料杆起吊或拖拉物件。

2. 模板面不能集中堆放混凝土、机械，运输、倾倒砼严禁用力过猛，使用振动棒严禁振动模板。

3. 混凝土配置及浇筑速度严格根据设计要求进行，同时避免泵送砼的冲击力对支模系统及钢筋的损坏。

4. 浇筑砼的旋转架体必须支承在支撑体系统方木较为密集的位置，尽量避免支承在方木之间的模板上。

5. 混凝土振捣器的电源胶皮线应经常检查，防止破损；使用前应先检查电源电压、漏电开关和电源线路是否良好，机械运转是否正常；振动器应有触电保安器或接地装置，搬移振捣器或中断工作时，必须切断电源。

6. 连续浇注作业时，建立相应的工作制度，不得使工作人员疲劳作业；设备操作人员施工前应进行安全技术交底。

第二章　工程施工主要施工技术

本章将以福州市城市轨道交通 4 号线一期工程建设车辆段的施工技术作为重点研究对象，对本工程中车辆段施工中用到的主要施工技术进行分析阐述。

第一节　车辆段灌注桩施工技术

一、灌注桩施工技术

1. 施工准备

（1）场地准备

施工前应当按要求做好施工现场“三通一平”工作，保障后续施工正常进行。

（2）技术准备

组织项目部管理人员熟悉图纸、学习监理、业主相关文件及施工技术规范。系统地分析地质资料，掌握施工区域地质情况。开工前，对项目部管理人员进行二级交底，由桩基技术主管对桩基班组、现场操作工人进行详细的安全、三级技术交底。

（3）材料准备

做好钢筋、商砼等原材用量的预算，编制施工用料计划，提前规划材料运输路线，确保材料及时供给。本工程桩基础施工主要材料包括：钢筋、混凝土、声测管、混凝土保护垫块等。

（4）设备进场验收

旋挖桩机、吊车、挖掘机、装载机等设备进场后，桩基技术主管应当组织技术、安全、设备等部门管理人员进行验收，验收重点核查设备、操作人员的证件，设备的性能是否符合要求，符合要求方可投入使用，验收合格后由设备部门建立设备管理台账，并进行动态管理。

（5）测量、试验准备

根据已复核的经监理工程师确认完成的平面及水准点进行加密、复核，做好保护措施。

试验应当在各种原材上及时进行检验和试验、符合规定要求后方可投入使用，钢筋原材取样送检，直螺纹连接检验、混凝土试模、坍落度测试，配合比资料收集，岩土取样收集。

（6）典型施工

灌注桩大批量施工前应当按要求做好典型施工方案，并开展典型施工和总结，确定灌注桩的各项施工工艺参数，并在第一时间做好成品检测，以便指导后续施工。根据典型施工和成桩检测进一步总结、修正或完善施工方法，召集操作人员重新改进交底后方可转入全面施工。

2. 桩位放样

桩位放样由专业测量人员根据给定的控制点用“双控法”测量桩位，并用桩标标定准确。

3. 护筒埋设

护筒埋设前应采用十字护桩法确保护筒中心与桩位中心重合，护筒埋设应准确、稳定，护筒中心与桩位中心的偏差不得大于 50mm，护筒可用 4mm 厚的钢板制作，其内径应不大于钻头直径 100mm，上部应开设一个溢浆孔，护筒埋设完毕后应露出地面 300 ~ 500mm，周围采用黏土填实并设置泥浆导向沟。根据维修后勤楼桩基础设计图纸说明钢护筒长度 5m，后续盖下灌注桩钢护筒长度具体以图纸为准。

4. 桩机就位

旋挖钻机就位后，必须平正、稳固，确保在施工过程中不发生倾斜、移动。使用双向吊锤校正调整钻杆垂直度，必要时可使用全站仪校正钻杆垂直度。未准确控制钻孔深度，应及时用测绳测孔深以校核钻机操作室内所显示的成孔深度，同时也便于施工中进行观测、记录。旋挖钻机施工时，应确保机械稳定、安全作业，必要时可在场地铺设能保证其安全行走和操作的钢板或垫层。

5. 钻进桩孔

旋挖钻钻进时采用跳挖方式，钻斗倒出的土距桩孔口的最小距离应不大于 6m，并及时清除，钻进过程根据钻进速度同步补充泥浆，保持所需的泥浆面高度不变。成孔前和每次提出钻斗时，应检查钻斗和钻杆连接的插销、钢丝绳的状况，并及时清理钻斗上的渣土。通过钻机本身的垂直控制系统反复检查成孔的垂直度，确保成孔质量。钻进成孔过程中，根据地层、孔深变化，合理选择钻进参数，及时调制泥浆，保证成孔质量。在进入沙层时，应适当减慢进尺速度，提高泥浆的稠度，减小每个钻进回次的进尺量，保证孔壁稳定，提升钻头不能过快，易产生负压造成孔壁坍塌。钻进和提升钻斗的过程中，应始终使钻斗的底层铁门保持关闭状态，以防止钻斗内的土渣落到孔内而使护壁泥浆性质变坏或沉淀到孔底。钻遇软层，特别是黏性土层，应选用较长斗齿及齿间距较大的钻斗以免糊钻；钻遇硬土层，如发现每回钻进深度较小，钻斗内碎渣量太少，可换一个较小直径钻斗，先钻一小孔，然后再用直径适宜的钻斗。施工中动力头旋转速度应控制在（5 ~ 15）r/min，速度过快会对钻杆产生较大的冲击，速度过低则工作效率低。在一般情况下，采取低速旋转慢钻进方式进行施工。

6. 一清终孔

在钻进至中风化岩层时更换取心钻，取出 1m 以上且不得超钻 300mm 全断面中风化岩，即为终孔。根据实际取出中风化岩实际长度反推入岩深度。

渣样留存：保留入岩和终孔岩样，留样袋必须用标签注明取样时间，孔深和岩层类型。

终孔后桩机将钻杆伸入孔底提起钻头至距孔底约 30 ~ 100mm，继续旋转，逐步把孔内浮悬的钻渣换出。在清孔排渣时，应保持孔内水头高度，防止坍孔，利用钻头将钻渣正循环排除。

7. 钢筋笼安装

钢筋笼在标准化钢筋加工场内加工，钢筋笼长纵筋通过自动上料到分料架；分料架的长纵筋需人工穿过固定盘导管到达移动盘导管，并经过电动工具将长纵筋固定在移动盘导管上；螺旋箍经过矫直器后焊接在长纵筋上；固定盘及移动盘同步旋转且移动盘按照预先设定的速度前进，同时进行焊接，从而生产出成品钢筋笼，纵筋钢筋笼连接处应有同心弯，钢筋笼验收完成后方可运送至施工现场使用。

运至现场钢筋笼先固定声测管，根据桩径 ф800mm 放置 2 根声测管，ф1000 ~ 1200mm 桩放置 3 根声测管。钢筋笼距离孔口在吊车的安全吊距范围内，做好下垫上盖。现场钢筋笼的起吊直接利用吊车进行接高及下放，利用钢筋笼顶部设置 2 个吊筋。用于垂直吊装，在每节钢筋笼中部设置 1 个吊点（加劲箍位置）用于翻身起吊。为保证钢筋笼顶的标高满足设计要求，最后一节钢筋笼设置 2 个吊筋，钢筋直径为 20mm 采用单面焊；已经下放的钢筋笼利用扁担钢梁横跨于护筒口，将孔内钢筋笼悬挂于孔内。再利用吊车吊起后续的钢筋笼，人工对中后进行电焊连接。当主筋全部焊接验收合格后焊接好螺旋箍，验收合格后下放。

8. 导管安装

使用内径 ф250mm 的游轮式连接的浇筑导管。导管下放长度按管底离孔底 30 ~ 50cm 逐根丈量记录，数据要准确可靠。下入孔内的每根导管要认真仔细检查，最底端导管可采用 4 ~ 5m 长的导管，顶端则采用较短的导管连接。在安装每节导管之前，应检查其密封圈是否完好，涂止水黄油，确保导管防水性能。导管安装完毕后，应下放至孔底，检查其到位情况。导管第一次使用前应进行水密试验（拼装好的导管先灌入 70% 的水，两端封闭，一端焊接分管接头，输入计算的分压力，导管需滚动数次，经过 15min 不漏水即为合格），导管水密试验时的水压应不小于井孔内水深 1.5 倍的压力。

9. 二次清孔

第二次清孔采用气举反循环二次清孔。灌注混凝土前孔底沉渣厚度端承桩要求在 50mm 以内，为达到该标准，可借助灌注混凝土用的导管，利用空压机设备进行气举反循环清孔。因其直接将孔底沉渣自导管排出且返流速度快，不仅用时短，而且可以清除颗粒较大的沉渣。孔内水位保持在地下水位或地表水位以上 1.5 ~ 2m 以防止已成的孔发生任何坍陷。浇筑混凝土前，各指标要求如下：孔底沉渣≤ 5cm，含砂率≤ 8%，黏度 18 ~ 28s，泥浆比重 1.10 ~ 1.25。

10. 混凝土浇筑

本工程使用商品混凝土，采用泵送方式进行浇筑，砼强度等级为 C35、C35P8 水下混凝土。订购时要求厂家提前做好混凝土配合比试验，水下混凝土必须具备良好的和易性，严格控制坍落度在 200 ± 20 单位，避免因离析导致的质量问题。首批混凝土量的计算按照第四版《建筑施工计算手册》用顶塞法浇筑首批砼，首批砼灌入孔底后，立即探测孔内砼面高度，计算导管埋置深度，符合要求后即可正常浇筑。

首批混凝土浇筑正常后，应连续不断地浇筑，严禁中途停工。在浇筑过程中，应经常用测锤探测混凝土面的上升高度，并适时提升，逐节拆卸导管，保持导管埋设在 2 ~ 6m，不可多埋更不可少埋。一般每浇筑完一车混凝土后应探测一次孔深，计算实际上升的混凝土面与理论值是否符合，如存在较大差别，则可判断是否出现塌孔等其他状况。

浇筑过程中天泵出料口不要正对灌浆漏斗口，应徐徐的浇筑，防止在导管内形成高压空气。

二、灌注桩施工安排及工效分析

根据施工工艺流程分析可知旋挖钻孔、清孔、安装钢筋笼、安装导管、二次清孔、混凝土灌注等重要施工工序，通过对这些工序的施工顺序进行合理组织，投入满足工期要求的机械、物资和人员，使各个工序之间、上下级同个工序之间形成流水作业，确保在工期内完成施工，旋挖钻孔灌注桩施工功效分析表如表 2-1 所示。

表 2-1 旋挖钻孔灌注桩功效分析表

任务名称	工程量	工期 /h	机械、设备	人员	功效	单位	备注
施工准备（放样、埋护筒）	1 项	1	中海达 V60GPS1 台、PC220 挖掘机 1 台	3	—	—	—
旋挖钻孔	25m	8	SWDM280 旋挖桩机 1 台	1	4	m/ 台 ×h	一般地层为 4m/ 台 ×h，中风化岩 0.3m/ 台 ×h
钢筋笼制作	25m	1.25	全自动钢筋笼滚焊机 1 套	6	20	m/ 套 ×h	—
钢筋笼、声测管	25m	3	汽车吊 1 台	4	30	m/ 台 ×h	—
导管安装、二次清孔	25m	1.5	泥浆泵 1 套	1	30	m/ 套 ×h	—
灌注混凝土	$20m^3$	1	混凝土罐车 2 台	4	12	m^3/ 台 ×h	—

根据表 2-1 分析每天每台旋挖钻机可以完成 1.5 根灌注桩，根据设计图纸盖下建筑灌注桩孔深为 45m，一台旋挖桩机功效暂按照一天完成 1 根浇筑考虑。盖下建筑灌注桩初步设计总根数约 7355 根（包含围护桩），在 2019 年 11 月 1 日至 2020 年 8 月 30 日期间，总工期 301 天，扣除 2020 年春节影响 2 个月，剩余 241 天，考虑雨季、机械故障、迎检等因素，按照月均有效作业天数 25 天计，旋挖灌注桩日均强度 36 根 / 天。高峰期计划投入 36 台 BG30 旋挖机，日均正常可完成 36 根，可以满足现场施工强度要求。36 台 BG30 旋挖机预计投入时间为 2019 年 11 月 1 日至 2020 年 8 月 30 日，具体使用时间以旋挖机进退场办理时间为准。

钢筋加工厂配置 5 台钢筋笼滚焊机生产线，场外预留 2 条人工生产线。一条钢筋笼自动滚焊机生产线日均可以完成 25 ～ 30 节，5 个生产线日均完成 125 ～ 150 节；一根桩平均 3 ～ 4 节钢筋笼，日均按 36 根计桩总计 108 ～ 144 节，钢筋笼生产功效可以满足高峰期现场生产强度要求。现场视情况可将人工生产线投入生产。

第二节　车辆段基坑支护施工技术

一、基坑支护施工技术

（一）SMW 工法桩

1.SMW 工法搅拌成桩

采用跳槽式双孔全套复搅式连接和单侧挤压式连接方式两种施工顺序。其中阴影部分为重复套钻，保证墙体的连续性和接头的施工质量，水泥搅拌桩的搭接以及施工设备的垂直度修正是依靠重复套钻来保证，从而实现止水的作用。其中 H 型钢计划使用时间为 2019 年 08 月 02 日至 2021 年 11 月 30 日，具体使用时间以现场 H 型钢签证办理时间周期为准。

（1）跳槽式双孔全套复搅式连接：一般情况下均采用该种方式进行施工。

（2）单侧挤压式连接方式：对于围护墙转角处或有施工间断情况下采用此连接。

2.SMW 工法桩采用三轴深层搅拌机进行施工

起重设备采用 50t 履带式吊车和 25t 起拔设备，采用套打施工工艺，施工工艺流程见图 2-1。

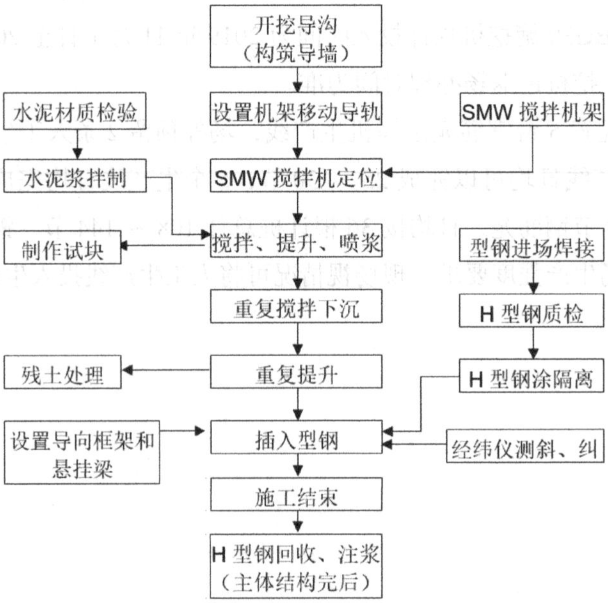

图 2-1　SMW 工法桩施工流程图

3. 混凝土冠梁

测量放线，定位砼支撑的中心位置及冠梁边线→破除基坑内路面、土方开挖→桩（墙）顶浮浆凿除，砼支撑底面整平（垫层施做）→调直桩（墙）顶钢筋→冠梁、砼支撑钢筋绑扎→冠梁、砼支撑模板支立→浇注冠梁、砼支撑混凝土→拆模、养护。

4. 钢管支撑

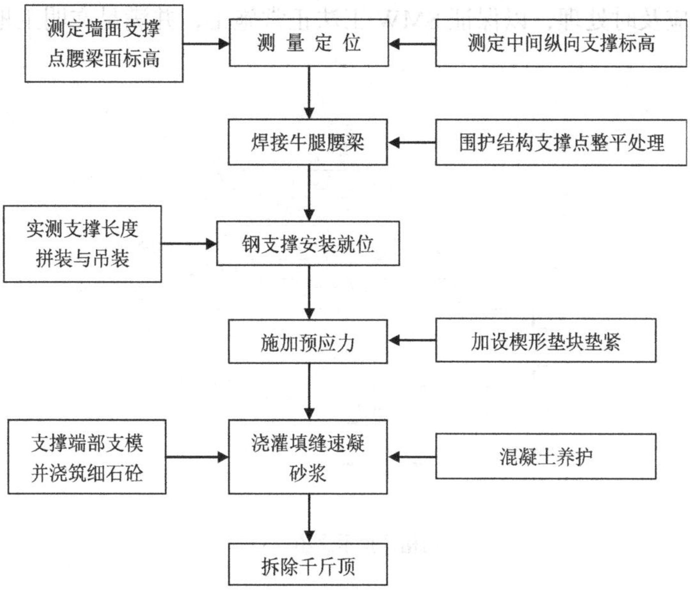

图 2-2　钢管支撑安装工艺流程图

5. 作业安排

结合交地及设计出图情况一期已于 2019 年 1 月完成 69 幅桩施工，二期拟进入一台三轴搅拌桩机，在 2019 年 08 月 02 日先行施工维修后勤楼围护结构；三期车辆段盖板下整体围护结构施工在 2019 年 08 月 20 日开始，分别选取两家队伍投入两台机械从 A1、A3 分区线反向同时施工，必要时根据分劈界限在 B8 区域中心界限范围额外增加 1 台机械同时反向逆时针施工，增加围护结构施工速度。

（二）施工技术

1.SMW 工法桩

施工前，必须先进行场地平整，清理施工区域的表层硬物，摊铺宽 16m、厚 0.5m 砖渣并用压路机压实碾压，路基承重荷载能满足三轴搅拌桩机及履带吊行走。

（1）测量放线

根据提供的坐标基准点，按照设计图进行放样定位，并做好永久及临时标志。施工测量的最终成果，必须用在地面上埋设稳定牢固的标桩的方法固定下来。据设计图纸和测量控制点放出设计桩位，桩位平面偏差不大于 50mm 并根据设计间距在两侧定位架上做标记，保证搅拌桩每次定位准确。放样定线后做好测量技术复核单，提请监理进行复核验收签证。确认无误后开展搅拌施工。

（2）开挖沟槽

根据基坑围护内边控制线，开挖沟槽，并清除地下障碍物，沟槽尺寸如图 2-3 所示，开挖沟槽余土应及时处理，以保证 SMW 工法正常施工，并满足文明工地要求。

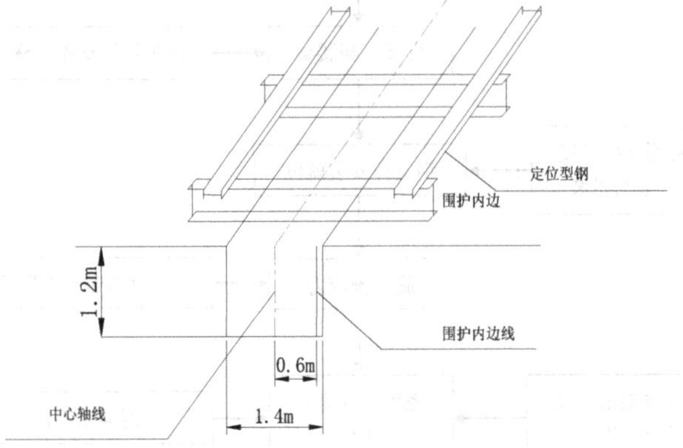

沟槽开挖示意图

图 2-3　沟槽开挖示意图

（3）定位型钢放置

垂直沟槽方向放置两根定位型钢，规格为 200 × 200，长约 2.5m，再在平行沟槽方向放置两根定位型钢规格 300 × 320，长约 8 ~ 20m，H 型钢定位采用型钢定位卡。具体情况见下。

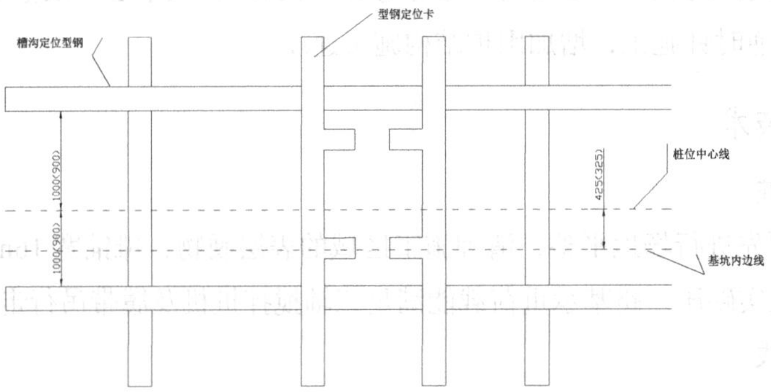

图 2-4　定位型钢示意图

（4）SMW 工法桩孔位定位

SMW 工法桩中心间距为 1200mm，根据这个尺寸在平行 H 型钢表面用红漆划线定位。

（5）SMW 工法成桩施工

1）桩机就位

①由当班班长统一指挥，桩机就位，移动前看清上、下、左、右各方面的情况，发现障碍物应及时清除，桩机移动结束后认真检查定位情况并及时纠正。

②桩机应平稳、平正，并用经纬仪对龙门立柱垂直定位观测以确保桩机的垂直度。

③三轴水泥搅拌桩桩位定位后再进行定位复核，偏差值应小于 5cm。

2）搅拌成桩施工

搅拌轴成桩搅拌施工采用 2 喷 2 搅方式，水泥掺量为 23%。

3）搅拌速度及注浆控制

①三轴水泥搅拌桩在下沉和提升过程中均应注入水泥浆液，同时严格控制下沉和提升速度。在搅拌下沉和提升过程中，搅拌下沉速度宜控制在 0.8m/min ~ 1.0m/min，提升速度宜控制在 1m/min ~ 2m/min，并保持匀速下沉或提升。提升时不应在孔内产生负压造成周边土体的过大扰动，搅拌次数和搅拌时间应能保证水泥土搅拌桩的成桩质量。避免因提升过快，产生真空负压，孔壁坍方。在桩底部分适当持续搅拌注浆，做好每次成桩的原始记录。为保障设计标高位置的桩体强度，停浆面比桩顶标高高出 50cm。搅拌桩及内插型钢垂直度不得大于 1/200，桩位偏差不得大于 50mm，桩径偏差不得大于 ±10mm。

②制备水泥浆液及浆液注入

SMW 工法桩水泥采用罐装水泥，桩身采用 42.5 普通硅酸盐水泥，电脑控制的自动拌浆系统拌浆，水泥浆液的水灰比为 1.5，拌浆及注浆量以每钻的加固土体方量换算。钻进搅拌时即连续压水泥浆，钻进时注浆量一般为额定浆量的 70% ~ 80%，提升搅拌时注浆量为额定浆量的 20% ~ 30%。

4）涂刷减摩剂

为便于 H 型钢回收，型钢须涂刷减摩剂后插入水泥土搅拌桩，结构强度达到设计要求后起拔回收。

清除 H 型钢表面的污垢及铁锈。

减摩剂必须加热至完全融化，用搅棒搅拌时感觉厚薄均匀，才能涂敷于 H 型钢上，否则涂层不均匀，易剥落。

如遇雨雪天型钢表面潮湿，应先用抹布擦干表面才能涂刷减摩剂，不可以在潮湿表面上直接涂刷，否则将会剥落。

如H型钢在表面铁锈清除后不立即涂减摩剂，必须在以后涂料施工前抹去表面灰尘。

H型钢表面涂上涂层后，一旦发现涂层开裂、剥落，必须将其铲除，重新涂刷减摩剂。

基坑开挖后，设置支撑牛腿时，必须清除H型钢外露部分的涂层，方能电焊。地下结构完成撤除支撑，必须清除牛腿，并磨平型钢表面，然后重新涂刷减摩剂。

注压顶圈梁时，埋设在圈梁中是H型钢部分必须用泡沫板线将其与混凝土隔开，否则将严重影响H型钢的起拔回收。

5）H型钢焊接及插入

型钢定尺种类繁多或运输不便而需要进行现场拼焊，焊缝应均为坡口满焊，焊缝须饱满，且与两边的翼板面一样平，不得高出。若高出须用砂轮打磨焊缝至与型钢面一样平。

三轴水泥搅拌桩施工完毕后，吊机应立即就位，准备吊放H型钢。

①起吊前在型钢顶端开一个中心圆孔，孔径约6cm，装好吊具和固定钩，然后用25T吊机起吊H型钢，用线锤校核垂直度，必须确保垂直。

②在沟槽定位型钢上设H型钢定位卡，固定插入型钢平面位置，型钢定位卡必须牢固、水平，而后将H型钢底部中心对正桩位中心并沿定位卡徐徐垂直插入水泥土搅拌桩体内。

③根据高程控制点，用水准仪引放到定位型钢上，根据定位型钢与H型钢顶标高的高度差，在定位型钢上搁置槽钢，焊 $\phi 8$ 吊筋控制H型钢顶标高，误差控制在 $\pm 5cm$ 以内。

④待水泥土搅拌桩达到合适硬化时间后，将吊筋与沟槽定位型钢撤除。

⑤若H型钢插放达不到设计标高时，则采取提升H型钢，重复下插使其插到设计标高，并采用振动锤振动打入标高，下插过程中始终用线锤跟踪控制H型钢垂直度。

（6）弃土处理

三轴搅拌机搅拌轴设有螺旋式搅拌翼，钻进时有一定排土量，约30%以内，一般沉积在导沟内（为泥浆），由于水泥掺量较大，排浆（土）经短时间即可固结，在施工时应及时用小松挖机（$0.6m^3$）将导沟内的余浆挖出，集中堆放，固结后形成干土及时外运。

（7）H型钢回收

1）在主体结构完成后拔除H型钢，预计H型钢施工到回收周期为2年，采用隔二拔一的顺序进行拔出。

2）应保证围护外侧满足履带吊 > 6m回转半径的施工作业面。型钢两面用钢板贴焊加强，顶升夹具将H型钢夹紧后，用千斤顶反复顶升夹具，直至吊车配合将H型钢拔除。

3）H 型钢露出地面部分，不能有串连现象，否则必须用氧气、乙炔把连接部分割除，并用磨光机磨平。

4）桩头两面应有钢板贴焊，增加强度，检查桩头 Φ100 圆孔是否符合要求，若孔径不足必须改成 Φ100；如孔径超过则应该割除桩头并重新开孔，每根桩头必须待单面或两面贴焊钢板后才能进行拔除施工。

5）起拔期间应该加强对周边临近建筑和管线的监测。

6）H 型钢属五公司大型周转物资，回收需上报公司，回收方案按公司意见执行。

2. 混凝土冠梁支撑

（1）凿除桩（墙）顶部混凝土并整平砼支撑底面

现场测量放样，在基坑外侧冠梁边放出冠梁顶面标高的位置，根据此标高线往下返到冠梁底，在底部弹出墨线，用云石机割缝切齐，即可确定需要凿除的混凝土高度。在剔凿过程中严格控制标高，用风镐凿到指定标高，剔凿过程中应注意保护桩（墙）预埋的主筋。剔凿完毕后用钢丝刷清除表面的泥皮和混凝土渣，并调直桩（墙）顶钢筋。平整砼支撑底土体，施做垫层，并铺设地膜，为钢筋施工做准备。

（2）绑扎冠梁、砼支撑钢筋

1）钢筋加工制作

①先由钢筋专职放样员按设计施工图和施工规范要求编制钢筋加工料单，并经过现场技术部工程师审核，按复核料单制作。

②根据钢筋加工料单进行钢筋下料，切断和弯曲时要注意长度及角度的准确，钢筋弯曲点处不得有裂缝。钢筋切断时，应将同规格钢筋根据不同长度、长短搭配统筹下料，尽量做到节约用料，避免浪费。

2）钢筋骨架的成型

①钢筋经检验合格后方可进行钢筋制作。

②根据放出的支撑的位置线，摆好下层钢筋，然后根据长度算出箍筋的数量并套上，再作好上层钢筋临时托架，再穿过箍筋，在托架上放上层主筋，绑扎固定主筋、箍筋，焊接封闭箍筋，垫好垫块。

③根据冠梁、砼支撑结构形式中的配筋图进行配筋。

④绑扎冠梁、砼支撑钢筋时，钢筋骨架的成型采用扎丝绑扎成型，主筋采取单面搭接焊连接。

（3）立模板

1）模板构造

模板由侧模、主龙骨、次龙骨、平撑、斜撑等组成，主龙骨间距 1m，次龙骨间距 0.3m，斜撑和平撑与主龙骨之间用扣件连接。为防止浇筑混凝土时漏浆，在侧模内侧底端应加设海绵条。

2）施工操作要点

先在冠梁底部弹出基础边线，再把侧模对准边线垂直竖立，用水平尺校正侧板顶面水平后，再用斜撑和平撑钉牢。如冠梁较长，应先安装冠梁一端的端模板，校正后，再在侧模上口拉通线，根据通线再安装侧板。为防止在浇筑混凝土时模板变形，保证基础宽度的准确，在侧模上口每隔一定距离钉上搭头木。

3）混凝土浇筑

①混凝土浇筑时采用插入式振捣棒，其移动间距不大于500mm；在浇筑混凝土时，应经常观察模板，若发现有移动时，应停止浇筑，并应在混凝土凝结前修整好。混凝土的浇筑应连续进行，否则应按规范留置施工缝。

②要使振动棒自然沉入混凝土，不得用力猛插，宜垂直插入，并插到尚未初凝的下层混凝土中50 ~ 100mm以使上下层相互结合；振动棒各插点间距应均匀，插点间距不应超过振动棒有效作用半径的1.25倍，最大不超过50cm。振捣时，应“快插慢拔”。

4）拆模、养护

①混凝土达到规定强度时，方可进行模板拆除，拆除模板时，需按程序进行，禁止用大锤敲击，防止混凝土面出现裂纹。

②应在浇筑完毕后的12h以内对混凝土加以覆盖并保湿养护。

③混凝土强度达到1.2N/mm^{2}前，不得在其上踩踏或安装模板及支架。

3. 钢支撑

（1）基面清理

围护结构钢管支撑为Φ609mm，壁厚16mm。在开挖中及时测定支撑安装点，以确保支撑端部中心位置误差≤ 30mm。

在开挖每一层的每小段的过程中，当开挖出一道支撑的位置时，即按设计要求在围护桩两侧桩面上测定出该道支撑两端与围护桩的接触点，以保证支撑与桩面垂直且位置准确，对这些接触点要整平表面，画出标志，两端部与挡土结构接触处应紧密结合，在围护结构表面凿毛，抹200mm宽、400mm高的快凝早强砂浆垫层，使腰梁与桩密切接触，垫层表面要垂直平整，早强砂浆配合比应通过试验确定，并量出两个相对应的接触点间的支撑长度，以使地面上预先按量出长度配置支撑，并备支撑端头配件以便于快速装配。

（2）钢牛腿及钢围檩安装

钢牛腿采用钢板制作成三角形的牛腿支托，并与桩体连接牢固，在基坑开挖前必须制作完成；钢围檩采用双拼工字钢，且两侧采用钢板焊接牢固后架设在牛腿支托上。如基坑两侧土体侧压力太大，容易使H型钢变形过大，导致失效，因此可采用3根工字钢焊接而成的加强钢围檩，与钢板焊接牢固后架设在牛腿支托上，斜撑处需制作斜撑支座。

施工时需要注意的操作要点：

1）在基坑平面转角处，相交围檩的节点构造满足两个方向围檩端部相互支撑的要求；

2）钢围檩与桩间应留出宽度不小于 60mm 的水平通长空隙，用强度不低于 C30 的快硬细石混凝土填塞，待达到一定强度后支撑方可施加预应力。斜撑在桩和围檩间应设置剪力传递构件，围檩下设钢牛腿支撑；

3）围檩与围檩衔接处腹板应采用两块钢板连接，其翼缘也应采用连接板连接，以保证力的传递；

4）当支撑长度小于 3m 时（阴角部），可采用较短钢围檩替代支撑，并与围檩焊接。

5）焊接管端头与法兰盘焊接处，法兰端面与轴线垂直偏差控制在 1.5mm 以内，每根钢支撑的轴线偏心不大于 20mm，法兰盘加工应符合国家标准要求。

6）钢管纵向对接焊缝为Ⅱ级，端头牛腿部分角焊缝为Ⅱ级，其余均为Ⅲ级。

7）焊接圆管的加工精度为椭圆度不应大于 2D/1000（D 为钢管直径）。

8）钢支撑构件加工完毕后，先除锈后涂两道红丹，一道面漆。

9）钢围檩的接长采用焊接，接头位置在钢支撑中心线左右各 1/6 钢支撑间距范围内。

10）当环境温差较大时，应对钢支撑采取洒水、覆盖等保护措施，减小温度应力。

（3）钢支撑安装

开挖前需先备齐检验合格的带活络接头的支撑、支撑配件、2 台 100t 施加支撑预应力的千斤顶和安装支撑所必须的器材。

地面上有专人负责检查和及时提供开挖面上所需要的支撑及其它配件，试装配支撑，以保证支撑长度适当，支撑轴线偏差小于 20mm 保证支撑、土体及接头的承载能力符合设计要求的安全度，且钢支撑安装采取分段吊装安装。

4. 喷射混凝土

喷射混凝土采用罐式喷射机湿喷工艺，减少回弹及粉尘，创造良好施工条件。混凝土在场外拌和，由基坑下料管下到运料车运至喷射工作面，速凝剂在作业面随拌随用。混凝土配合比由试验室根据试验确定。

喷射混凝土施工工艺见图 2-5。

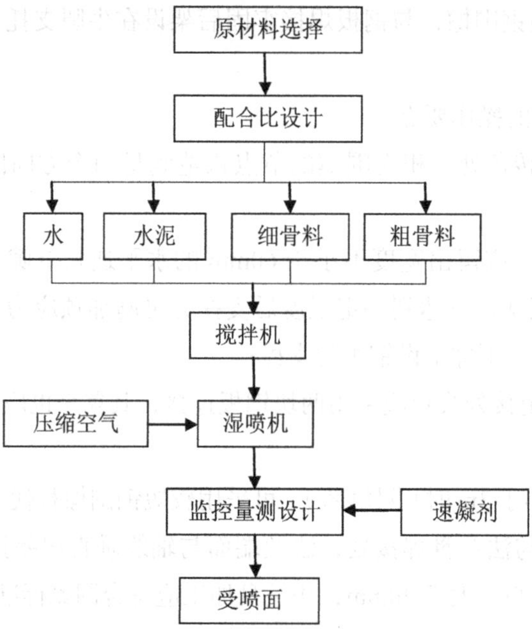

图 2-5　喷射混凝土施工工艺图

（1）施工前，要检查水泥、砂、石、速凝剂、水的质量，满足相关规范要求；喷射机、混凝土搅拌机等使用前均应检修完好，就位前要进行试运转；并埋设好测量喷射混凝土厚度的标志。

（2）检查开挖断面，欠挖处要补凿够，敲帮打顶、清除浮石。用高压水或高压气清除附着在岩面的泥污、灰尘和细岩渣。

（3）及时安装钢筋网，钢筋网与锚杆焊接连接，要求稳固，钢筋网要与岩面尽量贴紧，允许间隙不大于 30mm。

（4）喷射混凝土骨料用强制式拌和机分次投料拌和。开始喷射时，应减少喷头至受喷面的距离，并调整喷射角度，钢筋保护层厚度不得小于 2cm。

（5）开展喷射作业时，喷嘴应垂直于围护桩，适宜的一次喷射厚度在不错裂、不脱落的情况下达到的最大厚度。喷射作业使围岩的凹凸面完全被覆盖。

（6）喷射混凝土分段、分片由下而上顺序进行。新喷射的混凝土按规定洒水养护。

（7）喷射混凝土回弹物不得重新用作喷射混凝土材料。

二、施工安排及工效分析

SMW 工法桩初步设计总周长 2954.4m，合计 2821 幅（1.2m/ 幅），平均单根桩长 21.05m。一期 SMW 工法桩 2019 年 1 月 1 日开工，2019 年 1 月 10 日完工，总工期 10 天，日均强度 7 幅，按照以往施工经验，一台三轴水泥搅拌机两个台班作业可以完成 6 ～ 8

幅，计划投入1台三轴水泥搅拌桩机，可以满足施工强度要求。二期及三期SMW工法桩2019年8月02日开工，2020年03月05日完工，总工期217天，扣除2019年春节影响一个月，剩余187天。考虑雨季、机械故障、迎检等各项因素，月均有效工作天数按照25天计算，日均强度18幅。根据以往施工经验，一台三轴水泥搅拌机两个台班作业可以完成6 ~ 8幅，计划投入3台三轴水泥搅拌桩，3台机日均理论可以完成18 ~ 24幅>18幅，可以满足施工强度要求。

第三节 车辆段地下水控制施工技术

一、地下水对深基坑工程的影响

第一，地下水潜水水位变化对深基坑工程施工的不利影响。一般而言，影响地下水潜水水位变化的因素相对较多，如当含水层中所包含的粒子直径相对较小时，将会严重影响水的渗透。当含水层的包气带厚度不足时，将会使得毛细带与地表的距离大大缩小，进而导致土的饱和差降低；当地下水层之间的高度差异不明显时，则将会影响水体的流动性，对地下水的排出造成困难；当地下水层之间的高度差明显，而流动方向的围岩性质以及粒子直径发生变化时，则将会阻滞水体的流动，对排水工作带来不利的影响；当在深基坑工程的施工区域内，地下水有补给水源，如江河、水库等存在时，则将会导致地表水不断下渗，影响排水工作。

第二，地下水水位大幅度下降对深基坑工程施工的不利影响。当施工过程中人为的对地下水体的周围的水文地质环境进行改变时，则将会影响深基坑的施工质量。例如，当施工期间对地下水的排出量远远超过其自然补给量时，则将会使得地下水水位迅速下降而形成空洞，严重时将会造成地表塌陷。

第三，地下水水压对深基坑工程施工的不利影响。当地下水体未受到人为因素的干扰时，其压力通常会维持在一个相对平衡的状态。而在工程施工期间，受人为因素的影响，其水压的平衡状态将会被破坏，水体流动加剧。当深基坑的围岩强度不足以抵御水体流动的压力时，则将会出现水体涌出的情况，影响施工安全。

二、深基坑工程地下水控制的施工技术

1. 深基坑工程地下水控制的注意问题

在对地下水进行控制的过程中，应注意以下几个方面的问题：第一，在工程施工

之前，地质部门应对施工地点周围一定区域内的地质资料以及水文资料勘察准确，防止因地质资料的不完善、不准确而造成施工事故的发生。第二，设计人员应深入研究地质资料，熟悉施工区域内的地层情况、水体情况等，并严格按照资料的数据，对施工方案进行细致的研究。通过各个部门对方案的讨论，最终获得安全、经济的施工方案。第三，施工单位应对参与施工的人员进行全面的培训，严格遵照设计方案进行施工，严禁施工期间随意更改技术参数而酿成事故。

2. 深基坑工程地下水控制施工处理技术

由于地下水的存在对深基坑施工有较大的负面影响，因而现阶段在施工期间，通常需要将施工环境维持在一个相对较为干燥的环境当中。常用的施工方法主要有止、降、排三类。止水，其实质是阻止水体流动到施工区域。目前常用的止水方法主要有帷幕注浆法、搅拌桩法以及设置隔水墙等方法。排水则是将施工区域内的上方的含水层中的水进行排出，并在降水天气之后将积水排出。降水的对象一般为深基坑下部的地下水，通过降水使其水位能够低于深基坑底部五公分，但最多不宜低于深基坑底部一米。

具体而言，在深基坑的施工过程中，对地下水的控制施工技术主要包括以下几种：

（1）集水井的控制技术。当深基坑上部存在含水层时，应对含水层的含水量以及围岩情况等进行详细勘察。当含水层存在的时间相对较长、水体较小，而其围岩的硬度高、密度大不易渗透时，则可不采取排水措施，但应对其水体以及围岩的变化进行密切观察。当含水层的形成时间较短、水体较大，而其围岩的硬度较低、粒子密度较小、渗透明显时，则应采取集水井的方式，对其水体进行排出，保障深基坑的施工安全。

（2）潜水水体的控制技术。根据资料显示，潜水水体通常存在于粉砂层当中，因此其渗透性相对较强，对深基坑的施工有着一定程度的影响。通常采用多点浅井或者帷幕注浆法进行排水隔水。在采用帷幕注浆法进行隔水时，其帷幕的高度应根据实际施工而定，既可选择达到深层隔水岩层当中，也可选择帷幕深度超过深基坑，且保证水体流动不足以对施工产生不良影响。而井点降水则是在施工现场当中，根据设计要求选择单个或者多个井点，对地下水进行排出，使其水位达到低于地表十五米的范围，从而能够有效的避免水体渗透，并能够在一定程度上提高围岩的硬度。

（3）承压水体的控制技术。在处理的过程中，常用的施工技术主要包括阻隔水体渗透、降低水体压力以及封底三类。第一，阻隔水体渗透。承压水体由于其水压较大，因而在施工的过程中，其渗透作用明显增强。当深基坑的施工距离承压水体较远时，通常采用连续墙等控制技术，将连续的墙体打过承压水体，并进入硬度以及密度相对较大的岩层当中，从而能够阻碍承压水体与深基坑工程之间的联系，之后再使用排水设备等方式将承压水体排出。第二，当承压水体的上覆岩层不足以抵御水体压力而对深基坑底部有渗透危险，且由于地质条件等限制不适用阻隔水体的方法时，则需要采用技术手段，将水体的压力降低到安全标准。在降压的过程中，应首先对深基坑底部的岩层情况进行分析，对其承压进行精确的计算，使得水体压力得到释放之后，不足以渗透到深基坑底部。第三，封底技术的使用一般运用搅拌桩进行，常用的搅拌桩有水泥桩、高压旋喷桩等。将其安装到深基坑下部岩层之后，则将会提高岩层的抗剪切强度，从而能够实现抵御承压水体渗透的作用。

第四节　车辆段土方开挖施工技术

一、土方开挖施工技术

1. 土方开挖

施工工艺：基坑降水→测量放线→确定开挖顺序和坡度→分段、分层均匀开挖→排（降）水→修坡和清底→坡道收尾。

施工要点：

（1）首先进行施工测量确定开挖边界区域及标高控制点

（2）土方开挖方法采用挖掘机、装载机等常规机械进行开挖，自卸汽车将弃土拉至指定弃渣点。开挖时分层开挖，组织专人进行开挖指挥，测定标高及时调整，多方配合争取一次到位，严禁乱挖、超挖。

（3）对于区域二及区域三，有采用对撑的基坑维护结构，开挖的方法和顺序应严格遵循“先撑后挖、限时支撑、分层开挖、严禁超挖”的原则，尽量减少基坑无支撑暴露时间和空间。

（4）对于区域一，采用斜抛撑的基坑维护结构，开挖到基坑四周时，要预留反压土体，采用 1 ∶ 1.75 临时放坡，坡面挂面喷射 C20 混凝土，喷射厚度为 150mm。

2. 土方回填

（1）回填工序

1）反压土体挖除后，进行主体结构施工，待主体结构挡土墙强度达到 85% 时，进行第一次土方回填。

2）斜抛撑拆除后，完成剩余主体结构施工，待强度达到要求时，进行第二次土方回填并回填到位。

（2）施工方法

土方回填采用机械回填，个别区域采用人工回填的施工方法。机械回填采用推土机、铲运机、装载机、翻斗运输车等机械，回填均应由下而上分层回填，分层厚度一般控制在 300mm。回填采取纵向铺填顺序，推土机作业应分堆集中，一次运送，选择分段距离为 10m 左右。

采用平板或冲击打夯机等小型机具压实时，打夯之前对填土初步平整，打夯机具应依次夯打，均匀分布，不留间隙。在打夯机具工作不到的地方应采用人力打夯，虚铺厚度不大于 200mm。人力打夯前应将填土初步整平，打夯要按一定方向进行，一夯压半夯，夯夯相连，行行相连，两遍纵横交叉，分层夯打。行夯路线应由四边开始，然后夯向中间。

用压路机进行回填压实，应采用"薄填、慢驶、多次"的方法，填土厚度均不应超过 250 ~ 300mm，每层压实遍数 6 ~ 8 遍，碾压方向应从两边逐渐压向中间，碾轮每次重叠宽度约 15 ~ 25cm，避免漏压。运行中碾轮边距填方边缘应大于 500mm 以防发生溜坡倒角。边角、边坡边缘压实不到之处，应辅以人力夯实或小型夯实机具配合夯实。压实密实度除另有规定外，一般应压至轮子下沉量不超过 10 ~ 20mm 为宜。平碾碾压一层后，应用人工或推土机将表面拉毛。土层表面太干时，应洒水湿润后继续回填，以保证上下层结合良好。

（3）注意事项

1）回填土随顶板防水层施工完成后立即施作需一次性回填至规划路面标高。材料宜用中粗砂或石粉渣进行回填不得含有垃圾腐殖物等杂质。

2）填土应分层夯实，每层厚度为 250 ~ 300mm。基坑回填碾压密实度应满足地面工程设计要求并不得小于 93%（重锤击实标准）；在地基路基范围的回填应满足路基填料相关标注尚应符合相关规范的要求。

3）结构两侧需要回填土方的，应在两侧同时回填。压实系数不小于 0.94。

4）基坑回填时，机械或机具不得碰撞 U 型槽结构及防水保护层。

二、施工安排及工效分析

1. 施工安排

根据 4 号线总体进度安排，土方基坑开挖于 2020 年 06 月开始，2021 年 4 月结束，主要施工高峰期间为 2020 年 07 月至 2021 年 03 月左右，并按照土方开挖施工顺序进行。车辆段总土方量大概为 150 万 m^3，高峰期间日均出土量约 6200m^3，考虑安排 155 辆土方车进行土方外运，日均往返 2 次。

2. 功效分析

施工高峰期间外运土方量为 150 万 m^3。总工期 311 天，扣除 2021 年春节影响 1

个月，剩余 281 天。考虑到每月下雨天数及春节放假假期，正常施工一天需完成工程量 6200m³。

采用 20m³ 土方车进行土方外运，日均往返 2 次，每日可外运 40m³。每日安排土方车数：6200/40=155 辆。

挖机每日需装土方车数约：155 × 2=310 车。采用 200 挖机进行土方开挖装车，每小时可装 2 车，按照一天 8 小时工作制，每天可装 16 车，需安排挖机数量：310/16=20 辆。

第五节　车辆段地下防水施工技术

一、地下防水施工准备

1. 技术准备

地下防水工程进行图纸会审，将图纸的矛盾解决在施工之前，编制切实可行的施工方案。

要求按规范标准、按工艺要求根据工程进度有针对性地作好各项书面技术交底，并履行签字手续。

2. 机具准备

吹尘器，剪刀，墨斗，卷尺，刮板、滚刷、毛刷、压棍、铁抹子、汽油喷灯等。

3. 材料准备

防水材料（包括辅助材料）必须通过对合格厂家的考察比较确定，确保满足本工程设计、施工规范对防水材料的技术指标要求。

所有材料应有材料出厂合格证，业主及相关单位认证产品和产品鉴定证书，并确认防水卷材包装上的材料名称、生产厂家、出厂日期的有效性。材料进场后，材料员、技术员、质检员按规定检查外观和厚度，并由实验员取样送检，送检结果合格的产品分类摆放，并做好标示标牌，对试验不合格的产品退回，严禁投入使用，并做好退货记录。

4. 现场准备

防水基层检查：应坚硬无空鼓，无起砂、无开裂松动、无凹凸不平缺陷。如有缺陷，必须进行处理，合格后方可进行防水施工。

防水基层处理：通过清理、打磨、修补、做到墙面平整、干净；阴阳角及穿墙管洞口圆顺，阴角处及桩周做成圆弧或 45 度坡角。

在实际施工前，应特别关注天气变化，及时掌握气象资料，使防水工程避开雨天、大风天。若施工时突然下雨，应停止防水作业。雨停后，待基层干燥后方可继续施工。对做好的防水层，要妥善保护。

二、施工安排及工效分析

1. 承台建筑外包防水层施工：计划 16 人，施工 5 日。

2. 集水坑与截水沟防水层施工：计划 12 人，施工 10 天。

3. 地下室底板防水施工：计划 2 人，施工 10 天。

4. 地下室壁板施工缝防水施工：计划 2 人，施工 10 天。

5. 地下室壁板、迎水壁板防水施工：计划 2 人，施工 10 天。

6. 土方回填：计划 10 人，施工 12 日。

三、地下防水施工技术

1. 结构混凝土自防水技术

主体及其附属结构的刚性自防水是通过补偿收缩性防水混凝土进行的，由此提高了混凝土的抗裂防渗及防水的性能。要保证混凝土质量和抗渗等级达到要求，首先要选用高性能的外加剂来补偿收缩防水的混凝土，其抗渗等级为 S8；施工时候要严格按照结构的设计尺寸来进行，防水结构的厚度一定要达到要求；可选择在混凝土里掺入有机纤维从而提高砼的韧性、抑制塑性开裂及改善耐久性能。

防水砼入泵坍落度和水灰比都要达到特定的要求。通常来讲，坍落度要控制在 120mm ± 20mm，水灰比不可大于 0.55。在地下工程施工混凝土浇筑的层与层之间通常会出现干缩裂缝及冷缩裂缝，施工的时候也要统筹考虑工地和搅拌站之间的距离、地面的交通状况、天气的状况、所选混凝土质量等各个因素以决定缓凝时间。一般防水混凝土的养护时间不可低于 2 周。

2. 施工缝防水技术

施工缝向来是结构自防水的软肋，若处理不好将会直接影响到建筑物的质量及其寿命。所以，一定要认真做好施工缝防水处理。

（1）首先必须弄清楚钢板腻子的材质、性能及规格，要完全符合设计的要求，并且要不含裂缝及气泡，搭接长度应该大于等于 10cm 并且要搭接平整、粘贴要牢固。钢板腻子的止水带应该埋入先浇、后浇混凝土内各自是 1/2 带宽，并且须确保止水带的安装平直。

（2）当用止水带夹定板夹住止水带时，要将止水带先用铁丝把拉结固定在定位扁钢条上，然后斜撑固定来加固挡头板，让挡头板在垂直于线路方向的一平面上，最后用小木板封闭挡头与围护结构之间的缝隙。

（3）墙与仰拱间的水平纵向施工缝止水带首先要用铁丝将其固定在 ϕ12 钢筋上，仰拱混凝土灌筑至施工缝下时再用手进行安装，此时要用钢筋临时固定在模板支架上。

（4）环向及纵向水平施工缝止水带须按照需要长度加工，水平及环向施工缝止水带用所专用的十字接头焊接接长。

（5）环向或者竖向的施工缝端头的模板一定要足够牢固，避免跑模的发生，先浇筑的混凝土基面一定要充分进行凿毛、处理干净、清除杂物。

（6）在衬砌混凝土灌筑的时候，采用插入式捣固器由捣固窗口对振捣止水带两侧的混凝土进行加强。

3. 变形缝防水技术

变形缝通常是由于结构两侧的不同刚度、不均匀受力以及考虑到混凝土结构胀缩而设置的允许变形的结构缝隙，通常变形缝的宽度为 20 ~ 30mm。

变形缝的常见处理措施有：

（1）在变形缝部位的混凝土外侧增设背贴式的止水带，背贴式止水带表面突起的齿条和模注防水混凝土间可以密实咬合，从而达到密封止水的目的，与此同时在背贴式止水带的两翼最外侧齿条的内侧根部固定上注浆管，用注浆管表面的出浆孔将浆液密实地填充在止水带齿条与混凝土的空隙里，实现密封止水的效果。

（2）在变形缝部位可以选用钢边橡胶止水带或者中埋式止水带进行止水。

（3）在变形缝的里侧选用密封膏沿变形缝环向封闭以达到嵌缝密封止水的目的。

四、施工过程中采取的综合管理措施和控制要点

1. 成品保护措施

（1）已做完的卷材防水层应及时采取保护措施，严禁穿硬底鞋人员在防水层上行走，以免踩坏卷材造成隐患。

（2）止水钢板存放时应当在干燥平整的场地，不得堆高，防止碰坏或损伤。

（3）铺抹水泥砂浆防水层时，施工现场应有防水工看护，如有碰破防水层必须立即修复，以免后患。

2. 应注意的问题

（1）现场动火严格遵守动火审批流程，现场严禁吸烟，并配备适量的干粉灭火器等消防器材。

（2）承台建筑外包防水层的阴阳角，搭接缝等处容易发生空鼓，造成的原因是卷

材防水层中基层含水率过大，有潮气，卷材与基层黏结不实，压得不紧，水分受热后产生气体膨胀，使卷材起包、起鼓，施工时要注意基层含水率和是否黏结密实。

（3）地下防水工程如发生渗漏，主要多在转角处、接地扁铁等薄弱部位，施工时一定先做好附加层，确保防水质量。

第六节　车辆段承台、底板施工技术

1. 施工测量

（1）工程施工前项目工程部将对现场控制点、水准点进行全面复查，复查后报业主、监理和设计单位批准认可后，再进行施工。

（2）所用的仪器为全站仪、水准仪，将用于施工现场坐标、高程的测量。

（3）现场目前在原始地坪的基础上开挖至底板垫层地面，再进行桩基础承台及基础梁施工，然后进行土方回填分层夯实至设计标高。

（4）施工现场的测量工作，项目部将安排专人负责，并上交阶段测量成果，以确保整体工程施工准确、完美和正常运转。

（5）在施工区内增设相应的导线及水准点，复测整个场地的地形和断面，在承台挖方区放出边坡断面，并测设开挖段的边坡、坡顶线，严格根据设计图纸认真进行施工放样，准确放出承台、基础梁边线位置和各部位尺寸及高程。

（6）水平角的施工，水平角的观测，一个测回中心的误差不大于 ±25；垂直度的投测，严格按照仪器操作规程，精心操作，对点调平，圆心气泡在 360° 范围内保持在中心位置，视准线必须与仪器机轴复合。

（7）标高允许偏差 5mm，竖向测量轴线尺寸偏差 5mm，闭合差 2mm。

2. 土方开挖

分块施工区域桩基础全部施工完成后，采用 PC200 挖掘机直接开挖至承台、地梁、防水板底面以下 100mm 处。若淤泥层承载力达不到设计要求时必须马上换填 500mm 厚 C 类土或块石，换填标高面低于承台底面 100mm。土方开挖期间，测量人员人密切配合，随时施测基坑边线及基底标高，确保开挖到位且不超挖。

开挖顺序总体思路从低到高，承台→基础梁→防水板。

基坑开挖范围是基坑底部为设计中承台的外边线往外 500mm。本工程开挖深度小于 4 米的基坑 1 ∶ 1 放坡开挖。挖出的土及时清运，临时堆放时距离基坑边应不小于 5m。

3. 桩头处理

第一步：根据设计桩顶标高，在桩顶位置设置 10 ~ 15cm 的切割线。

第二步：人工凿开缺口，露出环切部位钢筋。便于后续的风镐作业不会破坏钢筋保护层。

第三步：风镐剥离缺口上侧钢筋外保护层。

第四步：外露钢筋剥离混凝土（锚入承台钢筋长度部分采用塑料套管进行包封钢筋），并向外侧微弯，调整钢筋位置。

第五步：桩头一侧支设钢管或木方，风炮沿剥离部位凿通桩基，保障桩头倒向背离支撑一侧。

第六步：将桩头破除混凝土提出，然后用人工凿除并清除松散混凝土，保证不破坏保护层，并使桩头微凸。

第七步：清洗后的桩顶。

4. 垫层施工

（1）夯实

承台、地梁土方机械开挖后采用人工清理后夯实，防水板需在承台及地梁砖胎膜施工及周边回填完成后，机械夯实，小型压路机无法碾压的地方采用蛙式打夯机进行夯实作业。

（2）垫层施工

根据设计要求，承台、地梁底设 100mm 厚 C20 素混凝土垫层，每边宽出基础边 300mm，垫层边采用 10×10 木方拼做侧模。浇筑混凝土过程应翻浆、密实，使用刮尺整平，初凝前进行二次收面精平。

5. 砖胎膜砌筑、抹灰

承台、基础梁、防水板采用 MU10 标准灰砂砖作为结构侧面模板，灰砂砖外形尺寸为 240mm×115mm×53mm，同一段墙体规格应一致。

砖模砌筑均采用灰砂砖，砂浆标号 M5.0。待砖模砌筑完成后砖胎膜内侧进行抹灰收面，保证抹灰面平整，无锐角，凹凸感，为下一道防水施工做好准备，到达一定强度后（一般 2 ~ 3 天）外围进行素土回填，采用蛙式打夯机夯实。

6. 防水施工

高分子自粘胶膜防水卷材施工工艺流程：

基层清理→节点部位加强处理→铺设 MAC 防水卷材→卷材长边搭接→卷材短边搭接→撕开上表面隔离膜→节点密封→组织验收。（根据后续下发图纸进行更新）

7. 钢筋安装

钢筋加工→吊运至使用部位→绑扎承台底及梁钢筋→绑扎柱钢筋→绑扎承台面钢

筋→绑扎防水板钢筋→绑扎预留剪力墙钢筋，单桩及两桩承台直接预制钢筋笼吊放安装。

（1）按照图纸的要求，对钢筋进行下料，料单通过审核后开始对钢筋加工。

（2）按照承台底钢筋，将加工完成的钢筋做好编号，统一运送至使用部位。

（3）绑扎承台底钢筋，并绑扎与承台相连的基础梁钢筋；钢筋绑扎时，靠近外围两行的相交点每点都绑扎，中间部分的相交点可相隔交错绑扎，双向受力的钢筋必须将钢筋交叉点全部绑扎。如采用一面顺扣应交错变换方向，也可采用八字扣，但必须保证钢筋不移位。

（4）根据图纸，上部柱插筋以及剪力墙应在承台、底板钢筋绑扎同时预留长度，并按照图集要求设置预留长度并满足接头错开率为 50%。

（5）连接方式

直径 20mm 以上的钢筋采用机械连接，钢筋采用直螺纹套筒连接（套筒连接时露出套筒不超过 2 个丝）。

8. 止水钢板安装

（1）焊接固定托架

用 ϕ12 钢筋做托架和侧面固定，托架每隔 1m 放置一个，托架绑扎在临近竖向钢筋上，保证托架不下坠。钢板放置在钢板托架上水平中心线保持与结构底板 50cm。

（2）放钢板、焊接钢板

将一个单元榀的钢板焊接，放置在已焊接好的钢板托架上，凹口一致朝迎水面。相连两块钢板错缝搭接 30mm，钢板与钢板内外均满焊。转角部位其中一侧的伸出长度不小于 50m。

9. 混凝土浇筑

（1）混凝土施工前，必须保证钢筋及前面工序验收完成，砖胎模砌筑完成，内部签发《混凝土浇筑申请单》后方可进行混凝土浇筑。根据合同要求由指定的混凝土厂家根据本工程特点提供混凝土配合比并上报监理审查。

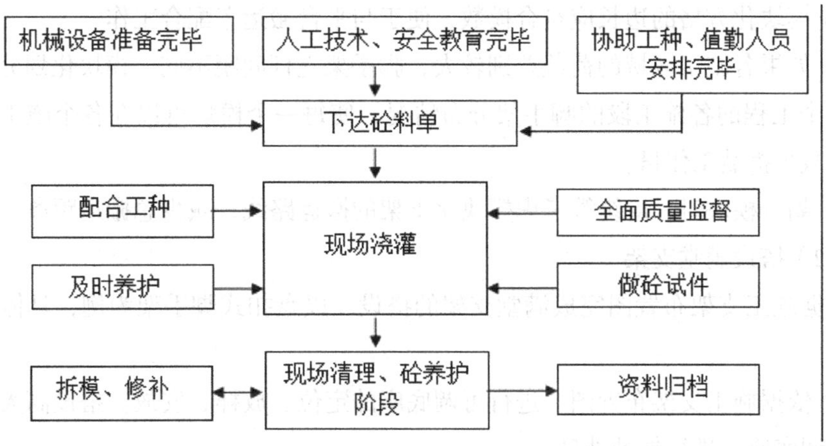

图 2-6 混凝土施工流程图

（2）注意事项

1）车辆在场内行走时注意与基坑保持一定距离；

2）泵送设备架设位置必须保证可靠的地基承载力；

3）混凝土出料时应注意放料的高度小于 2m，放料的速度应注意避免过快破坏模板支撑系统；

4）浇筑混凝土时振捣棒快插慢拔，以保证混凝土振捣密实；

5）施工时注意承台边支设可靠的操作平台，注意施工安全。

6）混凝土浇筑必须浇筑至止水钢板水平线一半，防水板浇筑时地下结构外围剪力墙必须和防水板一同浇筑 50cm 高。

第七节　车辆段高支模架体搭设施工技术

一、施工技术及操作要点

1. 操作要点

（1）模块化划分

依据施工荷载设计满堂支架，完成脚手架计算书，确定支架型号和布设间距，绘制施工支架布置图。根据施工支架布置图的现场的平面形状和尺寸以及脚手架的立杆间距模数，将满堂支架的平面分布图划分为尺寸尽可能相同的模块化方格。模块化划分的注意事项包括：

1）模块化方格的边长应符合模数，便于与平台搬运车配合工作。

2）如果各施工区域的荷载差别较大，脚手架立杆间距不同，模块化划分时要综合考虑整个工程的各施工段的脚手架分布情况，使每一个模块可以在各个施工段被多次使用，减少拆装工作量。

3）划分模块时，应统筹考虑模块化支架的搬运路线，减少总搬运距离。

（2）搭设满堂支架

依据施工支架布置图完成满堂支架的搭设。以盘扣式脚手架为例，具体的施工步骤为：

1）依据施工支架布置图，进行可调底座的定位、放样、安放。搭设高大模板支架时，可调底座应进行加劲处理。

2）首层立杆、横杆、斜杆的安装和调整，再销紧首层杆件插销。

3）立杆接长并重复横杆和斜杆的安装至设计高度。

4）安装可调托座，可调托座插入立杆长度不得小于150mm且保持丝杆外露长度不小于200mm，便于拆模和搬运。

5）安装主龙骨和次龙骨，并保证有效的搭接连接，并防止龙骨倾覆。

（3）钢梁平台设计施工

在制作钢梁平台前必须进行钢梁平台承载力和钢梁变形设计，以保证钢梁平台可以承担施工全过程的荷载，保证搬运过程的顺利完成。

1）钢梁平台设计。沿平台搬运方向布置平台的次梁，承担立杆、横杆、斜杆以及主次龙骨和模板等上部荷载。平台次梁下方正交布置两根主梁，主次梁的间距应符合模数，并尽可能降低次梁弯矩最大值。主梁下设置4块12mm厚钢板，钢板中心点横向间距与搬运车轴距一致，纵向间距符合模数，确保钢平板与搬运小车的4个车载千斤顶精确对接。

2）钢梁平台承载力验算。将立杆上的荷载和立杆自重简化为集中力作用次梁上，再将主次梁分别按简支梁进行强度和刚度验算，确定最终的型钢尺寸。以本公司负责施工的福州某地铁场站项目为例，经过计算后，选择2根12号槽钢制作次梁和2根14号工字钢做主梁。

3）钢梁平台制作。制作时可在预设钢板位置设置临时支撑，在临时支撑上固定钢板，临时支撑上表面均应符合钢板的设计高度，保证四块钢板应处于同一水平面，满足搬运小车工作要求。在钢板上焊接主梁，再按设计图纸在主梁上焊接次梁，最后将次梁与立杆焊接。为了保障主次梁的局部稳定，在主梁与次梁以及主梁与钢平台的搭接位置应布设加劲肋。

（4）主体工程施工

支架以及平台完工之后，即可进行主体工程施工，以钢筋混凝土结构施工为例说明主体工程施工过程：

1）模板工程，基本流程包括定位，模板安装，模板验收。

2）钢筋绑扎，包括梁钢筋绑扎和结构板钢筋绑扎。

3）混凝土浇筑、振捣和养护。

4）拆模，主体结构养护至满足拆模要求后，进行模板拆除。降低顶部的可调托座，根据下一个施工段的立模要求，以及支架搬运空间需求，尽可能减少模板的拆装工作量。

（5）搬运车就位

1）准备工作。在搬运车驶入钢梁平台下方之前，应完成相关的准备工作，包括降低顶部的可调托座，必要时拆除顶部影响支架平移的部分构件。拆除待平移模块化钢梁平台上部支架与周边支架之间的连接构件。清除待移动支架下方的杂物以及其他影响搬运的障碍物，保障平台搬运车运行路线的路面进行平整。将支架立杆下方的垫木、可调底座与立杆进行临时固定。

2）根据钢梁平台的主梁间距，调整车载液压千斤顶下的可移动卡扣装置。可移动卡扣装置通过丝杠结构固定在支架搬运车纵梁内侧，控制丝杠结构实现卡扣的纵向移动，保证车载液压千斤顶间距与钢梁间距一致。

3）将平台搬运车驶入待平移钢梁平台下方预定位置，平台搬运车开入平台下方前，要精确调整搬运车的驶入位置和角度，保证搬运车能顺利进入预定位置。同时，在地面上设置临时限位块，辅助搬运车准确行驶到位，保证车载千斤顶能够与钢梁平台下的钢板精确对中。千斤顶与钢梁平台搬运车就位后，利用双向四同步电磁阀泵驱动车载液压千斤顶升至与平台接触，将千斤顶的上法兰与平台梁连接固定。继续顶升千斤顶，抬起钢梁平台及其上部支架至离地 5 ~ 10cm。

4）检测钢梁平台的水平度，若不符合要求，调整个别千斤顶高度至钢梁平台的水平位置，安装斜向临时支撑，将搬运车与支架之间形成牢固连接。

（6）移动至下一施工段

1）将搭载着支架的平台搬运车行驶至下一道施工段的作业面，行驶过程中利用一体式无线智能传感器，进行支架、钢梁平台和小车整个体系的全过程监测及预警。

2）平台搬运车移动到达预定位置，通过在地面上布置临时限位块，控制搬运车的停靠位置，确保模块化支架准确运送到位。

3）拆除临时固定斜杆，解除千斤顶的上法兰与钢梁平台连接。缓慢下降车载千斤顶使钢梁平台和支架落地，待千斤顶完全下降后，开出平台搬运车，进入下一个模块化钢梁平台下方，进行下一次的搬运工作。

4）两个及以上的模块化平台及上部支架就位后，即可将上部支架之间的横杆和斜杆相互连接，逐渐拼接形成下一道施工段的满堂支架，准备下一道施工段的主体工程施工。

2. 劳动力组织

本工法每施工段劳动力组织情况见表 2-2。

表 2-2　每施工段劳动力组织情况表

序号	部门	职务	人员	工日	备注
1	模板班组	木工	12	960	—
2	支架搭设班组	架子工	10	800	—
3	混凝土班组	混凝土工	6	400	—
4	钢筋班组	钢筋工	9	600	—
5	电焊班组	电焊工	3	60	—
6	特种作业人员	搬运车操作员	1	30	—
	合计	—	28	2860	根据施工实际动态调整

二、施工材料与设备

1. 材料

对所有购进原材料的出厂合格证和说明书进行验查，并登记记录。对有合格证的原材料进行复验。根据规范要求进行取样、送检，经复验合格的原材料才能使用。

（1）钢材：钢梁平台的主次梁分别采用 14 号工字钢和 12 号槽钢，12mm 厚钢板，使用 Q235 低碳合金结构钢。

（2）焊条：所有焊接均采用 E43 系列型焊条。

（3）模板：采用 15mm 厚木胶合板，胶合板表面应光滑平整，质量符合国家现行标准的要求。

（4）支架：采用承插型盘扣式脚手架，立杆外径 60 mm（壁厚 3.2mm），水平杆和斜杆外径 48mm（壁厚 2.5mm）。盘扣式脚手架材料使用 Q345A 低碳合金结构钢。

表 2-3 主要材料配备表

序号	名称	型号	规格（mm）
1	可调托撑	KTC-45	T38×6 可调范围≤ 300
2	盘扣钢管	焊接钢管 Q345A	φ60×2000
3			φ60×4000
4			φ60×5000
5			φ60×6000
6			φ48×3000
7			φ48×2400
8			φ48×1500
9			φ48×900
10			φ48×200
11			φ48×09
12			φ48×03
13	木模板	厚木胶合板	2440×1220×15
14	扣件	Q235	旋转、直角、对接
15	钢方管	Q235	50×50×3.0
17	主龙骨	Q235	150×75×5×7 型钢
18	方木	松木	100×100 或 80×80 或 50×100
19	钢板	Q235	12mm 厚
20	槽钢	Q235	126×53×5.5×9
21	工字钢	Q235	140×80×5.5×9.1

2. 设备

除了配合本工法施工自行设计制造的智能支架搬运车，为完成本工法施工的全部流程，还需用到传统施工过程中的相关机械设备。以本公司负责施工的福州某地铁场站项目为例，所需机械数量及型号如表 2-4 所示。

表 2-4 主要机械设备表

序号	设备名称	规格	数量
1	GPS	台	1
2	精密全站仪	台	1
3	全站仪	台	1
4	精密数字水准仪及条码铟瓦尺	把	4
5	水准仪	台	2
6	无线倾斜仪器	台	2
7	应变计	个	4
8	Lora 采集箱	个	3
9	双向四同步电磁阀泵	0.75 kW	1
10	双法兰液压千斤顶	5 吨	4
11	智能平台搬运车	台	1
12	电焊机	22 kW	6

第八节　车辆段主体结构施工技术

一、钢筋工程施工技术

1. 工程概述

（1）材料要求

本工程墙柱边缘构造钢筋采用 HRB4000、HPB300 级钢及 Q235 钢材焊接用 E43 焊条，HRB400 级钢及 Q345 钢材焊接用 E50 焊条。当为帮条或搭接焊时，HRB400 级钢可采用 E43 焊条。梁、板砼强度等级为 C30，柱混凝土强度为 C50。

（2）保护层厚度要求

纵向受力钢筋的混凝土保护层，其厚度不小于钢筋的公称直径，水池池壁迎水面保护层最小厚度不应小于 40mm，钢筋混凝土基础宜设置混凝土垫层，基础中钢筋的混凝土保护层厚度应从垫层顶面算起且不应小于 40mm；地下室结构的顶板、外墙与底板，其迎水面钢筋保护层厚度不小于 50mm。施工时梁、柱中的纵向受力钢筋的保护层厚度大于 50mm 时，在保护层内增设镀锌钢丝网片 φ4@150×150，防止保护层混凝土开裂及脱落，网片的保护层不小于 25mm。

（3）钢筋的锚固与接头要求

直径 18 以下钢筋采用焊接时，焊接长度：单面焊≥ 10d，双面焊≥ 5d，避开构件的最大弯矩处；直径 18 及以上的钢筋采用机械连接。纵向受力钢筋的机械连接接头相互错开。钢筋机械连接区段的长度为 35d，d 为连接钢筋的较小直径，在同一连接区段内，同一钢筋不得有两个接头；在同一连接区段内，受力钢筋的接头率不应大于 50%。

（4）混凝土垫块

为确保受力主筋的保护层的厚度，施工时，根据不同结构部位设计要求设置混凝土垫块。钢筋保护层厚度检验时，纵向受力钢筋保护层厚度的允许偏差，对梁类构件为 +10mm，-7mm；对板类构件为 +8mm，-5mm。

（5）植筋

主要应用于二次结构砌筑和柱子根部防水板处，对基础、上部结构、连接部位需植筋，根据植筋要求执行。

1）植筋设计使用年限 50 年，植筋用黏结剂等级为 A 级。应定时检查植筋工作状态，第一次检查时间不应迟于 10 年；

2）基材表面应坚实、平整，不应有起砂、起壳、蜂窝、麻面、油污等影响锚固承载力的现象；

3）新旧混凝土交接面凿毛洗净，待硬化后再进行下一步工序的施工；

4）钻孔应避开受力钢筋，对于废孔，应用化学锚固胶填实。

2. 工艺流程

（1）柱钢筋绑扎

施工准备→弹柱边线→混凝土接茬面处理→调校立柱钢筋→套柱箍筋→安装竖向受力钢筋→画箍筋间距线→绑扎钢筋→立柱钢筋验收。

（2）剪力墙钢筋绑扎

施工准备→弹剪力墙边线及控制线→混凝土接茬面处理→调校预留搭接钢筋→立 2 ~ 4 根纵向定位钢筋→画水平钢筋间距→绑扎横向定位钢筋→布置纵向钢筋间距→安装竖向受力钢筋→绑扎拉结筋及支撑钢筋→绑扎穿柱钢筋→剪力墙钢筋验收。

（3）梁钢筋绑扎

施工准备→画箍筋间距线→主次梁模板上部铺横杆数根→横杆上放置箍筋→穿主梁底层纵筋→穿次梁底层纵筋→穿主梁腰筋及上层钢筋→按箍筋间距绑扎→穿次梁腰筋及上层纵筋→按箍筋绑扎→抽出横杆放置骨架至梁模板内→梁钢筋验收。

（4）楼板（结构底板）钢筋绑扎

施工准备→清理模板→弹板筋排布钢筋位置线→绑扎下层钢筋→放置钢筋支撑马镫钢筋→绑扎上层钢筋（电梯井部位吊筋绑扎）→楼（板）钢筋验收。

（5）楼梯钢筋绑扎

施工准备→画主筋和分布筋排列线→绑扎主筋→绑扎分布筋→楼梯钢筋验收。

（6）植筋

定位钻孔→植筋孔清理和验收→注植筋胶→插筋锚固→通孔锚固。

3. 操作要点

（1）施工准备

1）施工前进行图纸会审，按图纸和操作工艺标准向班组进行交底，对钢筋绑扎安装顺序予以明确规定。

2）对进场钢筋的品种、等级、牌号、规格进行检查，分类存放，设立标识标牌；收集并检验材料质量证明文件、出厂检验报告。

3）钢筋绑扎前表面必须清洁。

4）钢筋规格、形状、尺寸、数量、机械连接接头位置，必须符合设计要求和施工规范的规定。

5）钢筋焊接或机械连接接头的机械性能结果，符合钢筋焊接及机械连接验收的专门规定。

6）在钢筋保护层厚度垫块进场前收集出厂报告，按照规范要求进行抽样检查，合格后投入使用，本工程主要使用预制混凝土垫块。

7）主要钢筋加工及起重设备进场前经验收合格后投入使用。

8）加工钢筋接头的操作工人经专业技术人员培训合格后才能上岗，人员应相对稳定；钢筋接头的加工应经工艺检验合格后方可进行。

9）钢筋绑扎前，混凝土接茬面剔除表面浮浆、松散混凝土，并用清水清扫干净。

10）混凝土结构边线通过测量，用墨线清晰标识，结合结构类型尺寸、标高在模板或混凝土面进行标识。

11）对于危险性较大的分部分项工程，钢筋绑扎前模板支撑架、深基坑支撑及安全防护进行施工前条件验收，合格后进行正式施工。

（2）操作要点

1）柱钢筋

①预留柱插筋校正，混凝土接茬面处理完毕，根据测设的墙柱设计边线绑扎定位筋。

②墙体、柱四角及中间每 30cm 设置一道定位钢筋；柱子纵筋设置不少于两道定位箍筋（楼地面位置一道箍筋、距楼地面 1250mm 模数高一道箍筋）。在柱主筋内侧，根据柱筋的定位尺寸，焊制定型的定位箍筋和外围标准箍筋配套使用，待混凝土浇筑完成凝固后，将内定型箍取出，循环使用，防止柱主筋偏位。

③在柱对角纵向钢筋上划箍筋定位线，且柱第一道箍筋的位置离板面 50mm；箍筋间距控制线偏差控制在 20mm 以内。柱箍筋上标识纵向钢筋位置，内插纵向主筋。主筋机械连接接头错开≥ 35d，当受力钢筋采用机械连接接头时设置在同一构件内的接头宜相互错开，连接区段的长度为 35d 倍（d 为纵向受力钢筋的较大直径）且不小于 500mm。

④根据设计要求绑扎加密区钢筋，柱底部箍筋的加密高度不小于柱的长边尺寸和所在楼层柱净高度的 1/6，且不小于 500mm；柱顶部箍筋的加密高度不小于“柱底部箍筋加密区高度 + 柱顶部截面最大的梁的截面高度”。箍筋由上往下绑扎，箍筋与主筋要垂直，箍筋转角处与主筋交点均要绑扎，主筋与箍筋非转角部分的相交点成梅花交错绑扎，箍筋的弯钩叠合处应沿柱子竖筋交错布置，并绑扎牢固；箍筋设拉筋时，拉筋钩住箍筋外面。

⑤柱筋保护层使用垫块（水泥垫块、塑料垫块）绑在柱竖筋外皮上，墙柱垫块离地、边角 25cm 设置，间距 1m。

⑥下层伸出的柱纵向筋或插筋上的混凝土、油渍、锈斑和其他污物应清理干净；

复核柱主筋定位情况，保证柱主筋保护层厚度满足设计要求，主筋均匀排布。

⑦墙柱预埋管道钢筋设置位置准确，长短及方向一致，绑扎牢固。

2）剪力墙钢筋

①先立 2 ~ 4 根纵向筋，并划好横筋分档标志，然后于下部及齐胸处绑两根定位水平筋，并在横筋上划好纵筋分档标志。

②剪力墙中有暗梁、暗柱时，先绑暗梁、暗柱再绑周围横筋。

③主筋与伸出搭接筋的搭接长度符合要求，且须绑扎 3 个点，绑扎接头相互错开；第一道竖向钢筋与暗柱间的距离宜为竖向钢筋间距的一半，第一道水平筋应距离混凝土板面 50mm；横向筋在两端头、转角、十字节点、连梁等部位的锚固长度及洞口周围加固钢筋等，符合设计抗震要求。

④剪力墙水平分布钢筋的搭接长度不小于 1.2La，同排水平分布钢筋的搭接接头之间及上、下相邻水平分布钢筋的搭接接头之间沿水平方向的净间距不宜小于 500mm，横向分布筋的搭接长度不应小于 1.2La（La 为钢筋锚固长度）。

⑤设置梯子筋，梯子筋竖向钢筋直径宜比墙体竖向钢筋大一型号，在原位替代墙体钢筋，间距 1500mm 左右，水平钢筋直径同墙体水平筋，长度为墙体厚度 -2mm，端部打磨，钢筋伸出两边部分及端部刷防锈漆；拉筋端头应弯成 135°，平直部分长度不小于 10d，间距符合设计要求。

⑥全部钢筋的相交点都要扎牢。

3）梁钢筋

①按照设计图纸要求的间距在梁侧模板上划箍筋定位线，箍筋间距控制线偏差控制在 20mm 以内。

②钢筋箍筋标线，梁端部第一个箍筋应距离柱节点边缘 50mm 处；梁端部箍筋的加密长度及箍筋间距均应满足设计要求。

③在主次梁模板上口铺架立钢筋横杆数根，横杆采用 ϕ48mm 钢管，间距控制在 1.5m 以内。按照箍筋定位线放箍筋，箍筋封闭口摆放在梁顶两侧边，左右间隔摆放。

④穿主、次梁钢筋，钢筋搭接：采用焊接接头，单面焊接长度≥10d，搭接长度末端与钢筋弯折处的距离不得小于 10d；下部纵筋伸入中间节点的锚固长度及伸过中心线的长度应符合设计要求，在端部节点内的锚固长度也要符合设计要求；接头应互相错开，受拉区搭接接头任一区域内有接头的受力钢筋截面面积占受力钢筋总截面面积不得大于 50%。采用机械连接，套筒适用管钳检查已抵死螺丝外露不超过 2 扣，搭接连接不超过 50%。钢筋间距均匀，绑扎牢固，主次梁交界处三支加强筋设置，梁底每米设置一块 2.5cm 垫块。

⑤穿主梁、次梁腰筋及上层钢筋，框架梁上部纵筋贯穿中间节点，采用机械连接

或焊接接头应符合设计及规范要求。

⑥箍筋绑扎时，与主筋要垂直，箍筋转角处与主筋交点均要绑扎，主筋与箍筋非转角部分的相交点成梅花交错绑扎；箍筋的弯钩叠合处应沿梁水平筋交错布置，并绑扎牢固；箍筋的端头应弯成 135° ，平直部分长度不小于 10d，如做成封闭箍，单面焊缝长度 5d；梁上部纵向钢筋的套入箍筋套扣内。

⑦全部梁钢筋完成绑扎后，抽横杆之前，确保垫块位置及间距满足要求；箍筋与主筋应相互垂直；梁体二排钢筋与上层主筋使用同等直径短钢筋固定隔离，间距 1m 一道，二排钢筋不再下沉后，利用塔吊两点起吊梁体钢筋，抽出架立钢管横杆，使梁体钢筋落入模板内，两侧保护层均匀，且符合保护层厚度要求。

⑧验收时，检查钢筋保护层位置是否均匀，绑扎是否牢固。

4）楼（板）钢筋

①作业前，将楼板及梁模板上的混凝土、油渍、木屑及其他杂物清理干净。

②根据设计图纸要求的间距在板模上画出主筋及分布筋排列线，排列线偏差控制在 10mm 以内，距离梁构件外边缘间距为板筋间距的一半布置。

③在模板上按照间距 1.5m 垫好垫块，垫块厚度等于保护层厚度；根据已画好的排列线，在模板先摆放主筋，再摆放分布筋；绑扎板筋时用顺扣或八字扣，除外围两根钢筋的相交点应全部绑扎外，其余各点可交错绑扎（双向板相交点需全部绑扎）；现浇板中有板带梁时，应先绑板带梁钢筋。底筋绑扎过程中，预埋件、电线管、预留孔等及时配合安装，不得切断或移动钢筋。

④面筋及底筋之间应按照设计间距放置钢筋支撑或马凳筋，配有双层钢筋的一般楼板，ϕ8 钢筋制成，每平方米设置一个，不同板厚采用不同型号马镫。

⑤短向钢筋置于外层，长向钢筋置于内层；当板底与梁底平时，板的下层钢筋应置于梁内底筋之上。对于跨度不小于 4m 的现浇混凝土板，板的跨中应按 2/1000 起拱。梁跨度大于 8 米及悬臂梁跨度大于 4m 时，梁的跨中应按 2/1000 起拱，悬臂梁端应按 L（净跨）/1000 起拱。

⑥上层钢筋绑扎，铺设 2cm 木板作为施工通道，负弯矩钢筋每个交点均要绑扎，其余与底筋相同；绑扎板筋时用顺扣或八字扣。

⑦钢筋焊接，帮条焊时，帮条与主筋之间应用四点定位焊固定，两主筋端面的间隙应为 2 ～ 5mm；搭接焊时，用两点固定，焊接端钢筋宜预弯，并应使两钢筋的轴线在同一直线上；定位焊缝与帮条端部或搭接端部的距离≥ 20mm。

5）楼梯钢筋

①按照设计图纸要求在楼梯模板上画出主筋及分布筋排列线，排列线偏差需控制在 10mm 以内。

②楼梯钢筋绑扎参照梁、板钢筋要求，先绑扎主筋后绑扎分布筋，每个交点均应绑扎；遇有楼梯梁时，先绑扎梁后绑扎板筋，板筋锚固到梁内。

③钢筋绑扎完成，按设计图纸及规范要求先行自检，合格后方可通知监理专检。

二、模板工程施工技术

1. 柱模板

（1）模板构造

柱模板由专业厂家设计并加工定型模板，模板分两块用螺栓紧固拼接。模板高度为 8m，分 5 节拼装成整套模板。

圆形立柱采用定型钢模板，模板面板采用 δ6mm 厚钢板，竖肋采用 8# 槽钢，间距 300mm，环肋采用 100mm 宽、88mm 的圆弧肋板，法兰采用 100mm 宽、812mm 带钢，螺栓采用 8.8 级 M18×60 高强螺栓。

（2）工艺流程

施工工艺：定位→脚手平台搭设→钢筋绑扎→模板设立→模板校核→模板固定→浇筑混凝土→拆模→养护→清理模板

（3）操作要点

1）弹柱边线及控制线

按图纸要求在每根柱子周边放线画出轴线、柱子边线及控制线；柱轴线部位采用红色边长 50mm 的“△”标记，标记轴线二字；柱边线采用墨线沿设计柱边位置弹注；柱边线向外偏移 500mm 处用墨线平行于柱边线弹柱控制线。

2）焊接模板下口限位钢筋

按放出的柱边线焊接 ф20 内截面控制筋，每个方向两根。

3）安装柱模板

①按放线位置先钉好压脚板再安装柱模板。

②柱子两垂直向加斜拉顶撑。

③柱根部封堵到位，采用砂浆或海绵条等形式。

④相邻两模板表面高低差控制在 2mm 以内，柱子截面内部尺寸控制在 +4mm、-5mm 以内。

⑤拧紧钢模螺栓，四角用 4 根 Φ8 钢丝绳斜拉。

4）校正垂直度、柱模板验收

利用水平尺及锤球检查模板垂直度，并使用花篮螺栓松紧调整。拉杆与地面夹角宜为 45°，预埋钢筋环与柱距离宜为 3/4 柱高。

相邻两模板表面高低差控制在 2mm 以内；高度≤ 6m 时垂直度偏差控制在 8mm 以内，层高＞ 6m 时，垂直度控制在 10mm 以内；柱模板内部尺寸偏差 ±5mm。相邻模板表面高层 2mm，轴线位置偏差 5mm。

2. 墙体模板

（1）模板构造

剪力墙模板采用 15mm 厚木胶板，竖向次楞采用 50×50×3.0mm 方钢管，间距 250mm，水平主楞采用 50×50×3.0mm 的方钢管，采用 M12 高强对拉螺栓拉接固定，横杆间距 500mm，第一道水平主楞距地 200m。

（2）工艺流程

施工准备→墙体钢筋绑扎及验收→支设门窗等洞口模板→支设剪力墙模板→支设柱及柱芯模板→支设墙体另一侧模板→剪力墙模板加固→校正垂直度→墙体模板验收。

（3）操作要点

1）画线标识

按图纸要求在每道剪力墙周边放线画出轴线、剪力墙边线及控制线；剪力墙轴线部位采用红色边长 50mm 的"△"标记，标记轴线二字；剪力墙边线采用墨线沿设计墙边位置弹注；剪力墙边线向外偏移 500mm 处用墨线平行于墙边线弹注控制线。

2）凿毛

墙体根部凿毛，首先剔除墙边线范围内的砼浮浆，直至露出新鲜均匀的石子；凿毛深度不小于 5mm，凿毛应将剔凿点间距控制在 20 ~ 30mm，凿毛应覆盖墙边线内全部范围；剔除的浮浆残渣及时清理后用水冲洗干净，沿墙体边线贴止水胶条。

3）安装

按设计图纸位置线及尺寸线安装门窗、洞口模板，与墙体钢筋固定，并安装好预埋件与木砖等。

4）支设外侧模板

模板安装前，根据墙边线在底部焊接好限位钢筋等其他限位措施；按间距 300mm 要求穿设对拉螺杆，保证相邻两模板表面高低差控制在 2mm 以内，若对拉螺杆有止水要求时，采用带钢片止水螺栓。

5）支设另一侧模板

安装另外一侧模板，调整斜撑（拉杆）使模板垂直后，拧紧穿墙螺栓，并加设固定斜撑，相邻两模板表面高低差控制在 2mm 以内；模板安装完毕，检查一遍扣件、螺栓是否紧固，模板拼缝及下口是否严密；墙模板立缝、角缝宜设于木方和胶合板所形成的企口位置，以防漏浆和错台。

6）模板加固

侧模加固时，拧紧对拉螺杆，并根据混凝土侧压力情况加设双螺帽；模板根据封堵到位；外墙模板外侧向下降 50cm 并与下层混凝土预留螺杆连接成为整体；模板内需加内撑，确保在加固过程中控制截面尺寸。

7）复查

层高≤ 6m 时，垂直度≤ 8mm；层高 >6m 时，垂直度≤ 10mm；并根据模板控制线，复查墙模板偏位情况。

8）模板检查验收

剪力墙模板截面尺寸符合 ±5mm 偏差范围要求；垂直度根据层高≤ 6m 时，垂直度≤ 8mm，层高 > 6m 时，垂直度≤ 10mm；模板拼缝严密，模板内无杂物、积水；模板支架符合规范及方案要求，墙柱转折处连接牢固。

3. 楼梯模板

（1）模板构造

楼梯模板由 4 部分组成，分别为平台板底模、梯板底模、平台板和斜板侧模、踏步立模。平台板、梯板与楼梯梁和剪力墙连接。楼梯模板支撑用钢管上配可调支托，上铺主楞和次楞与楼梯模组合而成。

1）楼梯模板：用 15mm 厚耐水双面漆胶合板。

2）次楞：50×50×3mm 方钢管，间距≤ 300mm。

3）主楞：50×50×3mm。

4）支撑架立杆：立杆用 Φ48×3.5mm 钢管，间距 900mm、800mm。

5）楼梯间拉杆采用 M12 对拉螺栓间距 600mm 一道。

6）水平杆、扫地杆：水平杆用 Φ48×3.5 钢管，楼梯支撑纵横设置两道水平杆，水平杆步距 1.5m；扫地杆距离地面（14b 槽钢仰卧顶面）300mm 设置。

（2）工艺流程

铺设槽钢→搭设支撑立杆、水平杆→安装游托、主楞、次楞木方→调整标高→铺设平台板、梯段板多层板→底模验收→钢筋绑扎→斜板侧模、踏步立模安装→隐蔽验收→砼浇筑→养护、拆模

（3）操作要点

1）首先根据建筑 50cm 标高控制线，找出楼梯平台板和梯板底部的各处标高挂通线，以此线为控制标高线下返定出主楞顶面位置，再用支撑钢管和可调支托将主楞两端托起。

2）平台板设四道主楞，梯板依据长度设四道至五道主楞，主楞上面调整平直，次楞在主楞上面两端做临时固定拉接，使主楞连接为一整体后，在主楞下部用钢管和可

调支托，顺主楞方向以不大于900mm的间距均匀排开，平台下的钢管支撑垂直放置，梯板下的支撑斜放垂直于梯板坡度放置。

3）支撑上部中间各设一道水平拉杆，水平拉杆钢管双向将支撑立杆用十字、旋转卡扣子锁住，支撑下部设一道扫地杆，扫地杆离地面高度300mm设置。

4）钢管支撑的刚度稳定后以每300mm的间距将次楞放置平整，再用可调支托的螺栓将各部位的次楞标高调整精准，然后再按平台板和梯板的砼外边尺寸进行弹线，以便为铺底模板提供可靠依据。

5）线弹完后，在次楞上铺双面漆多层板底模，底模铺钉要平整方正，接缝要严密避免砼跑泡流浆。

6）梯步模板待梯板钢筋绑扎完毕验收合格后按照两侧挡板或墙上弹好的踏步线挂梯步，梯步高度应保持均匀一致，特别是最下一步及最上一步的高度，防止梯步高度不一致给装修工作带来麻烦。

4. 构造柱、圈梁、后浇带模板

（1）模板构造

1）后浇带的设置要求

①后浇带宽度为1000mm，贯通整个结构的横截面，将结构划分为几个独立区段，后浇带板墙的钢筋搭接长度为45d，梁的主筋不断开，使其保持一定联系。后浇带共有两种形式：平直缝和凹形缝，后浇部分除要求设置快易收口网外，地下室等防水要求安装钢板止水带。

②在施工基础垫层时，将后浇带处基础垫层降低50 ~ 100mm。以便处理施工缝、清除垃圾和排除积水。雨期施工时，后浇带应每隔50m设一集水坑，以便及时排除雨水和养护用水。

③底板基础部分后浇带四周砌砖围护，顶部采用模板遮盖，以防施工过程中垃圾等杂物污染钢筋及施工缝结合面。

④根据分块图划分出混凝土浇筑施工层数，后浇带施工缝采用快易收口网、钢丝网和堵头板作侧模、堵头板按钢筋间距上下刻槽。

⑤后浇带两侧分别设置双排脚手架支撑，立杆纵横间距900mm，内侧立杆距后浇带边缘100mm，立杆自由端长度不大于350mm；大小横杆步距1200mm且不少于3道，纵横扫地杆距地≤300mm；脚手架立杆底部设置14b槽钢仰卧，立杆上用U型托托住50×50×3.0方钢管顶紧板底次楞，次楞采用材料和布置方法同板模板；后浇带两侧双排脚手架用脚手管连成一体以增加脚手架的稳定性，其间距同立杆，步距同小横杆。楼板后浇带内采用快易收口网设置ϕ14以上钢筋竖挡，竖挡设上下两道横档，模板内

使用木方支撑，地下室后浇带收口网或钢丝网与板钢筋绑扎，上层使用开口模板放置在止水钢板上，并按楼板后浇带方式设置竖挡及内支撑。

2）构造柱及圈梁、过梁

①构造柱顶部梁高≥ 800mm 的，模板可以满封，端部一侧模板装成喇叭式进料口，进料口应比构造柱高出 100mm，浇筑柱砼时应把进料口也满浇，拆模后将突出的砼打凿掉即可。这样能确保构造柱顶部砼与顶梁之间没有空隙。

②构造柱顶部梁高 < 800mm 的，模板一侧满封，另一侧模板应预留缺口作为进料口及小型插入式振动棒使用，即浇筑构造柱端部还剩一小截混凝土没浇，必须进行二次补浇。拆模时满封一侧的模板不宜拆除，作为二次补浇模板，有缺口一侧的模板应拆除。二次补浇混凝土应制成较干硬性砼（如面团状），二次补浇砼塞满后再钉模板，拆模后砼二次浇筑外观迹象较模糊，观感较好。

③对于顶部没梁的构造柱，施工方法比较简单，可在楼板开口浇筑。

（2）工艺流程

1）后浇带

弹控制线→后浇带安装支撑体系→绑扎钢筋→安装收口网→收口网内支撑安装及固定→模板检查验收→浇筑混凝土。

2）构造柱

弹控制线→绑扎柱钢筋→安装模板→安装柱箍→安装浇筑口→模板固定→模板验收→浇筑混凝土。

3）过梁、圈梁

弹控制线→安装支撑体系→铺设底模、绑扎柱钢筋→安装侧面模板→模板固定→模板验收→浇筑混凝土。

（3）操作要点

1）后浇带

①根据图纸构造柱位置，弹构造柱控制线。

②按楼板支撑架搭设独立支撑体系。

③相邻楼板钢筋绑扎完成后，安装收口网，收口网要求与钢筋绑扎，与模板固定。收口网要求平直，牢固。

④安装钢筋竖挡，与收口网绑扎，模板内按要求固定支撑牢固。

2）构造柱模板安装

①根据图纸构造柱位置，弹构造柱控制线及墙体 50cm 线，确定模板位置；

②距墙体预留马槎牙边 5cm 粘贴海绵条，防止漏浆；

③合模前将构造柱根部凿毛，并将砼浮浆及垃圾打扫干净；

④模板加固，用步步紧在墙体的竖向灰缝穿过，作为固定拉结，模板龙骨用 50×100mm 的方木，在穿墙及拉结时，注意对墙体保护，不得拉动墙体变形；

⑤涂刷脱模剂，按要求安装构造柱模板，加固，校正；

⑥构造柱模板根部用和构造柱砼同标号的砂浆封堵，防止模板底部漏浆。

3）过梁、圈梁模板

①按要求搭设过梁脚手架；

②根据已弹好的墙体轴线或控制线，顺次安装过梁底模、侧模，校正并加固牢固。

5. 模板拆除

（1）支架模板拆除时，采取先支后拆、后支先拆，先拆除不承重模板、后拆承重模板的顺序，并从上而下进行拆除。对于悬挑构件及跨度大于 8m 的梁板需待混凝土强度达到 100% 设计强度后方可拆除底模。为反映砼结构实体强度，并为拆除模板和支架提供参考依据，现场留置同条件养护试块，同条件养护的混凝土立方体试件抗压强度要求（见表 2-5 所示），当混凝土强度能确保其表面及棱角不受损伤时方可拆模。

表 2–5　底模拆除时的构件强度要求表

构件类型	构件跨度 /m	达到设计混凝土强度等级值的百分率 /%
板	≤ 2	≥ 50
	> 2 ≤ 8	≥ 75
	> 8	≥ 100
梁、拱、壳	≤ 8	≥ 75
	> 8	≥ 100
悬臂结构		≥ 100

常温施工时，柱混凝土拆模强度不低于 1.5MPa，墙体拆模强度不低于 1.2MPa。

（2）架体拆除顺序与搭设顺序相反，遵循从上至下、从外到内顺序拆除。为方便拆卸，纵向由东向西拆除，横向从两边向中间方向拆除。

（3）全面检查脚手架的连接、支撑体系等是否有变形或其他异常情况，经技术管理程序批准后方可实施拆除作业。

（4）脚手架拆除前现场技术人员应对在岗操作工人进行有针对性的安全技术交底。

（5）脚手架拆除时必须划出安全区，设置警戒标志，派专人监管拆除过程。

（6）拆除中如遇中途停歇，应将已拆松动、悬空、浮吊的模板或支架进行临时支撑牢固或相互连接稳固，对活动的部件必须一次拆除，更换拆除的人时必须对接收人交接清楚。

（7）拆除前应清理脚手架上的器具及多余的材料和杂物。

（8）拆除作业应从顶层开始，逐层向下进行，严禁上下层同时拆除。

（9）拆除构配件应成捆用起重设备吊运或人工传递到地面，严禁抛掷。

（10）拆除的构配件应分类堆放，便于运输、维护和保管。

（11）架体拆除时应设专人指挥，当有多人操作时，应分工明确，统一行动。

6. 模板工程施工关键点控制

（1）支撑架构件质量

严把材料关，构件有出厂合格证及构件强度试验报告，进场材料进行外观质量及细部构件检查，剔除不合格的构件，禁止使用。

（2）搭设过程控制

严格按照规范及方案要求参数搭设，特别是立杆间距、纵横向剪刀撑等构造设置必须符合要求；搭设过程加强管理，实行实名制操作，操作人员同时也是混凝土浇筑过程中的支架监测人员。

（3）检查验收控制

搭设完成后的验收，严格执行“浇筑令”程序，即模板支架验收不合格，严禁进行钢筋及混凝土施工，必须整改合格后获得批准进行下道工序。

（4）拆除操作控制

严格按照“拆除次序及要求”中第 1 条规定，板和梁达到拆除条件并提出检测报告等形式的证明材料，由技术负责人及监理签发“模板支撑拆除令”后方能拆除。

三、混凝土工程施工技术

1. 施工方法

（1）浇筑混凝土应连续进行。当必须间歇时，其间歇时间宜缩短（控制在 2 小时内），并应在前层混凝土凝结之前，将次层混凝土浇筑完毕。若超时应按有关防水要求留置施工缝。采用“一个坡度，薄层浇筑，循序推进，一次到顶”的灌注方法来缩小混凝土暴露面，以及加大浇筑强度以缩短浇筑时间等措施防止产生浇筑冷缝，提高结构混凝土的防裂抗渗能力，顶板浇筑由结构边向结构中间浇筑。

（2）立柱混凝土浇筑可采用汽车泵送的方式进行，为控制混凝土下料过程离析，采用输送泵管接软管，确保混凝土自由倾落高度小于 2m，落至模板内底部不发生离析。混凝土分层浇筑控制在 30cm 内；采用插入式振捣器振捣混凝土，振捣时振动棒不得碰触竖向主筋和模板。浇筑完后应随时将伸出的搭接钢筋整理到位，下料时使软管在柱上口来回挪动，使之均匀下料。

（3）顶板浇筑时，需注意浇筑顺序，首先浇筑板跨中央纵梁及板，有中间向两侧浇筑，每层厚度不大于 300mm。利用混凝土自重压住整个支撑体系，以确保整个支撑体系的稳定性。

（4）柱、梁、楼板浇筑混凝土期间，设专人检查支架、模板、钢筋和预埋件等稳固情况，当发现有松动、变形、移位时需及时上报并做应急处理。

本工程结构内部的柱子及墙等，在板、梁浇筑之前提前浇筑，保证在梁、板浇筑时柱子具备一定强度，起到承载增加支架稳定性作用。

（5）结构施工期间的 7 ~ 11 月步入夏季和秋季，同时考虑到混凝土供应运输受交通影响较大，结构混凝土浇筑尽量控制在夜间进行，并严格控制混凝土的入模温度，浇筑完成后加强养护及保温，特别是外部临空面采用塑料薄膜保护混凝土。雨季注意在浇筑完成的混凝土面上做彩条布遮盖。

（6）在浇筑中，注意楼板、梁在接缝处加强捣实。若砼顶表面有积水，应排出后方可继续浇灌。

2. 质量控制措施

（1）混凝土进场验收

1）检查预拌混凝土出厂合格证（收料单）；

2）混凝土外观检查（色泽是否异常、是否有离析等）；

3）坍落度检测；

4）根据混凝土试块留置试验方案要求留置混凝土试块。

（2）柱混凝土浇筑

1）柱浇筑前底部应先填 50 ~ 100cm 厚与混凝土配合比相同的减石子砂浆，混凝土应分层振捣，一般情况下分层厚度不超过 300 ~ 500mm，振捣器插入下一层混凝土不小于 100mm，振捣器不得触动钢筋和预埋件，派专人“看模”：模板和支撑变形监测、混凝土振捣密实程度检查和混凝土辅助振捣。

2）柱高超过 3m 时，应采取措施用串桶或在模板侧面开门子洞安装斜溜槽分段浇筑。

3）柱混凝土应一次浇筑完毕，如需留施工缝时应留在主梁下面。无梁楼板应留在柱帽下面。

（3）剪力墙混凝土浇筑

1）先在底部均匀浇筑 5cm 厚与墙体混凝土相同的水泥砂浆，并用铁锹入模，不应用料斗直接灌入模内；

2）每层混凝土的浇筑厚度控制在 500mm 左右进行分层浇筑、振捣。混凝土下料点应分散布置。墙体连续进行浇筑，间隔时间不超过 2h；

3）墙体上的门窗洞口浇筑混凝土时，宜从两侧同时投料浇筑和振捣；

4）振捣棒移动间距应小于 50cm，每一振点的延续时间以表面呈现浮浆为度，为使上下层混凝土结合成整体，振捣时应注意钢筋密集及洞口部位。

（4）梁板混凝土浇筑

1）梁板应同时浇筑，浇筑方法应由一端开始用“赶浆法”，即先浇筑梁，根据梁高分层浇筑成阶梯形，当达到板底位置时再与板的混凝土一起浇筑，随着阶梯形不断延伸，梁板混凝土浇筑连续向前进行；

2）和板连成整体高度大于 1m 的梁，单独浇筑，其施工缝应留在板底以下 2 ~ 3cm 处。浇捣时，浇筑与振捣必须紧密配合，第一层下料慢些，梁底充分振实后再下料，梁底及梁侧部位要注意振实，振捣时不得触动钢筋及预埋件；

3）施工缝位置宜沿次梁方向浇筑楼板，施工缝应留置在次梁跨度的中间 1/3 范围内。施工缝表面应与梁轴线或板面垂直，不得留斜搓，施工缝用木板或钢丝网挡牢。

（5）楼梯混凝土浇筑

1）楼梯段混凝土自下而上浇筑，先振实底板混凝土，达到踏步位置时再与踏步混凝土一起浇捣，连续不断向上推进，并随时用木抹子（或塑料抹子）将踏步上表面抹平。

2）施工缝位置：楼梯混凝土宜连续浇筑完，多层楼梯的施工缝应留置在楼梯段 1/3 部位且不得少于 3 步。

（6）混凝土养护

混凝土浇筑完毕后，柱子采用塑料薄膜缠绕并浇水养护，梁板等结构在 12h 以内加以覆盖和浇水，浇水次数应能维持混凝土有足够的湿润状态，一般混凝土养护期不小于 7 昼夜。

（7）混凝土质量验收

1）模板拆除后及时对混凝土外观质量进行验收，并检测其混凝土强度和碳化值；若混凝土外观存在一般质量缺陷，应及时进行处理。

2）对墙、柱、楼梯阳角部位设置护角，防止损害。

第九节　车辆段屋面工程施工技术

一、施工顺序、工艺流程

1. 抹灰施工工艺流程

基层清理→浇水湿润→吊垂直、套方、找规矩、抹灰饼→做护角→抹水泥窗台板→墙面充筋→抹底水泥→修补预留孔、洞→抹水泥砂浆罩面灰→养护。

2. 地面面层工程施工工艺流程

（1）水泥砂浆地面

基层清理→找标高、弹面层水平线→洒水湿润→抹灰饼→刷水泥浆结合层→摊铺预拌砂浆→木抹子第一遍→木抹子第二遍→压光→养护。

（2）细石混凝土地面

找标高、弹面层水平线→基层处理→洒水湿润→抹灰饼→浇筑细石混凝土→刷素水泥浆→抹面层→压光→养护。

（3）地砖及水磨石地面

基层处理→吊垂直、套方、找规矩（基体上钻孔下预埋件或挂钢筋网）→贴灰饼→抹底层砂浆→弹线分格→排砖→浸砖→镶贴面砖→面砖勾缝与擦缝。

弹中心线→试拼试排→刮素水泥浆→铺放标准板块→铺砂浆→铺饰面板材→灌浆擦缝→养生保护打蜡。

（4）架空防静电活动板

检测活动地板质量→技术交底→准备机具设备→基底处理→基层绝缘漆涂刷→找中套方、分格弹线→铺接地铜带→安装支座、横梁组件→铺活动地板→擦光→检查验收。

3. 外墙真石漆施工工艺流程

墙面基层处理→20 厚聚合物抗裂水泥砂浆（内压 Φ1 孔格 10×10 镀锌钢丝网）→2 厚聚合物防水涂料层→批刮外墙专用腻子 1-2 遍→滚涂环保装饰底漆→弹线分格→粘贴美纹纸→喷涂真石漆→喷涂多彩→喷涂罩面漆。

4. 内墙乳胶漆施工工艺流程

基层处理→修补腻子→磨砂→第一遍满刮腻子→大面磨砂→第二遍满刮腻子→大面磨砂→清理腻子面→涂料施工。

5. 吊顶工程施工工艺流程

顶棚标高弹线→龙骨分档→风水电安装（PPP 单位）→安装主龙骨→安装次龙骨→安装面板→安装压条。

6. 门窗工程施工工艺流程

洞口处理→弹线→门、窗框内灌浆→门、窗框固定→门、窗框与墙体缝隙封堵→门、窗扇安装→五金配件安装→清理验收。

7. 脚线施工工艺流程

（1）水泥砂浆脚线：清理基面→洒水湿润→甩浆（内掺建筑胶）→测量标高拉通线→贴灰饼→分层抹压→收光→养护。

（2）面砖脚线：清理基面→洒水湿润→甩浆（内掺建筑胶）→测量标高拉通线→

水泥砂浆打底→粘贴面砖→擦缝。

8. 栏杆、扶手施工工艺流程

预埋件安装→弹线→栏杆、扶手安装→油漆。

二、屋面工程施工技术

1. 抹灰工程

（1）砖砌体基层处理

将外露面上残存的砂浆、舌头灰剔除干净，污垢、灰尘等清理干净，用清水冲洗，将砖缝中的浮砂、尘土冲掉，并将墙面均匀湿润。

（2）混凝土基层处理

因混凝土面在结构施工时大都使用脱膜隔离剂、表面比较光滑，故应将其表面进行处理，其方法：采用脱污剂将墙面的油污脱除干净，晾干后采用机械喷涂涂刷一层混凝土界面剂，使其凝固在光滑的基层上，以提高抹灰层与基层的附着力，不出现空鼓开裂，然后浇水湿润。

（3）梁、柱与填充墙交接处的处理

钢筋混凝土框架梁柱与墙体接缝处双面，均满钉 $\phi 1.5\times10\times10$ 镀锌钢丝网，网宽度为 300mm，网面绷紧，用膨胀螺栓固定，钉距 200×200mm。

（4）浇水湿润

一般在抹灰前一天，用软管或胶皮管或喷壶顺墙自上而下浇水湿润，每天宜浇两次。

（5）吊垂直、套方、找规矩、做灰饼

根据设计图纸要求的抹灰厚度，基层表面平整垂直情况，以一面墙为基准，吊垂直、套方、找规矩，确定抹灰厚度，抹灰厚度不应小于 7mm。当墙面凹度较大时应分层抹平。每层厚度不大于 7 ～ 9mm。操作时先抹上灰饼，再抹下灰饼，抹灰饼时根据室内抹灰要求，确定灰饼的正确位置，再用靠尺板找好垂直与平整。一般灰饼间距不大于 1500mm，离地 30mm。灰饼宜用 1 ∶ 3 水泥砂浆抹成 5cm 见方形状。

房间面积较大时应先在地上弹出十字中心线，然后按基面平整度弹出墙角线，随后在距墙阴角 100mm 处吊垂线并弹出铅垂线，再按地上弹出的墙角线往墙上引弹出阴角两面墙上的墙面抹灰层厚度控制线，以此做灰饼，然后依据灰饼充筋。

（6）抹水泥踢脚

根据已抹好的灰饼充筋（此筋可以冲得宽一些，8 ～ 10cm 为宜，此筋即为抹踢脚的依据，同时也作为墙面抹灰的依据），底层抹 1 ∶ 3 水泥砂浆，抹好后用大杠刮平，木抹搓毛，第二天用 1 ∶ 2.5 水泥砂浆抹面层并压光，抹踢脚厚应符合设计要求，无设计要求时凸出墙面 5 ~ 7mm 为宜。凡凸出抹灰墙面的踢脚上口必须保证光洁顺直，踢脚或墙面抹好将靠尺贴在大面与上口平，然后用小抹子将上口抹平压光，凸出墙面的棱角要做成钝角，不得出现毛茬和飞棱。

（7）做护角

墙、柱间的阳角一次抹灰层不大于 8mm 厚，位于阳角部位 2m 高处做 1 ：2 水泥砂浆护角，每侧宽度不少于 50mm，厚度 20mm，然后将墙、柱的阳角处浇水湿润。第一步在阳角正面立上八字靠尺，靠尺突出阳角侧面，凸出厚度与成活抹灰面平。然后在阳角侧面，依靠尺边抹水泥砂浆，并用铁抹子将其抹平，按护角宽度（不小于 5cm）将多余的水泥砂浆铲除。第二步待水泥砂浆稍干后，将八字靠尺移至到抹好的护角面上（八字坡向外）。在阳角的正面，依靠尺边抹水泥砂浆，并用铁抹子将其抹平，按护角宽度将多余的水泥砂浆铲除。抹完后去掉八字靠尺，用素水泥浆涂刷护角尖角处，并用捋角器自上而下捋一遍，使其形成钝角或圆角；护角条在抹灰完工的墙面处再粉抹 4 ~ 6mm 水泥砂浆后，自上向下按挂线把护角网条锚固在墙体上，要求向墙体压实，使水泥砂浆从网孔中涌出，下道工序需过 12 小时以上方可进行，防止砂浆未凝固时碰撞移位或变形。

（8）抹水泥窗台

窗台下无钢筋混凝土圈梁，窗台设置 120mm 厚 C20 混凝土压顶，厚度与墙体厚度相同，两侧入墙 240mm 厚，内配 3 ф 10 钢筋。

（9）墙面充筋

当灰饼砂浆达到七八成干时，即可用与抹灰层相同的砂浆充筋，充筋根数应结合房间的高度确定，一般标筋宽度为 5cm。两筋间距不大于 1.5m。当墙面高度小于 3.5m 时宜做立筋；大于 3.5m 时宜做横筋，做横向冲筋时，灰饼的间距不宜大于 2m。

（10）抹底灰

一般情况下充筋完成 2h 左右可开始抹底灰，抹前应先抹一层薄灰，要求将基底抹严，抹时用力压实使砂浆挤入细小缝隙内，接着分层装档、抹与充筋平，用木杠刮找平整，用木抹子搓毛，然后全面检查底子灰是否平整，阴阳角是否方正、整洁，管道后与阴角交接处、墙顶板交接处是否光滑平整、顺直，并用托线板检查墙面垂直与平整情况。

（11）修抹预留孔洞、配电箱、槽、盒

当底灰抹平后，要随即由专人将预留孔洞、配电箱、槽、盒周边 5cm 宽的水泥砂浆刮掉，并清除干净，用大毛刷沾水沿周边压抹平整、光滑。

（12）抹罩面灰

应在底灰六七成干时开始抹罩面灰（抹时如底灰过干应浇水湿润）罩面灰两遍成活，厚度约 2mm，操作时最好两人同时配合进行，一人先刮一遍薄灰，另一人随即抹平。

依先上后下的顺序进行，然后赶实压光，压时要掌握火候，既不要出现水纹，也不可压活，压好后随即用毛刷蘸水将罩面灰污染处清理干净。施工时整面墙不宜甩活，如遇有预留施工洞时，可甩下整面墙待抹为宜。

2. 地面面层

（1）水泥砂浆地面

1）基层处理：先将基层上的垃圾清净，用机器打磨掉灰浆皮和灰渣层，墙边角配合人工剔凿干净，浮灰清扫干净。

2）找标高弹线：根据墙上的 +1.0M 水平线，往下量测出面层标高，并弹在墙上。

3）洒水湿润：提前将地面基层均匀洒水一遍。

4）抹灰饼和标筋（或称冲筋）：依据房间内四周墙上弹的面层标高水平线，确定面层抹灰厚度 4mm（不应大于 4mm），然后拉水平线开始抹灰饼（5×5cm），横竖间距为 1.5 ~ 2.00m，灰饼上平面即为地面面层标高。铺抹灰饼的砂浆材料配合比均与地面的砂浆相同。

5）刷水泥浆结合层：在铺设水泥砂浆之前，应涂刷水泥浆一层，其水灰比为 0.4 ~ 0.5（涂刷之前要将抹灰饼的余灰清扫干净，再洒水湿润），不要涂刷面积过大，随刷随铺面层砂浆。

6）铺水泥砂浆面层：涂刷水泥浆之后紧跟着铺水泥砂浆，在灰饼之间（或标筋之间）将砂浆铺均匀，然后用刮杠按灰饼（或标筋）高度刮平。铺砂浆时如果灰饼（或标筋）已硬化，刮杠刮平后，同时将利用过的灰饼（或标筋）敲掉，并用砂浆填平。

7）木抹子搓平：刮杠刮平后，立即用木抹子搓平，从内向外退着操作，找平第一遍，随时用 2m 靠尺检查其平整度。

8）木抹子抹平后，立即用铁抹子压第二遍，直到出浆为止，如果砂浆过稀表面有泌水现象时，可均匀撒一遍干水泥和砂（1 ∶ 1）的拌和料（砂子要过 3mm 筛），再用木抹子用力抹压，使干拌料与砂浆紧密结合为一体，吸水后用铁抹子压平，上述操作均在水泥砂浆初凝之前完成。

9）第三遍压光：面层砂浆初凝后，人踩上去，有脚印但不下陷时，用木抹子收第三遍，边抹压边边把小坑凹处填平，用铁抹子将砂浆表面沙粒压平，要求整体不漏压，表面平整、压光。

10）有防水要求的卫生间、露台等部位面层用铁抹子压光两遍成活，并向地漏找好坡度。

11）养护：地面压光完工后 24h，洒水养护，保持湿润，养护时间不少于 7d，抗压强度达 5MPa 才能上人。

（2）细石混凝土地面

1）基层处理：先将灰尘清扫干净，然后将粘在基层上的浆皮铲掉，用碱水将油污刷掉，最后用清水将基层冲洗干净。

2）找标高、弹面层水平线：依据墙面上已有的 +50cm 水平标高线，量测出地面面层的水平线，弹在四周墙面上，并要与房间以外的楼道、楼梯平台、踏步的标高相呼应，贯通一致。

3）洒水湿润：在抹面层前一天对基层表面进行洒水湿润。

4）抹灰饼：根据已弹出的面层水平标高线，横竖拉线，用与细石混凝土相同配合比的拌和料抹灰饼，横竖间距 1.5m，灰饼上标高就是面层标高，面积较大的房间为保证房间地面平整度，还要做标筋（或叫冲筋），以做好的灰饼为标准抹条形标筋，用刮尺刮平，作为浇筑细石混凝土面层厚度的标准。

5）刷素水泥浆结合层：在铺设细石混凝土面层以前，在已湿润的基层上刷一道 1 ： 0.4 ～ 0.5（水泥：水）的素水泥浆，不要刷的面积过大，要随刷随铺细石混凝土，避免时间过长水泥浆风干导致面层空鼓。

6）面层细石混凝土铺设：将搅拌好的细石混凝土铺抹到地面基层上（水泥浆结合层要随刷随铺），紧接着用 2m 长刮杠顺着标筋刮平，然后用滚筒（常用的为直径 20cm，长度 60cm 的混凝土或铁制滚筒，厚度较厚时应用平板振动器）往返、纵横滚压，如有凹处用同配合比混凝土填平，直到面层出现泌水现象，撒一层干拌水泥砂（1 ： 1= 水泥：砂）拌和料，要撒匀（砂要过 3mm 筛），再用 2m 长刮杠刮平（操作时均要从房间内往外退着走）。

7）抹面层、压光：当面层灰面吸水后，用木抹子用力搓打、抹平，将干水泥砂拌和料与细石混凝土的浆混合，使面层达到结合密切。

第一遍抹压：用铁抹子轻轻抹压一遍直到出浆为止。

第二遍抹压：当面层砂浆初凝后，地面面层上有脚印但走上去不下陷时，用铁抹子进行第二遍抹压，把凹坑、砂眼填实抹平，注意不得漏压。

第三遍抹压：当面层砂浆终凝前，即人踩上去稍有脚印，用铁抹子压光无抹痕时，可用铁抹子进行第三遍压光，此遍要用力抹压，把所有抹纹压平压光，达到面层表面密实光洁。

8）养护：面层抹压完 24h 后（有条件时可覆盖塑料薄膜养护）进行浇水养护，每天不少于 2 次，养护时间一般不少于 7d（房间应封闭养护期间禁止进入）。

（3）饰面砖（内容包含：墙砖、地面砖、踢脚线）

1）基层处理：抹灰前，墙面必须清扫干净，浇水湿润。

2）根据设计要求使用水泥砂浆打底，应分层分遍抹砂浆，随抹随刮平抹实，用木抹搓毛。

3）按图纸要求、面砖规格及结合实际条件进行排砖、弹线。

4）排砖：根据大样图及墙、地面尺寸进行横竖向排砖，以保证面砖缝隙均匀，符合设计图纸要求，注意大墙面、柱子和垛子要排整砖，以及在同一墙、地面上的横竖排列，均不得有小于1/4砖的非整砖。非整砖行应排在次要部位，如窗间墙或阴角处等。但亦注意一致和对称。如遇有突出的卡件，应用整砖套割吻合，不得用非整砖随意拼凑镶贴。

5）用废旧面砖贴标准点，用做灰饼的混合砂浆贴在墙面上，用以控制贴釉面砖的表面平整度。

6）垫底尺、计算准确最下一皮砖下口标高，底尺上皮一般比地面低lcm左右，以此为依据放好底尺，要水平、安稳。

7）选砖、浸泡：面砖镶贴前，应选择颜色、规格一致的砖；浸泡砖时，将面砖清扫干净，放入净水中浸泡2h以上取出，待表面晾干或擦干净后方可使用。

8）粘贴面砖：粘贴应自下而上进行。抹8mm厚1 ： 0.1 ： 2.5水泥石灰膏砂浆结合层，要刮平，随抹随自上而下粘贴面砖，要求砂浆饱满，亏灰时，取下重贴，并随时用靠尺检查平整度，同时保证缝隙宽度一致。

9）贴完经自检无空鼓、不平、不直后，用棉丝擦干净，用钩缝胶、白水泥或拍干白水泥擦缝，用布将缝的素浆擦匀，砖面擦净。

（4）架空防静电活动地板

1）基层处理：把沾在基层上的浮浆、落地灰等用錾子或钢丝刷清理掉，用扫帚将浮土清扫干净。基层表面应平整、光洁、不起灰。平整度误差太大应用水泥砂浆找平。基层处理完毕，基层涂刷绝缘漆。

2）找中套方、分格弹线：首先测量房间的长、宽尺寸，在地面弹出中心十字控制线；依照活动地板的尺寸，排出地板的放置位置，并在地板弹出分格线，分格线的交叉点即为支座位置，分格线即横梁的位置；在墙面上弹出活动地板面层的横梁组件标高控制线和完成控制面标高控制线。分格弹线完毕进行地铜带铺接工作。

3）安装支座和横梁组件：安放支座和横梁，并调整支座螺杆，使横梁与标高控制线同高且水平。待所有支座和横梁均安装完毕构成一体后，用水平仪再整体超平一次。制作与基层面之间的空隙应灌注环氧树脂，应连接牢固，亦可按设计要求的方法固定。

4）铺活动地板时应根据房间内的具体情况选择铺设方向。当无设备或留洞且模数相符时，宜由里向外铺。当有设备或留洞时，应综合考虑选定铺设方向和顺序。

5）铺活动地板：选在横梁上铺设缓冲胶条，并用乳胶液与横梁黏合。铺设地板块应用吸盘，垂直放入横梁间方格，确保四角接触处平正、严密，不得采用加垫的方法。

6）不符合模数的板块，其不足部分在现场结合实际尺寸将板块切割后镶补，并配装相应的可调支撑和横梁，切割边应按设计要求进行处理后安装，不得有局部膨胀变形情况。

（5）环氧自流平地面

1）基面处理

①检查基面：目测混凝土地面是否密实、无空壳、不起砂、无油脂；用小铁锤敲打基层，检查强度是否符合设计要求（无空鼓现象）；地面基层经常规保养后必须干燥，在深 20mm 厚度内含水率不大于 6%（基层表面发白）；地面的平整度用 2m 直尺及楔形塞尺检查，允许偏差不大于 4mm；底层地面须有防水隔离层。

②修理基面：用凿口锤、铲子等工具，除去表面松软处和残留的水泥渣，清扫并用吸尘器除尘；对小量油污污染处用丙酮等溶剂擦洗，直至污染物除去，溶剂挥发；也可用打磨工具磨去；对局部凸起处地面进行局部打磨处理，对裂缝处用凿子开（V）坡口，将树脂砂修补料沿洞裂处慢慢灌入，压实磨平。

2）底漆涂抹

①将 WD-079 和配套固化剂、促进剂装入容器内混合，用手提搅拌机搅拌均匀。

②将物料倒于基面，用橡胶刮板或塑料刮平，要求不得漏涂，使底料渗透于水泥基层中。

③底漆保养时间一般为 12 小时后，确认硬化状态，进行下一道涂抹工序。

3）中间涂层的涂抹

①将 WD-068 树脂和配套固化剂、促进剂倒入容器内混合。

②将砂、粉与树脂以 1.2 ： 1 的配比倒入树脂中，将混合物料搅拌为稀泥状为止。

③将胶混摊铺在基层表面，用橡胶刮板或塑料刮板将稀泥刮平。要涂抹均匀平整，不得漏涂。

④胶泥层在养护 24 小时以上（夏季），冬季更长。自然硬化后，局部修整、打磨、吸尘，施工后养护大于 24 小时。

4）自流平面涂

①将 WD-056 和配套固化剂以适当配比混合，充分搅拌均匀。

②将混合好的物料倒入于基面，按设计要求厚度用尺形刮平（有条件的应穿钉鞋进入），因材料使用的有效时间大约 30 分钟，涂抹应连续工作，尽量迅速进行，要求不得漏涂，面层表面光滑、平整、无明显缺陷。

③施工后养护大约 7 ~ 14 天。如设计及业主需要，可用打蜡来保护表面。

注：本阶段为施工关键阶段，除确保封闭施工外，应保证施工环境符合施工要求并保证供电（照明、动力等）。

3. 真石漆施工

（1）基层处理

基层处理前应彻底清除疏松、起皮、空鼓、粉化的基层，去除浮灰、油污等污染物，并对多孔、粗糙表面进行修补打磨，确保墙面整体效果。

（2）刮涂腻子

腻子分两道施工，第一道局部找平，修整门窗洞口及阴阳角，第二道满批。一次刮涂厚度不宜超过 1.0mm，每道间隔时间不低于 5 小时（25℃时）。每道腻子刮涂完毕后对局部适当（25℃，干燥 4 ～ 6 小时）打磨修整，打磨完毕后清除浮灰。

（3）滚涂抗碱封闭底漆 1 遍

待腻子层充分干燥固化后，滚涂抗碱封闭底漆一遍，要求涂刷均匀，绝不可有漏涂现象。抗碱封闭底漆施工时禁止兑水，同时确保底漆不受任何污染。

（4）喷涂单彩真石漆 2 遍

待抗碱封闭底漆干燥后，喷涂真石漆。真石漆一般不需加水，必要时可少量加水调节。应根据装饰效果的要求，注意控制产品施工黏度、气压、喷嘴直径（4-8mm）、间距（喷枪与墙面垂直距离应保持 30 ～ 50cm）等应保持一致。

真石漆要求分两遍施工，待第一遍喷涂完毕后，完全干燥后再喷涂第二遍，间隔时间晴天为 4 ～ 8 小时，气温较低时，适当延长间隔时间。

（5）喷涂罩光面漆 1 遍

待真石漆完全干透后（一般晴天至少保持 3 天），方可喷涂环保罩光清漆，施工时保持黏度、气压、料的流量一致，注意预防流挂现象。

4. 涂料施工

（1）基层处理：将墙面起皮及松动处清除干净，并用水泥砂浆补抹，将残留灰渣铲干净，然后将墙面扫净。

（2）用石膏将墙面磕碰处及坑洼接缝等处找平，干燥后用砂纸将凸出处磨掉，将浮尘扫净。

（3）刷底漆：将抗碱封闭底漆用刷子顺序刷涂不得遗漏。

（4）刮腻子、打磨：刮腻子遍数可由墙面平整程度决定，一般情况为三遍。第一遍用胶皮刮板横向满刮，一刮板紧接着一刮板，接头不得留槎，每刮一刮板最后收头要干净利落。干燥后用磨砂纸将浮腻子及斑迹磨光，再将墙面清扫干净。第二遍找补阴阳角及坑凹处，令阴阳角顺直，用胶皮刮板横向满刮，所用材料及方法同第一遍腻子，干燥后砂纸磨平并清扫干净，第三遍用胶皮刮板找补腻子或用钢片刮板满刮腻子，将墙面刮平刮光，干燥后用细砂纸磨平磨光，不得遗漏或将腻子磨穿。

（5）刷第一遍乳胶漆：涂刷顺序是先刷顶板后刷墙面，墙面是先上后下。先将墙面清扫干净，用布将墙面粉尘擦掉。乳胶漆用排笔涂刷，使用新排笔时，将排笔上的浮毛和不牢固的毛理掉。乳胶漆使用前应搅拌均匀，适当加稀释剂稀释，防止头遍漆刷不开。干燥后复补腻子，再干燥后用砂纸磨光，清扫干净。

（6）刷第二遍乳胶漆：操作要求同第一遍，使用前充分搅拌，如不是很稠，不宜加稀释剂，以防透底。漆膜干燥后，用细砂纸将墙面小疙瘩和排笔毛打磨掉，磨光滑后清扫干净。

（7）由于乳胶漆膜干燥较快，应连续迅速操作，涂刷时从一头开始，逐渐刷向另一头，要上下顺刷互相衔接，后一排笔紧接前一排笔，避免出现干燥后接头。

5. 吊顶工程

（1）硅酸钙板吊顶

1）弹线：依据事先从高程点引出的标高弹出 50cm 控制线，并依据弹出的控制线确定各房间吊顶设计标高的标准线。在墙上划出龙骨的分档控制点，一般距离 900 ~ 1200mm 左右。

2）安装吊筋：安装吊筋前，刷防锈漆或镀锌吊杆。吊点间距 900 ~ 1200mm。安装时上端与胀栓连接，下端套丝后与吊件连接。安装完毕的吊杆端头外露长度不小于 3mm。

3）安装主龙骨：吊顶主龙骨间距为小于 1200mm。安装主龙骨时，应将主龙骨吊挂件连接在主龙骨上，拧紧螺丝，并根据设计要求吊顶起拱，起拱高度约为短跨的 1/200，并且安装的主龙骨接头应错开，在接头处增加吊点，随时检查龙骨的平整度。当遇到通风管道较大超过龙骨最大间距要求时，必须采用 30 × 3mm 以上的角钢做龙骨骨架，并且不能将骨架与通风管道等设备工程接触。

4）安装次龙骨：按照面板的不同安装方式和规格，次龙骨分为 T 形和 C 形两种，次龙骨间距为 600mm，将次龙骨通过挂件吊挂在主龙骨上，在与主龙骨平行方向安装 600mm 的横撑龙骨，间距为 600mm 或 1200mm。当采用搁置法和企口法安装时次龙骨选用 T 形，采用粘贴法或者其他固定法时选用 C 形。

5）安装边龙骨：采用 L 型边龙骨，与墙体用塑料胀管或自攻螺钉固定，固定间距 200mm。安装边龙骨前墙面应用腻子找平，可以避免将来墙面刮腻子时污染和不易找平。

6）根据设计图纸和实际施工情况，对板材进行切割和开孔，必要时现场作倒角，硅酸钙板的两长边都已作好倒角处理，但当墙体高于 2440mm 时，硅酸钙板水平接缝的短边必须现场倒角，以便更好地处理接缝。

7）在硅酸钙板板面上弹线并标出自攻螺钉固定点，同时预钻凹孔（孔径比自攻螺钉头大 1 ~ 2mm，孔深 1 ~ 2mm）。自攻螺钉距板边 15mm，距板角 50mm，自攻螺钉间距 200 ~ 250mm。

8）固定硅酸钙板时，板与龙骨应作预钻孔，孔径比自攻螺钉直径小 1mm。纤维增强硅酸钙板用自攻螺钉固定，固定时应从板的中间部向周边固定，所有螺钉头均应沉入板面 1mm。

9）安装门窗周围板时，板缝不能落在与地面水平和垂直框龙骨上，以避免门窗的经常开关产生振动而造成板缝开裂。

（2）铝合金吊顶

1）弹顶棚标高水平线、划龙骨分档线：用水准仪在房间内每个墙（柱）角上抄出 +500mm 水平点，弹出水准线，从水准线量至吊顶设计高度加上金属板的厚度和折边的高度，用粉线沿墙（柱）弹出吊顶中龙骨、边龙骨的下皮线。按吊顶平面图，在混凝土顶板弹出主龙骨的位置。主龙骨宜平行房间长向安装，一般从吊顶中心向两边分，间距为 1200mm。

2）固定吊挂杆件：采用膨胀螺栓固定吊挂杆件。吊杆采用 10 号镀锌低碳钢丝吊杆。安装时上端与预埋件固定，另一端可以用攻丝套出丝扣，丝扣长度不小于 100mm，也可以买成品丝杆与吊杆焊接。制作好的吊杆应做防锈处理。灯具、风口及检修口等要设附加吊杆。大于 3kg 的重型灯具、电扇及其他重型设备严禁安装在吊顶工程的龙骨上，要另设吊挂件与结构连接。

3）安装边龙骨：边龙骨要按弹线安装，沿墙（柱）上的边龙骨控制线把 L 形镀锌轻钢条用自攻螺丝固定在预埋木砖上或用射钉枪固定，射钉间距应不大于吊顶次龙骨的间距。铝扣板用密封胶直接收边。

4）安装主龙骨：主龙骨应吊挂在吊杆上。主龙骨间距不大于 1200mm。主龙骨应起拱，起拱高度为房间短跨度的 1/500。主龙骨的悬臂段不应大于 300mm，否则应增加吊杆。主龙骨的接长应采取对接，相邻龙骨的对接接头要相互错开。相邻主龙骨吊挂件正反安装，以保证主龙骨的稳定性，主龙骨挂好后应调平。

5）安装次龙骨：次龙骨与吊杆用专用吊卡或螺栓连接，铝扣板的次龙骨，应使用产品厂家提供的专用次龙骨，与主龙骨直接连接。用 T 形镀锌铁片连接件把次龙骨固定在主龙骨上时，次龙骨的两端应搭在 L 形边龙骨的水平翼缘上。在通风、水电等洞口周围应设附加龙骨，附加龙骨的连接用拉铆钉铆固或螺钉固定。

6）铝板安装：铝板直接吊挂在副龙骨上，副龙骨间距 600mm。铝扣板吊顶与四周墙面所留空隙，用金属压条与吊顶找齐，金属压缝条材质宜与金属板面相同。

6. 门、窗工程

（1）铝合金门、窗安装

1）弹线找规矩。在最高层找出窗口位置后，以其门窗边线为标准，分别用经纬仪将门窗边线下引，并在各层门窗。处划线标记，对个别不直的口边进行剔凿处理。门窗口的水平位置以楼层 +500mm 的水平线为标准，往上返量出窗下皮标高，弹线找直。一个房间保持窗下皮标高一致。

2）依据外墙大样图和窗台板的宽度确定铝合金窗在墙厚方向的安装位置。如外墙厚度有偏差时，要以同一房间的窗台板外露宽度一致为准，窗台板伸入铝合金窗下 5mm。

3）安装铝合金窗披水。按设计图纸要求将披水条固定在铝合金窗上且要保证位置正确，安装牢固。

4）进行防腐处理。门窗两侧的防腐处理，粘贴塑料薄膜进行保护，防止水泥砂浆与铝合金门窗接触产生化学反应，腐蚀铝合金门窗。铝合金门窗安装采用连接铁杆进行固定，亦进行防腐处理，防止产生电化学反应，腐蚀铝合金门窗。连接固定件最好选用不锈钢。

5）就位和临时固定。根据找好的规矩，安装铝合金门窗，并及时将其吊直找平，在其安装位置正确后，用木楔临时固定。

6）用膨胀螺丝将铁脚与洞口连接固定。铁脚至门窗角的距离不大于 180mm，铁脚间距小于 600mm。

7）铝合金门窗装入洞口横平竖直，外框与洞口弹性连接牢固，不得将门窗外框直接埋入墙体。横向及竖向组合时，采取套插，搭接形成曲面组合，搭接长度宜为 10mm 并用密封膏密封。安装密封胶时留有伸缩余量，一般比门窗的装配边长 20 ~ 30mm，在转角处斜面断开，并用胶黏剂粘贴牢固，以免产生收缩缝。门窗为明螺丝连接，用与门窗颜色相同的密封材料将其掩埋密封。门框下部要埋入地面深 30 ~ 150mm。

门窗框与墙体固定且发泡剂填充牢固后，方可取出木楔，木楔取出后用发泡剂填塞。

8）带型窗、大型窗的拼接处，需增设角钢或槽钢加固，其上、下部要与预埋钢板焊接，预埋件可按每 1000mm 间距在洞口内均匀设置。

9）铝合金门窗安装固定后，及时处理门窗框与墙体缝隙。采用矿棉或玻璃棉毡条分层填塞缝隙，外表面留 5 ~ 8mm 深槽口填嵌嵌缝油膏。窗在窗台板安装后将窗四周缝同时嵌填，嵌填时防止窗框碰撞变形。

10）严禁在铝合金门、窗上连接地线进行焊接工作，当固定铁脚与洞口预埋件焊接时，门、窗框上要盖上橡胶石油棉布，防止焊接时烧伤门窗。

11）严禁利用安装完毕的门、窗框搭设和捆绑脚手架，避免损坏门、窗框。

12）全部竣工后，剥去门、窗上的保护膜，如有油污、脏物，可用醋酸乙酯擦洗。

13）装扇。内外平开门扇应在门上框钻孔插入门轴，门下地面埋设地脚，装置门轴；推拉门、窗扇要在上框内做导轨和滑轮。

14）玻璃安装。配合门窗材料的规格、色彩选用玻璃，按照门窗扇的内口实际尺寸合理计划用料。安装时撕去门框的保护胶纸，在安装部位支塞橡胶带，用玻璃吸手安装平板玻璃，并前后垫实，使缝隙一致。然后在塞入橡胶条密封，或用铅压条拧十字圆头螺丝固定。

①使用密封胶时，先调整好玻璃本身的垂直及水平位置，且密封胶与玻璃和槽口黏结处必须干燥、洁净。

②将玻璃下部用约 3mm 厚的氯丁橡胶垫块垫于凹槽内，避免玻璃就位后下部直接接触框、扇。

③将已裁割好的玻璃在铝合金框、扇中进行玻璃就位。如单块玻璃尺寸较大，可采用玻璃吸盘使其玻璃就位。就位的玻璃摆在凹槽的中间，并保证足够的嵌入量，四周磨钝。内外两侧间隙不少于 2mm 也不能大于 5mm，以确保玻璃不至与框、扇及其连接件直接接触。

④使用胶枪注胶，要注得均匀光滑，注入的深度不小于 5mm。

⑤安装玻璃面积大于 0.65m^2 位于竖框中的玻璃时，将玻璃搁置在两块相同的定位垫块上。搁置点离玻璃垂直边缘距离不小于玻璃宽度的 1/4，且不宜小于 150mm；位于扇中的玻璃，按开启方向确定定位垫块的位置。其定位垫块的宽度大于所支撑玻璃件的厚度，长度不大于 25mm。定位垫块下面可设铝合金垫片。垫块和垫片均固定在框扇上。不得采用木质的定位垫块、隔片和垫片。

⑥安装迎风面的玻璃时，玻璃镶入框后，要及时用通长镶嵌条在玻璃两侧挤紧或用垫片固定，防止遇到较大阵风时使玻璃破损。

⑦平开门窗的玻璃外侧，要采用玻璃胶填封，使玻璃与铝框连成整体。胶面向外倾斜 30° ~ 40° 角。

⑧检查垫块、镶嵌条设置的位置是否合适，防止出现排水通道受阻、泄水孔堵塞现象。

15）铝合金门窗的情况：

①铝合金门、窗交工前，将型材表面的塑料胶纸撕掉，如果塑料胶纸在型材表面留有胶痕，宜用香蕉水清洗干净。

②铝合金门、窗框扇，可用水或浓度为 1% ~ 5% 的、pH7.3 ~ 9.5 的中性洗涤剂充分清洗，再用布擦干。不得酸性或碱性制剂清洗，也不能用钢刷刷洗。

③玻璃用清水擦洗干净，对浮灰或其他杂物，要全部清除干净。

（2）防火门窗安装

1）弹线定位

根据设计图纸中门窗的安装位置、尺寸和标高，根据门窗中线向两边量出门窗边线。

2）防火门、窗洞口处理

安装前检查门洞口尺寸，偏位、不垂直、不方正的要进行剔凿或抹灰处理。

3）防火门、窗框内灌浆

对于钢制防火木门，需要在门框内填充水泥砂浆。填充前应先把门关好，将门扇开启面的门框与门扇之间的防漏孔塞上塑料盖后，方可进行填充。填充水泥不能过量，防止门框变形影响开启。

4）防火门、窗框就位和临时固定

根据划好的门窗定位线，安装门、窗框并及时调整，使门、窗框的水平、垂直及对角线长度等符合质量标准，然后用木楔临时固定。

5）防火门、窗框的固定

①防火钢制门采用 1.5mm 厚镀锌连接件固定。连接件与墙体固定采用膨胀螺栓将门框与抱框柱接牢固，并用 1 ： 3 干硬性水泥砂浆堵塞密实，洒水养护。待堵孔砂浆凝固后，用 1 ： 3 水泥砂浆将门框边缝塞实，保证防火门位置固定。所有门框固定都要在竖向上、中、下取三点（上、下取 1/10 框高），保证门框上口低于梁底标高 10mm，门框中心轴线与墙体中心线统一。

②用金属膨胀螺栓将防火窗的铁脚固定到墙上。

6）防火窗框与墙体间缝隙的处理

防火窗安装固定后，先进行隐蔽工程验收，合格后按设计要求处理窗框与墙体间的缝隙。

7）防火门、窗框门扇及五金配件安装

刷完成后，安装门、窗扇、五金配件及有关防火装置。门、窗扇关闭后，门、窗缝要均匀平整，开启自由轻便，不得有过紧、过松和反弹现象，五金配件与门窗连接用镀锌螺钉。安装的五金配件应结实牢固，使用灵活。

7. 细部构造

（1）栏杆、扶手

1）预埋件安装：应在楼梯结构施工时，按设计要求埋设好预埋件，要保证其位置的准确。

2）弹线：按设计要求弹好栏杆立柱的位置线。

3）栏杆、扶手安装：按照弹好的栏杆位置线安装栏杆立柱和扶手，栏杆立柱与预埋件必须满焊，边操作边拉通线检查，保证栏杆顺直。

4）油漆：按照清理→除锈→磨光→刷防锈漆→找补腻子→三遍调和漆的施工顺序进行。

（2）散水、台阶、窗台板

做法同地面。

第十节 车辆段道路工程施工技术

一、道路工程施工技术

1. 测量控制

利用现场前期已布置好的控制点，进行开挖边线放样、标高控制以及结构的定位测量等，控制标高时技术员利用水准仪进行控制。路基施工前，对原始地面进行复测，设置标识桩，路基用地界采用白灰进行标识。

2. 土基层及沙砾层施工

土方回填前，先进行填料试验，按照设计要求回填料粒径不大于100mm，填料最小强度CBR ≥ 6%，试验合格后方可进行土方回填施工。

施工前回填范围内每10m插一根竹片，在竹片上采用红漆标注设计填土标高并做好放坡。土方回填碾压，采用分层回填、分层碾压，分层厚度控制在不大于30cm。填料运至施工位置后，挖掘机及推土机将填料理平，压路机碾压密实，压实度≥ 95%（重型击试验）。

沙砾层施工前复核土基层施工完成面标高，然后进行再次标高放样，利用竹片10m一根，在竹片上采用红漆标注设计沙砾层标高并做好放坡。沙砾石材料外购利用挖机摊铺，压路机碾压，压实度≥ 95%。

3. 水泥碎石稳定层施工

水泥稳定碎石基层园区道路要求铺设厚度36cm，第一层施工18cm，第二层施工18cm。水泥稳定层材料由采购合格搅拌站成品运输至现场进行施工。

（1）摊铺

通过试验确定集料的松铺系数。采用挖掘机将混合料均匀地摊铺在预定的宽度上，表面应尽量平整，并具有规定的路拱。在施工第一层水泥稳定层时，边线要超出路边线25cm。

摊铺后检查摊铺面上是否有杂物或离析现象，并立即处理。遇到离析现象及时补充细料，并保持边线顺直，注意观察含水量大小，及时进行适当调整。同时对松铺高度、厚度、横坡、宽度等进行检查。

（2）碾压

当混合料的含水量等于或略大于最佳含水量时，立即用振动压路机在路基全宽内进行碾压。

直线段，由两侧路肩向路中心碾压；平曲线段，由内侧路肩进行碾压。碾压时，应重叠 1/2 轮宽；后轮必须超过两段的接缝处，后轮压完路面全宽时，即为一遍。应在规定的时间内碾压到要求的密实度。路面始终保持潮湿，如表层水蒸发得快，及时补洒少量的水，压实度要求≥ 98%。

（3）接头处理

横缝处理：施工最后，人工整平末端，进行碾压至要求的压实度。再次施工前用 3 米直尺靠测量清除不合格部分，切除面应是一条直线并与线路保持垂直，且无松散离析现象。碾压接头可进行横压和斜压，并安排专人用 3 米直尺进行靠量处理，确保接头处的平整度。

纵缝处理：在施工中尽量不留纵缝。在不能避免纵缝时，必须垂直相接严禁斜接。

4. 养生

水泥稳定层施工完成后，立即进行养生。采用洒水车洒水进行养生。整个养生期间应始终保持水泥稳定碎石层表面潮湿。

5. 路缘石施工

水泥稳定碎石层施工完成后，开始场区道路两侧路缘石施工。路缘石施工工艺流程：测量放样→砼垫层施工→砂浆找平→路缘石安砌→洒水养护。

（1）测量放样，在第一层水泥稳定层上浇筑 10cm 厚 C15 素混凝土作为基础，靠道路内侧多浇筑 15cm 作为平面石的基础。

（2）素混凝土预制路缘石（150 × 15 × 30cm）通过采购成品，采用人工进行安装。在混凝土基础上铺设 2cm 厚 M7.5 水泥砂浆进行找平，路缘石安装缝隙直线段控制在 ± 3mm，相邻两块高差控制在 3mm 以内，勾缝采用钢筋制作的勾缝抹子拉压光泽，凹缝深浅一致。

（3）安砌完成后，采用洒水养护 7 天，并防止碰撞。

6. 沥青砼施工

（1）透层、黏层油洒布

透层沥青宜采用慢裂的洒布型乳化沥青，用量为 0.7 ～ 1.5kg/m²，黏层（第二层沥青施工前）用量为 0.3 ～ 0.6kg/m²。透层宜紧接在基层施工结束表面稍干后浇洒。

当基层完工后因时间较长导致表面过分干燥时，应对基层进行清扫，在基层表面小量洒水，待表面稍干后浇洒透层沥青。

（2）沥青混合料摊铺

在摊铺混合料之前，应检查下层的质量，当下层质量不符合要求时，不准摊铺。在摊铺前应报请监理工程师批准。

面层和黏层应连续施工，否则，对表面的所有松散材料都应清扫，直到表面无污物为止。铺筑面层时，应洒黏层沥青并取得监理工程师批准。对清扫过及洒过黏层沥青的表面，不允许车辆行驶。

摊铺前烫平板要充分加热。摊铺时，运料应尽快地不间断地排卸进摊铺机，并立刻运转摊铺机，不得延误。向摊铺机输送材料的速度应与摊铺机连续不断工作的吞吐能力一致，并应尽一切可能使摊铺机连续作业，如果发生暂时性断料，则摊铺机应继续保持运转。

摊铺应沿着钢丝或铝合金导梁向前推进，以控制高程，或采用自动找平基准装置（滑靴）控制高程。

应尽量采用全幅路面摊铺，以避免纵向施工接缝。

对外型不规则路面，厚度不同，空间受到限制等铺设机无法工作的地方，经监理工程师批准可以采用人工配合机械铺筑混合料。

在雨天表面存在积水及气温低于10℃，都不得摊铺混合料。

（3）压实

在混合料完成摊铺和刮平后，应立即对路面进行检查，对不规则之处及时用人工进行调整，随后进行充分、均匀的压实。

压实工作应按规范确定的压实设备组合及程序进行，并应备有监理工程师认可的小型振动压路机或手扶振动夯具，以用于窄狭地点压实或修补工程。

压实应分成初压、复压和终压。压路机应以均匀速度行驶。

（4）接缝

铺筑工作的安排应使纵横向两种接缝都保持在最小数量。

摊铺时采用梯队作业的纵缝应采用热接缝。施工时应将已铺混合料部份留下10 ~ 20cm宽暂不碾压，作为后摊铺部份的高程基准面，最后再作跨缝碾压以消除缝迹。

上下层的纵缝应错开15cm以上，表层的纵缝应顺直且宜留在车道区划线位置上，与横坡变坡线重合应在15cm以内。

当由于工作中断，摊铺材料的末端已经冷却，或者在第二天恢复工作时，就应做成一道横缝，横缝与铺筑方向大致成直角，横缝在相连的层次和相邻的行程间均应至少错开1m，横缝应有一条垂直，经碾压成良好的边棱。

（5）开放交通

热拌沥青混合料路面应待摊铺层完成自然冷却，混合料表面低于 50℃后，才能开放交通。需要提早开放交通时，可洒水冷却降低混合料温度。

（6）标志标线施工

场内道路一般分为 7m 宽主要通道、4m 宽次要道路，以上两种不同路幅宽度、不同车道数标线设置如下：

1）所有道路（含 7m、4m 宽道路，平过道除外）两侧边缘线采用黄色实线，线宽为 15cm。

2）7m 宽主干道道路中心线设置可跨越对向车行道分界线的单黄色虚线，线段及间隔长度分别为 4m 和 6m，线宽为 15cm。

3）场内道路在所有交叉口入口车道内应设置导向箭头，导向箭头尺寸按照要求设计速度。

4）不大于 40km/h 的道路设计，导向箭头的颜色为白色，并应该根据实际车道导向需要进行设置，组合使用时不宜超过 2 种方向。

5）宜在需要车辆让行、等候放行等交叉口道路，且有利于驾驶人观察路况的位置，设置白色实线的停止线，停止线的宽度选用 20cm。

6）场内道口应设置慢速瞭望让行标志及慢速瞭望让行标线。其中慢速瞭望让行标线为两条平行的白色虚线，线间距和线宽均为 20cm。慢速瞭望让行线应漆划在道口两端距最外股钢轨外侧 5m 处，并宜与道路中心线垂直，其长度为自机动车驶向道口方向的右侧路缘划至路中心。

7）设置于路面的道路交通标线应使用抗滑材料，标线表面的抗滑性能应不低于所在路段路面的抗滑性能，连续设置的实线类标线，应每隔 15m 左右设置排水缝，其他标线有可能阻水时，应沿排水方向设置排水缝，排水缝宽度一般为 3 ~ 5cm。

二、施工过程中采取的综合管理措施和控制要点

1. 场站道路施工过程中，使用的机械较多，对于大型机械进场应做好一机一档所需的工作，并定期做好机械的保养工作，加强工人对机械伤害的认知。

2. 道路施工应注重对已施工好的管线、管井进行保护，严禁野蛮开挖，严禁土方或者水泥稳定层落入管井，以防造成管线的破坏及堵塞和后期清淤的人员投入。

3. 在有条件的情况下，路基整平时应在绿化带内留足造型土，原土土质满足种植土要求时，可以一并留足到种植土。

4. 在道路施工时，管井往往还没盖上井盖，应加强对空洞的防护，防止坠落的风险。

5. 路缘石的施工一般要求在绿化土回填后进行，减少回填土方时造成的修补。

6. 路缘石属于重量较大的材料，在搬运过程中常会有因力不从心造成个人受伤的情况，做好个人的安全防护措施，提高个人防护意识。

7. 路缘石的切割会造成粉尘污染，在切割过程中应经常性地洒水。

8. 土方外运时应控制好标高，避免超挖，通常考虑到管线开挖及回填砂的预留量，可适当挖低些许。

第十一节　车辆段园林绿化施工技术

一、园林绿化分项工程各工序的施工技术

1. 土方回填

（1）工艺流程

清理障碍物→场地清理→标高测设→原状土开挖→土方回填平整。

（2）施工要点

1）施工准备

在施工现场上，凡对施工有碍的一切障碍物诸如堆放的杂物、砖瓦石块等要清除干净，并将清除废料运出场外。

本工程的施工测量放样将严格根据《工程测量规范》标准实施，使用水准仪等。首先按图纸要求对土方地形标高进行定位放样。在种植过程中反复核对标高，结合现场实际情况，过程中如果发现施工图与现场不符等情况应及时反映给工程监理单位及设计单位，以便及时处理，达到最佳景观效果。

2）原状土开挖

在开挖原状土前需按业主的管理要求办理动土作业许可证，开挖区域必须用安全标示维护，开挖时需注意地面以下的电缆、光缆埋设位置、走向及周边的管道设备。

开挖采用机械粗整，人工细整的方法，开挖的标高、坡度及表面平整度严格按照设计图纸要求执行，绿化面层根据不同植物种类，种植土深度为 20 ~ 160cm，开挖完成经自检合格后，书面通知监理及业主到现场进行开挖区域验收，经验收合格了才可以进行下一道工序。

3）土方回填平衡

土方回填平衡的技术关键在于放样定位的方法，并保证复杂地形的坡度过渡自然、流畅。

2. 绿化种植

（1）工艺流程

苗木移植→定植→地被种植→养护。

（2）施工要点

1）挖穴、土壤处理

种植穴、槽挖掘前，应主动了解地下管线和隐蔽物埋设情况，便于环境施工，在栽苗木之前应以所定的灰点为中心沿四周向下挖穴。树穴深度比土球深 20 厘米，宽度大 40 厘米，并将底部土壤松软，在树穴底部填入基肥，然后再覆盖 10 厘米厚的土壤，避免树根直接接触肥料，造成烧根，同时保证根系周围养分充足。

2）修剪

采用疏枝方法，剪去重叠枝、病枝、枯枝、虫枝、交叉枝并去强留弱，使树冠层次分明，树冠匀称，但注意修剪不能重叠。修剪后的冠幅要符合设计要求，伤口要及时涂上伤口涂抹剂。

3）种植

将大树轻轻地斜吊放置到早已准备好的种植穴内，撤除缠扎树冠的绳子，并以人工配合机械，将树干立起扶正，初步支撑，树木立起后，应根据人的最佳观赏点及乔木本身的阴阳面来调整乔木的种植面。

种植原则“先高后低、先内后外”，种植顺序大乔木→小乔木→灌木→地被植物。树木置入种植穴前，应先检查种植穴大小及深度，不符合根系要求时，应修整种植穴。其中，行道树栽植注意相邻两株植物之间的间距及每株植物与道路之间的间距都应相等，不可小于 4 米。

种植地被时，应按品字形种植，保证覆盖地表，且植物带边缘轮廓种植密度应大于规定密度，以利形成流畅的边线。

4）养护措施

大树移植后，应做好修剪、剥芽、喷雾、叶面施肥、浇水、排水、设置风障荫棚、包裹树干、防寒、和病虫害防治等一系列养护管理工作。

养护阶段的技术关键是：经常喷雾保持树体湿润，细灌慢滴土壤水分合适。

保湿：土壤不能太干也不能太湿，太干会引起植株失水干枯而死，太湿会引起土壤通气不良导致植物根部腐烂。

追肥：主要追施氮肥和复合肥。草地追肥多为氮肥，花木和乔灌木最好施用复合肥。

灌溉：定植后 3 ~ 4 天按常规要补浇一次水，准备用滴灌法再补充植物生长活力素。

修剪：修剪以加速植物繁茂生长，促进开花，所有死、坏枝条及枯花应及时去除。

病虫害防治：以预防为主，定期检查所有地面植物是否被病虫害感染。

日常养护中，我们安排专门的技术人员进行专职养护，直至工程移交。

二、施工过程中采取的综合管理措施和控制要点

1. 车辆段和停车场两个区域，是地铁运营最先接收的就是这两个地方，所以这两个地方接触网的通电会比车站区间的更早，经常会出现接触网通电后场区绿化仍没有施工完成的情况。这就给绿化施工造成很大的困难。为避免出现触电事故，前期先施工好轨行区的围蔽，命令禁止工人穿越围蔽进行轨行区施工。对工人进行充分的安全教育工作，每日班前教育重点提及。最后要求洒水养护工人专人专职，不允许抛洒乱洒到接触网。

2. 绿化土方回填车辆要净车出场。

3. 对于场内有满足种植土土壤土质要求的，可事先于白地进行堆放，免除后期绿化种植土进场所需花费的费用。但要综合考虑场内转运所花费的机械台班费用是否高于后期绿化种植土进场所花费的费用。

4. 车辆段和停车场工期紧，作业队伍多，交叉作业也多。要提高主动作为，全局意识，加强统筹兼顾。

第三章　车辆段工程施工科技创新

本章根据福州市城市轨道交通 4 号线一期工程，对在本工程中施工科技创新进行研究论述。

第一节　QC、专利、工法上的创新

一、创优工作开展情况

本工程创优目标为：福州市优质工程“榕城杯”、福建省优质工程“闽江杯”；目标确定后项目部认真研究创优相关文件，成功申报“榕城杯”“闽江杯”网上备案登记，根据文件创优所需加分项，完成了工法、QC、专利、BIM、档案无纸化等相关成果，积极对接福州市、省建筑业协会及质量协会，完成了现场多次工程实体质量核查，施工质量均得到协会专家的认可，项目部在开展创优工作的同时，严把实体质量关，加强过程管控，组织开展质量学习活动，成功举办了中交福州地铁第一届“工匠杯”知识抢答赛，并在中交福州地铁项目 10 个工区中排名第一。

图 3-1 质量协会专家现场核查图

图 3-2 “工匠杯”知识抢答赛

二、QC 成果开展情况

项目部积极开展科技研究工作，鼓励“微创新”改良相关工艺，成立 QC 小组，结合工程情况选定本工程的难点、关键点作为 QC 小组研究的主要课题，结合本工程特点难点通过 QC 小组活动提高管理人员的质量意识和管理水平。

为保证灌注桩、工法桩施工质量提高施工进度有效的控制材料成本。项目部成立《提高工法桩一次成桩质量》《提高灌注桩钢筋笼加工质量》为课题的 QC 活动小组在 2020 年福建省 QC 成果发布会上分别获得“一等奖”“二等奖”荣誉。

依据项目部施工情况，项目部于 2021 年 9 月陆续开展了 4 个 QC 课题：《提高填充墙气体一次验收合格率》《提高 SBS 防水卷材一次验收合格率》《降低地铁场段工程立柱结构施工高出作业的安全隐患》《提高 1.8 米厚顶板高支模体系搭设一次验收合格率》，分别获得“一等奖”“二等奖”各两项。

图 3-3　QC 成果荣誉证书

三、工法创新及专利申报

项目部针对本工程施工现场大体积混凝土施工及大面积高支模施工的特点及难点，

项目部与农林大学合作优化了大体积混凝土配合比及支架模块化的研究。当前完成了《高抗裂低温升大体积机制砂混凝土配合比优化及关键技术研究》及《模块化可移动支架的施工工艺设计》两项工法的初稿准备进行专家评审。

结合现场施工中存在的问题，经项目部员工沟通及领导的指导项目部申请了多项专利。专利申报情况如表 3-1：

表 3-1　专利申报情况表

专利	授权日期
实用新型专利：一种钢筋用捆绑装置	2020.3.13
实用新型专利：一种抹灰用防护装置	2020.4.7
外观设计专利：检测工具（抹灰平整度辅助检测工具）	2020.6.30
实用新型专利：一种混凝土框架柱的模板加固结构	2021.4.13
实用新型专利：一种用于现浇结构中的盘扣式支撑架	2021.9.30
实用新型专利：一种地铁施工用混凝土输运装置	2022.8
实用新型专利：一种应用于宽广地带抗风可移动灯塔	2022.8
实用新型专利：岩石与砂浆动态剪切试验装造	2022.8
实用新型专利：一种盘扣式脚手架的可调支控斜杆	2022.8

图 3-4　已下发专利及正在审核专利情况汇总

第二节 地铁车辆段施工科技创新及应用

一、机器人技术在地铁车辆段工程施工中的应用

1. 自动化施工与提高效率

在地铁车辆段工程施工中，机器人技术能够实现自动化施工，显著提高施工效率。例如，自动化焊接机器人能够精准地完成焊接任务，不仅提高了焊接质量，还大大缩短了施工周期。另外，搬运机器人能够承担重物搬运工作，减轻人工劳动强度，同时提高搬运效率。这些自动化施工机器人的应用，使得地铁车辆段工程施工更加高效、快速。

2. 精准施工与质量保证

机器人技术在地铁车辆段工程施工中还能够实现精准施工，保证工程质量。例如，激光切割机器人能够按照预设的程序精确切割材料，使得构件的尺寸精度得到极大提升。同时，喷涂机器人能够均匀喷涂涂料，提升涂层质量，延长地铁车辆的使用寿命。这些精准施工机器人的应用，为地铁车辆段工程施工提供了可靠的质量保障。

3. 安全施工与降低风险

在地铁车辆段工程施工中，安全问题一直是关注的焦点。机器人技术的应用能够降低施工风险，提高施工安全性。例如，在高空作业、狭小空间作业等危险环境中，机器人能够代替人工进行作业，有效避免人员伤亡事故的发生。此外，机器人还能够实时监测施工环境的安全状况，及时发现并处理潜在的安全隐患，确保施工过程的安全稳定。

4. 智能化管理与提升效率

机器人技术还可以实现智能化管理，进一步提升施工效率。通过引入智能调度系统，可以实现对施工机器人的实时监控和调度，确保施工过程的顺利进行。同时，通过大数据分析技术，可以对施工过程中的数据进行收集和分析，为施工管理提供科学依据。这些智能化管理手段的应用，推动地铁车辆段工程施工更加高效、有序。

5. 环保施工与可持续发展

在环保和可持续发展方面，机器人技术也发挥了重要作用。传统的地铁车辆段工程施工往往伴随着噪声、粉尘等环境污染问题，而机器人技术的应用则能够有效减少这些污染。例如，采用电动或液压驱动的机器人可以减少燃油消耗和废气排放；同时，通过精确控制施工过程中的物料使用，可以减少浪费和降低环境污染。

二、智能化设备在地铁车辆段工程施工中的应用

1. 智能化监测与预警系统

在地铁车辆段工程施工中，智能化监测与预警系统发挥着至关重要的作用。该系统通过安装各类传感器和监控设备，能够实时收集施工过程中的数据，如温度、湿度、压力、位移等，并通过智能算法进行分析处理。一旦发现异常情况或潜在风险，系统便会自动发出预警，提醒施工人员及时采取措施进行干预，从而有效避免事故的发生。

2. 智能化施工机械设备

智能化施工机械设备是地铁车辆段工程施工中的另一大亮点。这些设备通过集成先进的传感技术、控制技术和通信技术，实现了自动化、智能化施工。例如，智能挖掘机能够根据预设的程序进行精确挖掘，降低了对周围环境的干扰；智能起重机能够自动定位、自动抓取和自动卸载物料，提高了施工效率。此外，这些智能化设备还能够进行远程监控和故障诊断，为施工管理提供了极大的便利。

3. 三维建模与虚拟仿真技术

在地铁车辆段工程施工前，利用三维建模与虚拟仿真技术可以构建出精确的施工模型，并模拟施工过程，这有助于施工人员提前发现施工中可能存在的问题和难点，制定更为科学合理的施工方案。同时，通过虚拟仿真技术，施工人员还可以进行虚拟操作练习，提高施工技能水平。

4. 智能化管理系统

智能化管理系统是地铁车辆段工程施工中的核心部分。该系统通过集成各类智能化设备和技术，实现了对施工过程的全面监控和管理。通过实时收集和分析施工数据，系统能够自动生成施工报告和进度表，为施工管理提供决策支持。同时，系统还能够对施工质量、安全、成本等方面进行综合评估，确保施工过程的高效、安全、经济。

5. 智能化物料管理系统

在地铁车辆段工程施工中，物料管理是一项烦琐而重要的任务。智能化物料管理系统通过引入 RFID、二维码等技术，实现了对物料的自动识别、跟踪和管理。系统能够实时记录物料的出入库情况、使用情况和库存情况，为施工管理人员提供准确的物料信息。这有助于减少物料浪费、减少施工成本，并提高施工效率。

三、5G 技术在地铁车辆段工程施工中的应用

1. 高速数据传输与实时监控

在地铁车辆段工程施工中，数据的实时传输和监控至关重要。5G 技术以其超高速

率的数据传输能力，能够实现施工现场高清视频、大量数据的实时传输，使得项目管理人员能够随时了解施工进展和现场情况。同时，结合高清摄像头、传感器等设备，可以构建实时的监控系统，对施工现场进行全方位、无死角的监控，保证施工安全和质量。

2. 远程操控与智能协作

5G 技术的低时延特性使得远程操控成为可能。在地铁车辆段工程施工中，通过 5G 网络，操作人员可以远程操控施工机械，实现精准施工。同时，5G 技术还支持多设备、多用户之间的实时通信和协作，使得施工人员可以更加高效地进行协同作业，提高施工效率。

3. 智能化管理与决策支持

5G 技术结合大数据、云计算等技术，可以实现地铁车辆段工程施工的智能化管理。通过收集和分析施工过程中的数据，可以实时掌握施工进度、成本、质量等信息，为项目管理人员提供决策支持，同时，基于 5G 技术的物联网应用，可以实现对施工设备和物料的智能化管理，提高资源利用效率。

4. 创新应用与提升效率

5G 技术在地铁车辆段工程施工中的应用不仅限于数据传输和监控，还可以结合其他先进技术，实现更多的创新应用。例如，利用 5G 技术和无人机技术，可以实现施工现场的自动化巡检和监测；利用 5G 技术和虚拟现实技术，可以构建虚拟的施工环境，进行施工方案的设计和模拟。这些创新应用将进一步提升地铁车辆段工程施工的效率和质量。

5. 安全与风险控制

在地铁车辆段工程施工中，安全是首要考虑的因素。5G 技术的应用可以提升施工现场的安全管理水平。通过实时传输高清视频和传感器数据，管理人员可以及时发现潜在的安全隐患，并采取有效措施进行干预。同时，5G 技术还可以用于构建紧急救援系统，实现快速响应和救援，降低事故风险。

6. 环保与可持续发展

随着社会对环保和可持续发展的关注度不断提高，地铁车辆段工程施工也需要考虑环保因素。5G 技术的应用有助于推动地铁车辆段工程施工向更加环保、可持续的方向发展。例如，通过实时监测施工过程中的能源消耗和排放情况，可以优化施工方案，减少环境污染；通过智能化管理施工设备和物料，可以提升资源利用效率，降低浪费。

四、智能监测和管理系统在地铁车辆段工程施工中的应用

1. 实时监测与预警机制

智能监测和管理系统能够实时监测地铁车辆段工程施工现场的各类数据，如温度、湿度、压力、位移等。通过安装传感器和监控设备，系统能够实时收集这些数据，并通过智能算法进行分析处理。一旦发现异常情况或潜在风险，系统便会自动发出预警，提醒施工人员及时采取措施进行干预，从而有效避免事故的发生。

2. 施工过程精准控制

智能监测和管理系统还能够对施工过程进行精准控制，通过对施工机械、设备等进行智能化改造，系统能够实现对施工过程的自动化、智能化控制。例如，智能挖掘机能够根据预设的程序进行精确挖掘，智能起重机能够自动定位、自动抓取和卸载物料。这不仅提高了施工效率，还降低了人为因素对施工过程的影响，确保了施工质量的稳定性。

3. 全面数据管理与分析

智能监测和管理系统具备强大的数据管理和分析能力。系统能够实时收集、存储和分析施工过程中的各类数据，为项目管理人员提供全面的数据支持。通过对这些数据的分析，管理人员可以及时了解施工进度、成本、质量等方面的情况，及时发现并解决存在的问题。同时，系统还能够生成各类报表和图表，为决策提供科学依据。

4. 智能化决策支持系统

智能监测和管理系统还可以为项目管理人员提供智能化决策支持。系统能够结合历史数据、实时数据以及专家经验，通过智能算法进行数据挖掘和预测分析，为管理人员提供科学的决策建议。这有助于管理人员更好地应对施工过程中的各种复杂情况，提高决策效率和准确性。

第四章　项目管理经验

本章主要对福州市城市轨道交通 4 号线一期工程实施过程中的项目管理经验进行研究，依据项目的实际情况，总结相关的管理经验。

第一节　车辆段施工商务管理

一、经营管理

1. 主合同经营管理

本项目初期合同额为 6.5 亿，项目部积极落实二次经营理念，努力开源，跟踪后续上盖开发盖板分劈工作，新签上盖开发补充协议，增加合同金额约 17 亿，最终合同额调整为约 24 亿。

2. 市场经营管理

项目部依托自身在 2 号线及 4 号线的良好履约，各季、年度业主履约考评中四航局名列前茅，借此契机，项目部抓住机遇，努力经营，最终成功中标福州滨海快线车辆段项目，为四航局在福州地铁的发展锦上添花。

二、合约管理

1. 分包寻源与把控

在公司自有商库资源不能很好覆盖本项目所在地的情况下，项目部积极搜寻本地资源，同时对周边单位里施工履约较好的分包商进行摸底、对比，择优选取优秀队伍充实四航局商库。

实时跟进国家有关施工资质的要求，做好分包商资格审查工作，定期审查“三证”情况，在源头上杜绝资质不匹配现象，确保分包合法合规。

2. 分包、物资招标采购

（1）分包采购

1）在大宗采购中，项目部首先考察资金实力强，履约有保障的队伍参与投标报价；遵循多家单位竞争比价，定标多家队伍参建，过程相互良性竞争，根据设计划分进行区域性招采及现场管理的原则，并在招采条款内明确约定“根据履约情况实时调整工作范围及工程量”，充分调动参建分包商积极性。

2）对非大宗采购，充分对比周边参建单位及四航局五公司类似项目价格，反复比选，以收定支，合理低价分包，避免低价中标，确保现场实施顺利。

（2）物资采购

本项目主材钢筋 15 万 t，混凝土约 95 万 m^3，采购体量大，采购主要采取了由中交海峡总部统招，各工区分签的模式进行，通过采购量大引致谈判价优的思路，同时保证主材供应及供应商的履约。在实际施工中可统一调配供应商资源，履约有保证，垫资能力强，能在一定程度上确保生产。

3. 分包计量与结算

依据预算工程量作为暂定招采合同总量控制，每月现场工程部门确认完工数量，下至技术员上至分管领导签字确认，在不超合同工程量及预算工程量前提下进行进度计量支付。

现场扣款根据合同条款约定结合各部门有关扣罚办法执行，并经过甲乙双方审核后签字确认，扣罚后及时归档，为结算阶段做好准备。

4. 履约评价管理

根据公司履约评价管理办法，制定了符合项目部情况的《福州地铁 4 号线车辆段项目分包商履约评价管理办法》，通过对进度控制、安全管理、质量管理、环保及文明施工、合作情况、履约能力六方面进行各部门评分制进行量化考评，季度考核，年度汇总并评选推荐优质分包商，对于不能适合公司要求的分包队伍及时根据考核结果上报清退。

该考核办法的实施在一定程度上带动了分包单位积极性，同时经项目部筛选和判定后，可向公司提供优质分包商资源，充实商库，为后续单位选用提供便利。

三、预算及资金管理

1. 技术引领，加强对接

基于据实结算项目的特殊性，项目部初期根据预算编制原则和业主审核标准，在设计出图前积极对接设计将图纸按照施工图预算的有关要求进行细化明确，使得预算编制有依可寻，有力地支撑了预算审核结果。在设计出图阶段真正做到据实结算“零变更”，确保了预结算计价无争议，降低变更内容不计价的风险。

2. 转换模式，主动适应

项目部转变以往项目思路，主动适应据实结算模式，及时聘请组建了预算编制团队，对图纸问题先行介入梳理。根据经验总结和编制施工图预算，每周召开预算编制问题梳理会，将预算编制过程中的问题同一线部门沟通解决；同时每周制定一份签证完成计划，讨论编制方法及计算方式，设定完成时限并积极推进后续落实签认。

3. 现场签证确认

（1）项目部充分拉通监理及建设单位，以房屋建筑预算定额及费用定额作为主要切入点，梳理现场需签证项目汇总，并推动建设单位以此下发工联单和签证项目归类统计作为签认依据，直接消除建设方现场代表及监理等各方对签认项目的顾虑，理顺签认过程，切实为项目效益提供前提保障。

（2）本项目脚手架体量达 170 万 m^3，根据中交集团要求，现场采用承插式盘扣架进行施工，因普通房屋建筑预算定额内支撑体系按照普通钢管编制，含量远低于盘扣体系。项目部抓住签认要点，及时将盘扣钢管含量以薄厚板形式进行整体签认，将板块以小区形式签认脚手架使用时间，以上对支撑体系的签认模式亦属建设单位首次为之，该签证的落实为后续预算套价提供了充分的依据，也为同财评争取费用做了充分准备。

4. 突破既有限制，主动争取计量

本项目土方出运是影响项目效益的决定因素，项目部实事求是步步推动土方事宜:

（1）经项目部多方努力，推动市发改委完成了概算修编并于2020年9月正式下发，成为福州市首个将土石方概算运距由 35 公里修编调整为 70 公里的单位。

（2）项目部充分研究福州市财政局及福州市城管委发布的土方有关文件规定，选取正规运输企业，出运前提供正规卸点手续，过程中定期收集渣土运输卡，分批于城管委调取运量数据复函共计确认 114 万方。建设单位也悉数对卸土点进行运距确认。

（3）项目部以复函及运距签认资料为依托，经业主方反复考量调整土石方预算终稿后最终协助上报至福州市财评审核，基于过程资料的规范性和完整性，本项目土石方工程成为自地铁集团建制以来6条线路中首个送报财评审核并得到财评认可的项目。

5. 预算编审与资金回笼

（1）本工程为据实结算模式，过程需依据施工图编制预算，上报业主审核后方可作为计量依据。

在此模式特点下，项目部在电子版图纸阶段即开始着手编制施工图预算，并将过程图纸问题及时同设计拉通，充分利用同设计单位的有效联系将预算不断完善，在正式出图时即可做到预算同步报送业主审核。

保持同业主审核单位的有效沟通，主动邀请现场查勘，拉通过程联系，确保预算审核的及时性和高质量。

（2）本项目预算经地铁集团审核后方可向财政局申请 50% 进度款，后续预算需继续送报财评，待财评审核完毕后方可向财政局申请剩余 30% 进度款。

项目部在确保预算审核前提下，加快业主计量流程，保证及时向财政申请资金拨付。并主动配合业主完成预算上报福州市财评的所有工作，协调业主有关部门加快向财政局申请资金的各项流程进度。

四、成本核算管理

1. 成本管理全员参与

根据“四做”中的“做实资产、做优资本”总体发展思路原则，以“关注成本、盈利为荣”的效益文化为底蕴，全面地进行成本核算考核。由合约部门牵头组织，其余各部门全员参与配合。定期核算成本并形成成本核算分析报告，通过定期成本分析会及时反馈纠偏，责任落实到人。

2. 定期召开成本分析

由项目部牵头组织，公司参与定期召开项目部的经济活动分析会，各部门总结当季度成本实发情况并做好分析汇报，项目及公司领导进行点评并为下一步工作作出部署，召开成本分析会，通过目标成本、计划成本和实际成本的对比分析以及过程中项目的分项工程效益对比分析，总结当期成本控制、策划实施的成果，总结成本管理及合同要素的实施经验，查找项目管理的不足，确定改进措施或方案。

五、物资管理

项目部不断完善物资管理体系，从计划、采购、验收、保管、发放、回收、统计核销等全面管理，以确保工程物资管理工作有序进行，达到保证产品质量，提高本项目经济效益的目的。严格执行限额领料制度。每月进行盘点，分析，总结，及时纠正物资使用管理偏差；对超用材料的分包队实行扣款；控制项目物资成本不发生重大偏差。各项主材钢筋、水泥、商砼、H 型钢都控制在合理损耗范围内，为项目节约了成本，创造了效益。

1. 健全物资管理制度体系

在公司相关部门及项目部领导的帮助与指导下，我们积极制定符合本部门的管理规章指导，建立了一套完善且行之有效的物资管理制度。建立物资供应商绩效考核制度和部门岗位职责，依照不同岗位的要求、管理制度的要求，建立物资人员岗位责任制，明确分工，做到责任落实到人。

2. 加强物资计划管理

施工项目物资计划是根据施工情况积极加强物资需求计划控制，做到提前落实，提前准备，避免物资供应滞后的问题发生。物资部积极主动与施工现场和技术人员的沟通，认真按照工程备料单以及施工进度组织物资的调入与采购。在此过程中我们结合项目部资金安排情况、采购价格涨幅情况，按照效益最大化的要求进行物资采购，保证了项目资金周转率，消除因物资单价上涨而造成物资采购成本增加的影响。编制季度、月度材料计划，并对计划进行考核，提高材料计划的准确性，提高综合效益。

3. 把好物资采购关

建立权责明确的招议标评价小组，在项目的权责范围内组织物资招标议标等方式的采购，充分保证原材的质量、单价、运距的最优化，从而提高单位的综合效益。物资进货前向供料单位索取产品合格证或出厂质量证明单，并对证明单上所列的各种材料、质量、数量、规格认真审查，将证明单、合格证或试验单送交验收人员和资料员。对各种材质证明进行登记，建立移交台账。

4. 严格物资入库验收

在物资入库验收时向供应商索取合格证和出厂检验报告，认真核实采购外观质量、数量、唯一性单号，并及时通知实验与质检人员对物资进行检验，对不合格物资严禁入库，做到入库合格率达到 100%。对于不同品种与特性的采购进行分类存放。对于入库物资建立起一套完善的台账管理，确保可追溯性。同时，做好入库物资防水防火防潮工作。

5. 严格控制物资发放

根据限额领料制度，做到坚持节约预扣、余料还库，收发手续齐全，并记好单位工程台帐，促进材料的节约和合理使用，对于发放出去的周转材料由专人负责保管，建立台账。及时做到谁拆、谁收、谁清理、谁修理、谁保养，责任到人，堆放整齐。

6. 做好统计分析工作

加强原始记录统计和分析，做好材料核算工作。及时做好材料的入库，盘存、发放、退库、回收等记录和凭证的保存、统计、分析。每月对主材进行盘点核算，将每月工程设计用量和实际用量进行对比核算，及时查找损耗过大的原因，制定控制损耗对策，将主材损耗控制在合理范围内。通过改善加强材料管理，更好地提高企业的效益。

第二节 车辆段项目施工管理

一、施工生产组织情况

1. 施工前期工作

为了项目提早开工，更好地推进地铁的前期工程工作顺利进行，项目部成立了前期工程部，专门负责前期工程工作，推动规划调整，确保方案稳定。项目部主动出击，突破拆迁，与周边居民、单位做好协调沟通，成功地在 2019 年 7 月完成车辆段全部场地征拆工作，并在 2 天内完成场区红线范围内的全部围蔽，并立即组织开展桩基工程施工；在此过程中积极加速电力、自来水、通信、燃气等管线迁改。

2. 施工总体部署

根据总体工筹，围绕满足接车条件要求，将车辆段整体划分为接车区域、非接车区两大区域组织施工。

工程前期围绕“交地、勘查及设计出图”两大方面重点开展工作，确保早日具备开工条件。开工后原则上以接车区为主，先行确保接车条件节点目标的实现；非接车区与接车区同步开展施工，过程资源投入以接车区为主，最终确保总工期目标的实现。

3. 施工总体顺序

根据总体施工安排，并结合设计出图顺序，螺洲车辆段总体遵循“先地下，后地上，先深后浅”原则，即“先施工围护结构、建筑桩基、基坑开挖等基础结构，后施工主体结构、屋面工程、装修、机电安装”等。施工顺序按照东、西往中部推进的施工顺序，同时根据出图时间节点先后启动综合楼施工。

（1）围护结构施工顺序

围护结构分二期实施：

1）第一期根据设计出图计划，先行完成综合楼、出入段线围护结构与悬臂灌注桩基础施工，施工顺序由西向东推进。

2）第二期根据设计出图情况，重点施工盖下接车区域围护结构，自东侧向西侧推进。

3）围护结构拟投入两家施工队伍，同时施工，综合楼单独投入一套设备，盖下区域配备 2 套设备。

（2）土方开挖

土方开挖，遵循“由深至浅，确保接车、重要功能性建筑先行使用”原则，并考虑本工程深基坑属危大工程范畴，进行专家评审、条件验收需要预留时间，施工顺序有以下几个阶段。

1）第一阶段：组织先行完成维修后勤楼、试车线深基坑开挖。

2）第二阶段：组织进行盖板区 A1-A5，B1-B6 段土方开挖实施，施工顺序由东西两侧向中间推进。

3）第三阶段：组织进行出入段线 B7 区段土方开挖实施，施工顺序由东西两侧向中间推进。

（3）结构工程桩基施工顺序

结构工程桩基施工围绕设计出图顺序，分四个阶段组织实施。

1）第一阶段：完成维修后勤楼结构工程桩基础。

2）第二阶段：以盖下基础为主，根据出图情况，进行 A1、B7 区桩基施工整体由东西两侧向中间推进，完成 A2、A3、A4、A5 区结构工程桩基础。

3）第三阶段：完成 B1-B8 区盖下桩基础。

4）第四阶段：完成杂品库及配电池间等盖外单体建筑工程桩基施工。桩基施工采用分区域、对向施工方式合理布置每台桩机施工范围及施工时间。

（4）主体结构、屋面及装饰装修施工顺序

根据上述桩基础完成先后顺序，先完成主体结构，屋面装修施工，再进行室内二次结构及施工顺序有以下几个阶段。

第一阶段：完成维修后勤楼结构。

第二阶段：完成运用库、检修库、镟轮库等 A、B 区主体结构，同时进行 B7 区出入段线主体结构施工，试车线主体结构与相应盖板区域同步进行。

为满足主体结构、屋面及装饰装修施工，计划投入 QTZ80 型 27 台独立式塔吊用于施工运输工作。

4. 施工工艺流程

总体施工工艺流程见图 4-1：

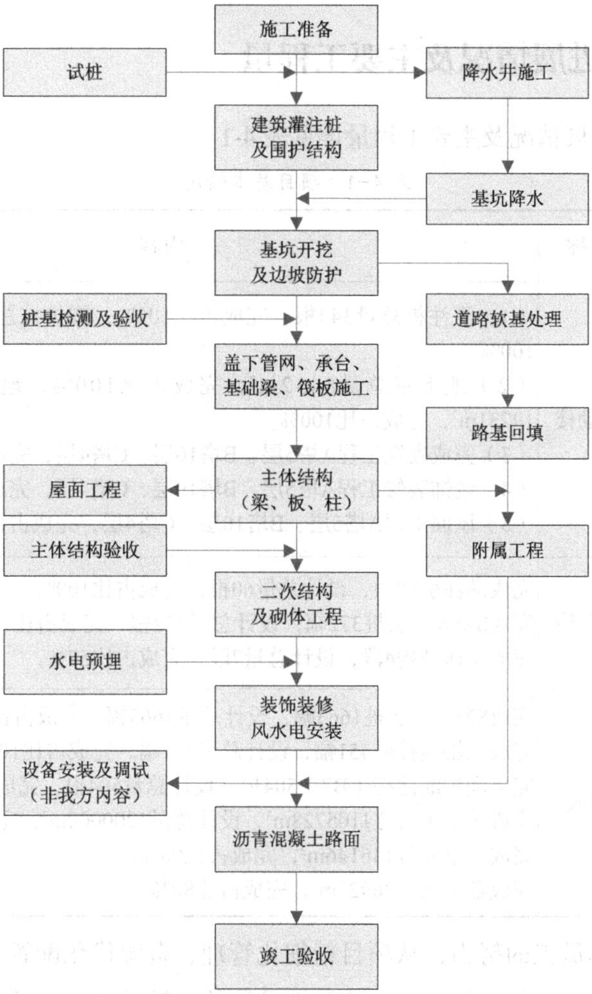

图 4-1　总体施工工艺流程图

二、施工进展情况及主要工程量

本工程施工进展情况及主要工程量详见表 4-1。

表 4-1 项目基本情况

序号	单体名称	内容
1	维修后勤楼	（1）灌注桩总量344根，完成占比100%；围护桩总量324幅，完成占比100%。 （2）地下室总量8432m²，完成占比100%；地上部主体结构总量19731m²，完成占比100%。 （3）完成砌筑工程A塔5层、B塔10层、C塔4层，完成占比100%。 （4）装饰装修工程A塔5层、B塔10层、C塔4层，完成占比10%。 （5）屋面工程A塔5层、B塔10层、C塔4层，完成占比70%。
2	白地试车线	完成灌注桩60根，设计总量60根，完成占比100%； 完成SMW工法桩372幅，设计总量372幅，完成占比100%。 完成主体结构4段，设计总量7段，完成占比57%。
3	盖板区域	完成SMW工法桩1663幅，设计总量1663幅，完成占比100%； 完成三轴搅拌桩451幅，设计总量451幅，完成占比100%； 完成围护灌注桩（B7）504根，设计总量504根，完成占比100%； 完成盖下土石方1105728m³，设计总量1200000m³，完成占比92%； 完成盖下底板136146m²，完成占比98%； 完成盖下顶板76923m²，完成占比80%。

通过项目全体员工的努力，从项目精细化管理、资源优化配置、基础管理工作等方面着手，立足于增强体系性建设、统筹性发展的运转效率，不断全面提高项目管理品质，打破了桩基础结构每月完成超 1000 根桩基任务，每天土方运输 1.5 万 m³，主体每月完成超 1 个亿的产值项目目标，并超额完成业主、公司下发的月度、季度目标，得到业主的一致好评，为后续良好信誉打下坚实基础。

第三节　车辆段施工技术、质量管理

一、技术引领提质增效

项目部严格落实中交集团对标世界一流管理提升理念，打造具有竞争力的“科技型、管理型、质量型”的发展企业，本项目在涉及 10 个专业交叉作业、设计出图多达 77 本、方案编制 49 个的情况下，通过提前介入设计方案、组织图纸审核、优化施工方案、对标学习、技术创新和科研立项等多项举措，提升项目的技术管理水平。

1. 保安全提质量降成本

项目部针对高支模体系方案编制，通过碗扣式支撑体系和盘扣式支撑体系对比施工工艺，解决了既要方便、快速地施工满足工期要求的同时，又要达到降低施工难度，降低经济成本的目的。通过对比分析发现在同等条件要求下，总结出盘扣支撑体系有其材料强度高、直径大、搭拆便捷、少维护、节省人工成本、安全系数高的优势。详见对比分析表 4-2。

表 4-2　支撑架对比分析表（以架体搭设体积 30000m^3 为例）

支撑架形式	用钢量	工期	安装	拆除	人数
碗扣支撑架	600t	14 天	45 ~ 55m^3/ 天	55 ~ 70m^3/ 天	50 人
盘扣支撑架	450t	8 天	80 ~ 120m^3/ 天	130 ~ 300m^3/ 天	50 人

根据约束边缘柱特点，整体考虑采用定型组合钢模板，确保墙柱成型质量。钢模制作时充分遵循以下两个原则：一是方便过程中的模板拼装，减少模板拼装工作量；二是在保证墙柱施工进度安排的情况下，减少钢模的用钢量，即充分考虑单型号模板的多次利用性，做到模板最大限度通用，尽可能地减少模板数量和规格，使模板设计制造更符合施工实际要求，达到适用、经济、合理、安全的目的。

由于车辆段盖板为了满足上盖开发整体设计要求，整个盖板最大厚度为 1.8m 且占比较高，盖板单次施工浇筑混凝土最大方量在 3500 ~ 4000m^3，厚板区域设置型钢梁，型钢梁栓钉多达 1.2 万颗。综合以上因素合理布置浇筑设备的配置和连续施工覆盖区域，每次浇筑单块板时同时布置三台混凝土浇筑设备，尽量采用汽车泵进行浇筑；人工实行三班制作业，确保混凝土连续浇筑；大体积混凝土施工之前优化配合比设计，根据浇筑时间测算，延长混凝土初凝时间至 8 ~ 10h，严格控制混凝土高抗裂低升温的条件要求，施工过程测温采用自动化测温及循环冷却水系统，确保混凝土里温度差、降温速率等指标过程控制，保证外观质量及温度裂缝控制。

2. 重视技术服务提升技术管理

项目部针对多专业同步施工，避免后期出现因图纸设计原因造成专业碰撞产生返工及增加成本，业主、施工单位联合福州市规划设计院对车辆段土建及风水电专业进行 BIM 建模设计，解决了 480 多项专业碰撞问题，通过 BIM 建模的应用项目实施于现场的同时为技术管理和整体质量提升提供了很大帮助。

在推动项目创优目标的同时，项目部做好工法的编制和实施，提升相关的技术服务和技术管理工作，项目部初步完成了针对现场可实施的技术管理提升方案，在使用功能或施工方法上从根本上改善项目的技术经济效能等方面的先进性和新颖性，并在施工过程中保证施工质量、节约工期、节省成本。项目部分别编制了《地铁工程超大面积转换层高抗裂低温升大体积混凝土施工工法》《模块化可移动支架的施工工法》，并得以应用于现场，现两个工法初步编制已经完成，下一步开始准备组织专家评审工作。

3. 培养技术人才提升项目管理水平

针对项目部技术人才欠缺、业务水平欠佳的问题，项目部积极响应深入贯彻落实集团“123456”工作总体方针和中交四航局“优才计划”人才培养工作方案要求，从项目发展和人才队伍建设的实际出发，通过实行“优才计划”，加强对高素质毕业生开发培养发展有潜力的技术人才，加强项目部年轻人才储备和梯队建设，为公司高质量发展提供坚实的人才支撑。

根据实际技术管理特点组织员工进行系统的技术管理培训，共同编制方案，了解新工艺技术标准，及时做好技术总结的编制工作，积极推动工艺标准化管理。在四航局第一批工艺标准化编制中，项目部技术骨干群策群力完成了《灌注桩钢筋笼滚焊自动施工工艺》的编写，并成功在局内发布。本年度项目部积极组织全体技术、管理人员，认真总结本职位及相关的分工工作提炼，发表技术、管理类论文32篇。项目部内部首次召开论文发布会，聘请高校老师及相关专家对参评论文进行评选、点评，使项目部全体员工在技术、管理工作方面得到更进一步的提高，并提升了大家编写论文的水平。评选后成功推选24篇论文在五公司《第十三届管理、技术论文交流会》发表，国家期刊3篇。

二、质量为先规范管理

1. 项目质量组织结构建设

为了加强工程的质量管理，保证和提高承建工程的施工质量，项目部设立施工质量管理领导小组，负责项目部施工质量管理工作。施工质量管理领导小组由项目经理、项目总工程师、副经理、质量管理部、工程技术部、安全环保部、物资部、机务部、合约预算部、财务部、综合管理部等人员组成。

2. 完善质量管理制度

项目部规定了完善的质量管理制度，经质量部编制，各部门审核，项目经理审批发文，并进行了交底，相关制度文件，如表4-3所示：

表 4-3　质量技术管理制度一览表

序号	制度	序号	制度
1	质量计划	2	工程质量教育培训制度
3	材料管理制度	4	设备管理制度
5	质量管理责任制	6	现场质量管理制度
7	首件及条件验收制度	8	“三检”管理制度
9	隐蔽工程及关键部位验收制度	10	施工文件和资料管理制度
11	质量检查及会议制度	12	质量奖罚制度
13	分包质量管理制度	14	成品、半成品保护制度
15	竣工资料收集责任制	16	班前会、班后会管理办法
17	测量管理制度	18	试验管理制度
19	创优计划	20	质量管理应急预案

3. 样板制、首件及条件验收

为切实保证车辆段施工质量，进一步强化风险管控及质量检查程序，规范作业人员的安全质量意识和行为，提升现场安全质量管理水平，从施工源头上控制风险、确保工程质量目标的实现，项目部采取一系列的质量控制措施：

（1）项目部设立样板实训基地，对新进场的产业工人及管理人员进行分项工程样板展示学习。

（2）标准化钢筋加工场内设置钢筋连接实训区，对新进场的钢筋焊接特种作业人员进行考核，再取得特种作业证件的基础上焊接质量必须达到合格的标准才允许进入施工现场焊接作业。

（3）立足于“预防为主、先导试点”的原则，以提高质量改进意识为目的，根据制度要求进行首件制、条件验收制度，首件、样板工程的各项质量指标进行综合总结评价，对施工质量存在的不足之处分析原因、提出改进措施，指导后续施工，预防后续施工可能产生的各种质量问题。

4. 质量检查及验收

项目部的质量控制重点在建立有效的验收程序，原材料进场控制、半成品成品检验控制和分包质量控制部分，实行周质量例会制度。每月制订质量检查计划并组织项目部进行大检查，检查后召开质量分析会对存在问题进行分析并落实责任。

项目部严格把控隐蔽工程的验收，全程摄影记录，验收部位、时间均用标识板举牌进行明确。针对危险性较大的盘扣支撑体系架体验收，项目部成立专项检查小组，过程及搭设完成后由小组组长及相关成员对架体进行综合验收，提出整改意见，班组整改完成后再次验收合格，上报监理验收合格后，方可进行下道工序施工，确保了架体搭设严格按照专家论证施工方案执行，保证整体支撑体系的安全性。

5. 试验检测管理

各进场材料均按规范要求送检测单位复检，出具合格报告后投入现场施工。截至目前项目累计送检钢筋原材 3400 组，钢筋接头 2490 组，混凝土试块 17627 组，砂浆试块 451 组，防水材料 64 组，水泥 128 组，土工击实试验 158 组，检测结果均合格。针对实体定期对主体结构混凝土进行强度回弹及保护层监测等实时检测工程质量。材料、半成品堆放规范。每月对商混站的混凝土原材进行抽检。截至目前完成桩基检测及实体检测情况如表 4-4：

表 4-4　桩基检测及实体检测汇总表

序号	部位		检测方式	检测数量	检测结果	报告编号
1	主体结构	维修后勤楼	混凝土回弹	53 点	合格	HS-ZTJG2000325
2		杂品库与蓄电池间		3 点	合格	HS-ZTJG2100181
3		运用库		11 点	合格	HS-ZTJG2100320
4		物资总库		18 点	合格	HS-ZTJG2100358
5		B6 区		9 点	合格	HS-ZTJG2100358
6		白地试车线		7 点	合格	HS-ZTJG2100522
7		维修后勤楼	钢筋保护层	90 面	95% 合格率	HS-ZTJG2000230
8		杂品库与蓄电池间		15 面	97% 合格率	HS-ZTJG2100183
9		运用库		26 面	98% 合格率	HS-ZTJG2100183
10		物资总库		15 面	98% 合格率	HS-ZTJG2100359
11		B6 区		38 面	98% 合格率	HS-ZTJG2100350
12		白地试车线		5 面	97% 合格率	HS-ZTJG2100520
13	主体结构		板厚检测	78 面	合格	HS-ZTJG2000227
14	灌注桩 - 盖下区		声波透射	2056 根	Ⅰ类桩 2019 根，占比 98%，Ⅱ类桩 37 根，占比 2%	BG12FAST2000233
15			抗压静载	124 根	75 根单桩竖向抗压极限承载力为 13400KN，49 根单桩竖向抗压极限承载力为 19200KN，均满足设计要求	YZJJ2000476
16			抗拔静载	149 根	单桩竖向抗压极限承载力为均满足设计要求	BG12FAJZ2000449

6. 档案管理

资料归档全程跟踪整理，确保资料及时、完整地归档。同时，项目部制定《工程竣工资料收集责任制》，将竣工资料收集责任分解到个人。本项目是无纸化办公档案试点，采用交互平台实现档案信息化、现代化、无纸化等等。

第四节 车辆段施工安全环保、设备管理

一、安全环保管理

本项目安全管理重难点有：Ⅰ型设备多，投入塔吊 27 台，日均起重吊装作业达 1000 余次，吊装任务繁重；施工期紧张，工序和专业全面，同场地内外部交叉施工单位达 10 余家，交叉作业协调管理难度大；点多面广，高峰期现场产业工人接近 1000 人左右，人员管理难度大。

项目自开工建设以来，一直本着“高标准，高起点，严要求”的安全管理理念，始终围绕中国交建“五个到位”的总体要求，结合四航局和五公司相关安全管理制度，扎实开展各项安全管理工作，逐步实现施工管理规范化、场容场貌秩序化、安全防护标准化，让标准成为习惯，让习惯符合标准。

1. 建立健全安全生产体系

项目部建立安全生产组织体系和领导小组，项目班子配置专职安全总监，明确安全生产监督和管理部门。制定相关制度、规章共计三十七章。建立项目《安全环保管理责任制》，全员纳入安全生产责任制度，为“一岗双责、岗岗有责”提供制度保障；组织全员层层签订安全生产责任书，分解安全目标，定期进行安全环保管理责任制考核，及时反馈并总结改进，督促提升安全责任落实成效。

2. 以人为本，严把进场关

项目部始终秉持以人为本的理念，地铁场段工程点多面广，施工高峰期现场产业工人接近 1000 人左右，项目自开工以来即推行人员管理实名制系统，严把人员进场关，每名产业工人进场前先进行安全教育培训，经教育考试合格后再逐一进行人脸信息录入，各门岗均安装人脸识别机，产业工人必须刷脸方可进入工地，组织产业工人岗前体检，加强建筑工人管理，维护建筑工人和建筑企业合法权益，保障工程质量和安全生产。

3. 关口前移，强化“双体系”建设

在“双体系”建立方面，项目部严格按照四航局、五公司关于风险管控和危险源辨识管理要求，每季度组织危险源辨识并列举重大危险源的预防预控措施，明确责任领导、责任部门和责任人员，每月根据施工现场实际情况对重大危险源进行更新，更新后对项目管理人员和作业人员进行交底并在现场公示。

另外，项目部按照事故隐患排查治理管理制度，每周开展隐患排查治理并整改闭合，形成隐患排查治理清单。同时，项目部定期统计分析事故隐患致险因素，召开专题会，反查风险管控清单，从源头找原因，做到两张清单相互支持，相互验证，相互促进，构建起双重预防机制。

4. 加大投入，降低安全风险

项目部结构施工体量庞大，其中立柱数量达 2180 余根，高空作业风险大，项目在施工策划阶段即提出立柱施工使用装配式安全梯笼，相对于传统的脚手架操作平台，具有安全性能高，梯笼结构强度高，防坠落和防攀爬安全效果好；安装简单快捷，经济效益好；承载能力强，采用框架式组合结构，上下平台与平台承接有双层构件连接，整体稳定性好等优点。大大降低了高空作业安全风险，在上级单位的检查中得到一致好评，并在公司其他项目推广。

5. 强化意识，做好环保工作

项目部结合前期标准化文明施工管理及环境保护措施经验，严格执行国家、省、市有关文明施工、绿色环保的规定，精心布置施工现场、有序组织施工，尽可能减少或消除对周围环境的影响。

项目部严控工程环保、文明措施，邀请环保、文明施工专家对项目管理人员进行授课，组织后续对各班组的意识培训；项目与第三方签约，定期对环境各项指标进行检测；及时与政府部门连线，将扬尘监控设备登记备案，严控各项环保指标；采取洒水车、洗车槽等各类降尘措施，并树立检测仪器，实时对环境颗粒物等进行检测。

二、设备管理

项目部基础施工阶段主要大型设备三轴搅拌桩、旋挖机等桩基设备，履带式起重机、汽车式起重机等起重设备，土石方工程机械、混凝土搅拌站及相关配套设备、钢筋加工设备等多达 510 台（套）。主体结构施工阶段塔式起重机多达 27 台。项目部钢筋总量约 15 万 t，混凝土总量约 95 万 m^3，盘扣架近 2 万 t，体量大、任务紧、施工管理协调难度大，垂直和水平运输材料频繁。群塔施工起重吊装频繁、交叉起重作业多。设备施工危险源多，作业风险高，设备管理难度大。

根据现场施工设备的实际情况及特点，项目部建立健全机械设备管理体系、机械设备管理制度，不断提升设备管控。对所有设备严格按照进场验收管理规定进行进场验收，从源头上保障设备安全。对所有设备从出厂至使用，从资质证书、维修保养、方案、教育交底等方面建立健全一系列资料档案分类型，分区域专人管控，实行设备区域化管理，责任到人，真正做到管理每一台设备。制定并落实机械设备日检、周检、月检的检查制度。每周对所有设备操作人员进行教育培训，不断提高设备管理人员和机械操作人员安全意识，提升安全管理水平。

根据项目生产施工需要，布置 27 台塔吊，27 台塔吊均为 6012（QTZ80）型号。其中盖下区 A 区塔吊 11 台，B 区塔吊 13 台，维修后勤楼 3 台。

1. 建机一体化专业分包

采用有资质的且在福建省建机一体化名录的专业分包单位，并在福建省建机一体化企业信用评级系统查询该单位信誉，结合实地考察、专业分包单位市场评价口碑，租赁价格等综合考虑选定租赁拆迁、维保、使用一体化专业单位。

2. 严把塔吊准入关

把塔吊不超过 3 年的使用年限，市场一线生产厂家等准入条件写入建机一体化专业分包合同，并提前对塔吊进行实地考察预验收。在进入项目门口前再对其严格按准入条件进行验收，对主结构、主要零部件与机构、各项安全装置等进行逐项验收，验收合格后方可进场。

3. 安拆前条件核查

塔吊安拆前项目组织建设、设计、风险咨询、第三方检测、监理、中交总经理部等单位召开条件核查会。各单位对安拆前的条件严格进行核查，核查通过后方可安拆。核查从安拆基础及各项技术参数；专项施工方案；安拆 / 拆卸设备报备；吊装基础；吊装设备；安拆（拆卸）单位；吊装验收；周边环境安全；应急预案及应急准备；占道吊装；占道吊装；材料及构配件件等方面全面核查。核查通过后方可以进行安装。

4. 安拆全过程管控

安拆前对塔吊合格证上的编号和塔机上的编号核对，确保一致。每一节原厂塔吊标准节都钢印，核查每一节标准节钢印，确保标准节是原厂件。根据吊装方案的最大构配件的重量和最大工作半径对吊装设备的起重性能表进行核查，确保起重吊装的本质安全。对吊装设备的地基采取钢套箱支垫，确保吊装基础的稳定。安拆前将安拆过程中可能发生的安全事故和存在的技术难点要点对安拆人员进行深入详细的安全技术交底。对所有安拆人员进行班前酒精测试，对安全劳动防护用品进行核查，一系列工作核查合格后进行安拆。安拆过程中设备管理人员、安全管理人员、现场技术管理人员以及机务分管领导全程在场监督，确保安全可控。安拆过程中在起重设备倾覆范围内做好警示警戒。现场设备管理人员对安拆的每个环节、每个步骤按照安拆方案、塔吊说明书进行逐项核验，确保安拆应严格按照安拆方案、塔吊说明书所规定的顺序和要求进行。

5. 使用全过程管控

制定科学的群塔作业方案，提前布置好塔吊位置、高度、大臂长度（覆盖范围）。既能保证能够满足现场施工需要，又能保证塔吊在高度上相互错开，不发生干扰，独立高度满足说明书要求。项目设备管理人员和安全管理人员每日对现场所有塔吊吊装吊索吊具进行全面检查，发现不合格的采用现场剪断的方式处理，并对相关人员安全教育警告，杜绝使用不合格吊索吊具。安装塔吊可视化系统，在起重小车的位置和司机室安装高清摄像头，可以有效解决塔吊司机的视觉死角，对现场吊装情况进行实时监控，并对塔吊司机工作状态进行实时监控，大大提高工地现场施工效率，减少安全事故率。

项目制定每日每周每月检查制度，每日由塔吊司机对塔吊关键性结构（地脚螺丝、回转系统、起升系统等）安全装置（起重力矩限制器、起重量限制器、起升高度限制器、小车断绳保护装置）进行检查，并书面签名确认。每月月中由机务部对每台塔吊进行全面检查，包括塔吊基础、金属结构、安全装置等。每月月底由建机一体化单位与机务部共同对塔吊进行全面检查并进行维护保养，全面检查起升系统、动臂变幅系统、小车变幅系统、回转系统、液压系统以及各个安全装置，并校正力矩限制器。

项目部每台塔吊配置“一机四员”，即“一名操作人员，一名司索人员，一名指挥人员，一名安全人员”。成立起重班，对塔吊操作人员、指挥人员统一管理，制定考核奖励机制。每月对操作和指挥人员进行考核评价并公示，排名在前三名进行现金奖励，对安全意识差、技能水平差的人员及时清退，过程中对及时发现、制止违章作业和违章指挥进行奖励，创造良好的安全文化氛围。每周对操作和指挥人员进行安全教育培训，不断提升安全意识。并建立良好的沟通交流机制，帮助塔吊操作人员和指挥人员解决实际问题。随时掌握操作人员、指挥人员身心状况，消除操作人员、指挥人员的不安全因素。

第五节 车辆段施工标准化、智能化管理

一、施工标准化建设管理

1. 营区建设特色化

项目部秉承营区设计规划之初理念，打造“福州地铁4号线第一、中交前列、福建一流”区域性项目“建设者之家”名片。塑造“智慧、生态，文明，绿色”的新时代四航项目驻地营区形象。营造“和谐、温馨、健康”的特色营区文化氛围。营区建设以中交《城市轨道交通项目标准化管理指导手册（2017版）临建分册》为指导，规划建设“高起点、高标准、高要求”的现代化营区。经济、高效使用选址“白地”，避免影响车辆段正常工程建设。合理布局，配套设施功能齐全。充分展现中国交建、四航企业文化理念，充分体现“开拓、执着、合作、文明”“四航伴您榕城出行”项目部精神面貌。尊重地域及建设方企业文化，打造具有时代、创意的特色营区文化。营造“以人为本、突显企业精神、平安宁静、绿色信息化”的封闭式管理营区。

2. 临时建设标准化

在临时建设标准化方面，项目部坚持“临时工程按永久工程标准建造”的理念进行管控。现场配置班前教育室、休息室、茶水室、临时办公室、VR体验馆等，满足现场标准化需求。临建标准设计与闽派建筑风格整体融合，美观适用，为工人创造良好的休息环境。门卫室、物资应急仓库全部采用框架结构，为防风防台提供强力保障。生产区入口设置平衡木、登高梯等设施，全面检查产业工人上班前身体状况，为工程建设安全生产报价护航。临时便道采用钢筋混凝土装配式路面板，路面板可重复利用，降低成本。永久施工便道采用现浇混凝土路面。严格按照福州地铁要求落实场区“6个100%”。根据临时道路的使用时间，使用周期超过3个月的临建施工道路，项目采取硬化处理，确保达到最佳经济和使用效果。使用周期低于3个月的临时施工道路，项目部首次投入装配式混凝土预制路面板，根据预制路面板可周转、强度高、拼装方便等特点，解决了临时道路经常性改路导致占用工期、影响文明施工、环境保护等实际问题，进一步降低了混凝土使用率，节省成本。

3. 钢筋加工集中化

为了提高项目“工厂化”“标准化”“专业化”管理水平，规划建立了福州地铁最大的钢筋加工中心，为本项目灌注桩钢筋笼、基础、主体钢筋集中加工。打造福州

地铁工程标准化建设示范点，助推项目又好又快施工。在灌注桩施工期间加工中心内设置 5 条自动滚焊机生产线满足现场施工需求的同时提升钢筋笼加工质量，确保一次验收合格率。场内钢筋材料及半成品有序堆放并分类标识；加工场内地坪装修采用环氧自流平地面，并设置人车分流区域；为了确保钢筋加工及焊接质量，场内设置钢筋实训区，工人及特种作业人员操作合格后方可进入场内加工、焊接作业。

4. 质量标准样板化

项目部通过分项工程样板展示学习，使现场技术人员和施工班组人员更好地掌握施工方法、施工工序、质量控制要点需达到的标准，做到明白施工、规范施工，有目标对比，为创优目标提供质量标准。

5. 安全体验实训化

为了确保项目安全有序实施，真正做到“以人为本”，项目设立新进场施工人员安全交底 VR 体验、安全带、安全帽佩戴及撞击体验实地教育培训、施工现场临时用电实地教育培训、无防护洞口坠落实地教育培训、安全教育体验馆等，告别说教，告别照本宣科，让工人“沉浸式”体验安全，培训效果显著提升。

6. 安全设施规范化

项目部本着“高起点，严要求，保投入”的理念，持续开展安全生产标准化建设，让标准成为习惯，让习惯符合标准。按房屋建筑标准化要求设置整体式密目网及反光条，洞口临边防护设置全封闭盖板并设警示标牌，结构内设置装配式楼梯洞边防护；立柱施工使用装配式安全梯笼作为高空作业平台，在保证安全性前提下，通过安装简单的特点节省了普通操作平台的搭设时间，缩减了实际占用工期，高周转提高了经济效益。在临时用电方面，通过专业电器技术人员编写用电组织设计并通过监理审批，用电采用 TN-S 系统，电工每日巡查巡检，配电柜加装防护棚标识标语齐全清晰，并已落实。

7. 机械设备专业化

本项目施工场地大塔吊数量多，为了满足现场整体施工条件，真正做到全覆盖，共设置 27 台塔吊，交叉作业密集，通过选择建机一体化专业分包队伍进行塔吊安拆。根据项目部施工环境编写群塔作业方案，对塔吊操作指挥人员定期举行周培训等。塔吊大臂装设灯带，操作平台四周装设照明灯，保证夜间运转照明充足，每台塔吊装设监控系统全程监控驾驶室和小车动态，通过塔吊可视化系统的应用，解决了施工现场塔吊司机的视觉死角，远距离视觉模糊，语音引导易出差错等行业难题。有效降低事故的发生概率，确保施工期间的塔吊安全运行。升降机安装人脸识别系统，确保非特种设备操作人员违规操作使用。

二、项目管理智慧化

本项目现阶段正在主体结构及装饰装修交叉施工当中，项目开工以来尽管取得了一定的成绩，但各部门管理上还存在较多不足，对标具有竞争力的“科技型、管理型、质量型”“一流”管理项目还有一定差距。项目至交工还有1年的时间，挑战还在继续，容不得半点疏忽和马虎，目前项目存在的主要问题有几个方面：

1. 标杆项目实施理念与现场实际管理控制部署还存在一定差距，指导性文件落地不够扎实，项目部对标杆项目创建大方向较明确，但细节上还存在很多待完善和改进的地方；

2. 项目工期紧张，施工场面大，施工分项多，交叉作业专业队伍多，标杆项目推进相对较为困难；

3. 随着标准化要求程度的不断提高，项目虽然采用一部分数字化技术、安全管理手段提升效率，但数字化程度还不高，有待于后续实践过程中逐步完善；

4. 特别是进入装饰装修阶段，重装修样式及各种板材铺贴电子排版和表面观感要求更高，项目部本身又立足于创优的基础上进行施工要求，更需要提升专业化、信息化管理。

下一步项目部重点继续把控高支模支撑体系及塔吊设备安全可视化等高风险点的管理，在安全管理上严格落实“五个到位”，确保项目在安全的前提下顺利完成节点任务；加强技术管理力度，继续通过BIM等的应用指导现场施工；推动可移动模架在房建专业高支模系统的试验应用，加快施工成果的完成。质量管理上加强后续装饰装修电子排版设计，确保工程顺利创优，加强无纸化办公软件的应用，确保工程资料顺利移交。

第五章　城市轨道交通车辆段上盖开发景观优化设计研究

为提高车辆段上盖开发景观质量强化车辆段与周边城市空间的紧密联系以改善盖上住户的生活环境，本章将对地铁车辆段上盖开发景观优化设计进行研究，探讨其在功能和形式上进一步优化的可能性。

第一节　上盖开发景观体系划分及设计要素分析

一、上盖开发景观体系划分

（一）景观体系划分依据

地铁车辆段作为城市轨道交通的关键节点，因较大的占地面积隔断了与周边城市空间上的联系，在一定程度上阻碍了该片区的城市发展。在车辆段上盖综合开发中，盖上物业功能与周边区域开发脱节，不能形成空间功能上的有效联系，容易使得盖上物业成为区域空间环境层面中的“孤岛”。为了规避上述现状问题，在项目建设中需要对地铁车辆盖上物业进行复合化集约化开发，与周边落地空间一体化设计，建设具有车辆段自身特色盖上物业综合体。目前我国已建成的车辆段项目中上盖开发整体景观品质不高，且与盖上物业服务人群的不同社会活动需求产生了矛盾。为了最大化满足盖上住户的基本生活需求、创造生态宜居的盖上景观环境、促进车辆段上盖开发整体景观空间与周边城市空间更好地互融共享，根据车辆段自身结构形态特点、车辆段物业开发模式以及景观设计要素在车辆段基地内的分布情况，对上盖景观体系进行空间层面上的划分：盖上景观体系和盖侧景观体系以及盖上景观体系关联空间——咽喉区。

（二）盖上景观体系

通常对车辆基地中停车列检库、联合检修库等占地面积大，柱网跨度大且柱网排布相对规整的厂房屋顶进行整合。通过设置结构转换层作为盖上物业的建设地面，即所谓的“盖板”。而盖上景观体系是车辆段基地结构转换层“盖板”之上的景观要素总和。在对盖上景观体系具体优化设计策略研究前，依据车辆段自身结构特点，梳理出与之相关的盖上景观体系设计要素，并结合各个要素的关联性进行归类分析，以便于有针对性地提出对应的景观设计策略。

（三）盖侧景观体系

车辆段盖侧建筑立面缺少景观上的遮蔽美化，对其临街城市道路界面的景观环境品质造成一定的影响。上述盖侧景观现状问题由于没有通过景观设计手法妥善解决，使车辆段盖侧空间在城市环境中显得尤为突兀。因此在对盖侧景观优化设计策略进行探究时，要从车辆段盖侧高差特性出发，转变设计思路，将高差劣势转变为设计优势，结合盖侧景观要素人性化地解决盖侧场地问题。

（四）咽喉区关联景观

车辆段咽喉区轨道线路布置较为集中，在用地条件宽裕的前提下可以根据结构柱网尺寸及限界要求加大线束间距，为咽喉区进行上盖开发创造条件。但会使车辆段咽喉区长度加长，扩大工程造价和用地规模。在用地条件紧张的情况下，无法加大线束间距，可以布置小尺寸的柱网，且盖上只能布置简单的绿化活动场地和道路系统。局部跨度大的地方需要采用预应力、钢结构等措施，此种情况虽然可以进行上盖开发，但无法进行大体量的商业、住宅开发。通常咽喉区不做开发处理，为了使车辆段的设施不外露，减少车辆段内部对盖上住区影响。

二、上盖开发景观设计要素分析

将上盖开发整体景观体系在空间层面上划分为：盖上景观体系、盖侧景观体系以及盖上景观体系关联空间——咽喉区。并依据车辆段自身结构特点，梳理出与之相关的景观设计要素。并结合景观体系设计要素的关联性进行归类分析。

（一）盖上景观设计要素

将盖上景观体系设计要素按照各要素关联程度可划分为以下三类组成部分。

1. 微地形、植物与水景

车辆段盖上平台是由被抬升的厂房屋顶加转换层“盖板”所建，造成盖上平台与地面的土壤植被层隔绝。在盖上平台种植大型乔木理论上需要一定厚度的覆土层。但由于盖上荷载的限制，盖上覆土层过厚则会加大平台结构负重，因此在盖上种植大型乔木对建筑技术要求较高且建设成本较大。若盖上平台覆土层过薄则难以栽种大型乔木，影响盖上景观品质。目前国内车辆段盖上平台绿化品质不高。对于盖上居民和用户体验而言，仍希望盖上平台不仅提供相应的公共活动场地，也需有地形的营造以及植物种植设计上的考量。盖上乔木的种植也能提高盖上平台绿化覆盖率，给盖上居民带来绿荫的同时也为上盖设备管线提供空间。乔木覆土厚度带来的高差也给盖上起伏变化的景观微地形营造带来了可能性。微地形在景观设计中有营造景观空间、利于区域排水以及植物生长的作用。例如地形平坦缺少植物设计的开敞空间，其隐蔽性不高。而盖上物业景观空间更偏向私密性，自然起伏的微地形让空间变得生动。地形与植物种植相结合进一步加强私密空间的营造且提高了盖上平台园林景观价值。从中国古典园林中私家园林对“掇山”“理水”的重视以及古人对意境的营造，可以看出目前居住区水景建设是对古典文化的传承。因此，以居住为主导功能的上盖物业开发在居住区景观中加入水景要素，有利于提升上盖住宅产品的价值。同时亲水景观的设计能带给盖上居民特别是儿童更多的触觉感受。水景作为活跃景观空间要素，在上盖景观设计中其功能形式可以根据居民的需求和盖上结构特点以多种形态呈现，例如利用局部地形高差形成盖上景观跌水，与竖向阶梯绿化结合，丰富盖上景观空间。

2. 景观构筑物

景观构筑物主要是除房屋建筑以外供观赏休憩的各种构筑物。它是出于对地形改造、场地设计、安全防护、空间围合等需要而进行的建设，是景观设计中不可缺少的硬质景观部分。景观构筑物作为盖上物业景观设计中点睛之笔，要具有一定的精神和文化内涵。景观构筑物的巧妙运用，使景观空间有活力、生趣，更具灵动性，例如深圳前海车辆段上盖商业办公区域将艺术小品与景观结合，创造出具有时代感的办公商业环境，体现盖上景观空间细腻的尺度，提高了盖上景观品质。景观构筑物也具有一定的引导性，在环境景观空间中形成无形的纽带，引导人们由一个空间进入另一个空间，起着导向作用。例如，松岗车辆段上盖开发案例，项目北区上盖居住区域打造“闻木樨香、翠庭远香、玉树临芳、绿满佳园”四个主题空间，通过景观构筑物风雨连廊贯穿南北，使住户可以风雨无阻地方便回家和进入各个休闲庭院。景观构筑物结合城市文化，挖掘岭南园林景观要素，如休息廊架、休息亭、风雨廊等，发扬岭南园林山水意境，营造新中式、新山水、新居住空间。此外，构思独特的景观构筑物与环境结合，不仅具有艺术性，也具有更多的功能性。例如，在车辆段盖上景观设计中考虑车辆段厂房以及转换层停车库对通风采光的需求，将盖上采光井与景观构筑物结合，形成具有盖上景观特色的功能性构筑物。景观构筑物和绿化软景组成的环境景观，全面反映了景观精神面貌和品质档次。人与环境构成了景观，而景观构筑物则在人与环境之间起着关键的桥梁作用。

3. 铺装与广场

广场是通过铺装、道路、植物、地形、水景等景观要素围合而成的户外公共活动休息空间。由于盖上平台户外活动空间相对较少，为了满足盖上居民多种社会活动交往需求，应充分挖掘出盖上平台可利用的活动空间，见缝插针地布局小型活动广场，如小型舞会、展览、健身、露天电影、儿童活动等小型活动空间。由于盖上居民日常生活的盖上物业平台是被托举的“空中平台”，盖上广场布局应考虑盖上景观空间的特性，充分利用车辆段厂房带来的高差优势，与盖上景观眺望平台结合，布置在靠近优质景观朝向的一侧，为盖上居民带来别具一格的观景休闲体验。

（二）盖侧景观设计要素

1. 盖侧建筑立面

盖侧建筑立面是由轨道交通车辆段检修厂、停车厂外立面以及车辆段上盖转换层小汽车停车库临街外立面构成。由于车辆段盖下厂房检修空间要求净高达 8 ~ 9m，加上与结构转换层结合的盖上小汽车停车库库的高度，盖上物业平台距离盖下城市道路基面约有 15 ~ 16m 高差。当车辆段用地红线与周边道路红线距离较局促时，车辆段盖侧建筑立面与盖侧较窄的人行道构成的盖侧空间给盖侧行人带来一定程度上的压迫感。另外与行人距离较近的车辆段厂房建筑外立面缺乏景观设计手法遮蔽美化，简陋的建筑外立面暴露在城市街区空间里显得较为突兀。因此，需要对车辆段建筑外立面进行合理的立面设计并结合垂直绿化以柔化较为“坚硬”的建筑竖向界面，改善街区整体景观环境。

2. 引导性广场空间

引导性盖侧广场从某种意义上讲，也是盖上物业平台的入口，其功能主要包括以下几方面。

（1）标识引导功能：在通往盖上平台的主要出入口位置，一般会设置醒目的小区标识名称。这种标识性引导功能对盖侧区域进行空间属性上的界定，赋予空间归属感。同时也避免了外来人群无目的地进入盖上物业空间，保证盖上物业空间有一定的隐蔽性。

（2）缓冲功能：引导性入口广场空间作为人行流线汇聚的重要节点，承担着重要的人流集散缓冲功能。

（3）活动交往功能：鉴于车辆段基址平面不太规整的特性，盖侧建筑立面与周边道路围合出相对富余的场地可以稍加景观处理，形成紧凑城市空间中的一个口袋广场，作为盖上住户的“室外空间”。引导性广场空间既属于车辆段盖上物业又属于城市街道，有着既封闭又开放的空间属性。从某种程度上说是一个“中间空间”。这是赫曼·赫兹伯格对空间组织研究的观点,也是寻找既不是完全开放也不是完全封闭的空间平衡点。赫曼·赫兹伯格是荷兰建筑师，结构主义大师，其建筑实践及研究关注空间组织与人的关系，对人的行为及尺度有密切关注。他所推崇的空间具有亲人尺度、归属感空间与盖侧引导性广场空间的双重属性，空间特点相似对盖侧广场引导空间的营造有着更深入的启发。

3. 竖向交通构筑物

当车辆段盖侧建筑立面与城市街道围合空间相对局促狭长时，则此类盖侧空间主要作用是在合理舒适的步行尺度内，满足盖上住户日常盖上盖下快速通行。一般采用竖向交通构筑物联系上下空间，例如：盖侧楼梯、盖侧坡道、扶梯、垂直电梯等。竖向交通构筑物多运用于盖侧预留空间不富裕的场地，在保证盖上盖下人流快速疏散的同时可以结合景观优化处理，借助盖侧竖向交通构筑物的立面特性创造丰富的盖侧临街界面。

4. 阶梯绿化与水景

盖侧高差较大的现状特点赋予了盖侧引导空间多标高、多层次的竖向空间特性。在进行盖侧竖向空间景观设计时，除了对盖侧竖向构筑物进行景观优化，还需充分利用场地的竖向优势，创造丰富的竖向阶梯绿化与水景，丰富盖侧空间的体验感。景观阶梯绿化整合了座椅休憩、绿化种植、竖向交通衔接的功能，灵活地将附近居民“容纳”在空间里。例如六本木一丁目站，东京泉水花园高差竖向设计，植物与跌水“软化”了广场铺装、大体量竖向构筑物带来的生硬感，同时植物与水体景观界质的变换既丰富了空间中的景观要素，也创造了有活力、尺度宜人，亲切感十足的引导空间。

（三）咽喉区关联景观设计要素

咽喉区轨道线路较为密集，限界因素较为敏感，且上盖开发难度较大，一般不做上盖开发处理。通常为开敞处理或者咽喉区上加“盖板”变成盖上景观平台，拓展盖上景观空间。当咽喉区开敞处理时，会面临盖上住户与盖下轨道线路之间相互影响的问题。为了屏障咽喉区显露在外的密集轨道给盖上住户带来的视觉影响，同时排除盖上住户高空抛物对咽喉区造成的安全隐患。有必要运用盖上景观构筑物围合盖上平台边缘处，且做相对高度处理，保证盖下咽喉区交通正常运行不受干扰。

盖上景观构筑物上的垂直绿化可以吸附车辆段产生的灰尘，盖上构筑物的形态有利于消除轨道振动带来的噪音。最大化削弱咽喉区开敞处理时，对盖上空间造成的消极影响。另外咽喉区轨道与车辆段办公空间以及地铁综合办公楼有一定安全距离。为了改善盖下工作人员作业环境品质，可以在安全距离外的周边厂房办公区域进行合理的绿化种植，例如塘朗车辆段对盖下咽喉区进行了景观绿化处理，盖下整体景观较好，开敞的咽喉区符合通风采光条件且满足植物的生长。同时又能吸附空气中的灰尘，缓解盖下工作人员的作业疲劳。

三、上盖开发景观优化设计原则

（一）盖上与盖下工艺协调的原则

车辆段功能构成较为复杂，其自身结构特性对盖上建筑结构存在较强的工艺要求。从而对上盖开发的功能空间布局以及景观设计产生一定的局限。盖上物业依据盖下柱网排列特性以及盖下工艺要求，选择检修库、运用库等柱网较为整齐、在上部空间利用价值较大的厂房区域进行上盖物业开发。而咽喉区作为地铁车辆出入场段的通道，布满了不均匀的车辆出入线网，柱网结构复杂具有不规则性。相应的上盖开发空间的设计方案要求难度较大，对应的上盖空间结构也较为复杂。因此，咽喉区一般不做上盖物业开发或将其加“盖板”利用为咽喉区景观平台拓展盖上物业平台活动空间。综上所述，盖上盖下功能空间、建筑布局都会直接或间接受到盖下车辆段厂房自身结构特点的影响，对其进行景观优化设计时，应充分考虑盖下工艺特性，营造出与之相协调的景观空间。

（二）基于城市发展可持续的原则

随着近年来城市轨道交通建设的提速，大规模基础建设带来的资金投入、财政负担、金融风险、高成本运营及亏损等问题日益突出，对城市可持续化发展影响较大。而沿线的物业开发在一定程度上反哺城市地铁建设与运营现状，缓解财政负担主要通过以下两种方式：一是以可售住宅、商业、办公、车库等平衡轨道建设成本；二是通过租赁公寓、办公、商业、车库来平衡轨道运营成本。车辆段物业开发前期投入大，建设成本住房占比大，后期考虑轨道本身多种经营优势展开可租赁性质的住房、商业。这需要对现有轨道交通融资体系盈利和融资方面进行创新，并强化沿线资源的一体化开发。平衡轨道建设的投资成本，其手段主要是通过引进社会资本，联合开发建设。上盖物业开发为了平衡前期投入的轨道建设资本，对盖上住区环境质量的提升以及资源合理利用有利于建立高效舒适且具有活力的车辆段新兴综合体，吸引拥有更高消费水平的人群来购买或租赁住房，从而创造更高的经济效应来平衡轨道建设成本，形成良性循环。

轨道车辆段除城市地铁中心区环线外，大部分在选址之初设置于城市外围。随着城市边界的不断外拓，原先位于城市外围的地铁车辆段区域逐渐演变为城市中心或副中心。地铁车辆段作为城市的巨构物对城市的影响大多以负面的形式存在。随着城市外围的地铁车辆段区域逐渐演变为城市中心或副中心，上盖原有的物业要随着区位的变化进行调整，增加一些停车、商业、办公功能或对原有的功能进行合理转换以复合城市发展。因此，在一些车辆段建设项目中，需要统筹规划为车辆段后期物业开发预留一定的空间以及落地开发区域，合理规划好周边交通体系为后续上盖开发夯实场地基础。在上盖物业开发时，要着眼于城市发展的角度，灵活排布柱网结构以满足盖上物业功能的“动态更新”，使上盖物业综合体可持续发展运营。

（三）生态宜居城市与人性化原则

车辆段上盖物业平台是上盖居民和住户生活的载体，对于用户而言，生态宜居城市体现在便利的出行方式、生态健康的生活环境、人性化的基础设施等方面。那么对应这些基本需求，在保证车辆段正常运营的前提下，提前规划盖上功能结构与盖下柱网结构，形成合理有效的上盖建设范围。盖上景观设计优化车辆段上盖开发功能布局，规划交通体系、景观体系以及完善配套基础设施，从住户的行为需要出发，结合人性化设计手法让上盖建筑、空间承担各种各样的活动。车辆段上盖与周边白地一体化物业的开发，将周边富余的白地空间与盖上平台整合，打造一个大型的居住社区，打通社区共享活动空间，促进邻里交流。充分挖掘盖上居住社区里的活动广场空间，形成居住社区里的“门前”空中花园，便于居民就近娱乐并与周边城市空间共享。

（四）顺应风貌彰显城市特色原则

城市风貌特色营造是当今中国城市发展中一个重要的问题，城市风貌以空间作为载体，倡导积极、正面的城市特色，主要是通过城市的地域环境、开放空间和城市中的建筑表现等多种因素来综合体现。因此，车辆段上盖开发需要整体意识，要结合区域层面、城市层面定位研究，根据市场需求和自身条件，将开发功能和人群定位精确化，形成多元、共生、有特色的产品组合。由于车辆段用地规模较大，且车辆段厂房体量较大，基地沿街长度约1km，因此对盖侧车行及人行造成不便。这些因素导致城市肌理被车辆段基址以及高大建筑体打破，城市界面空间连续性不强，车辆段上盖综合体犹如城市中的孤岛，给城市风貌带来负面影响。在车辆段上盖开发项目设计前期工作中，应积极、正面地引导开发，做好对城市中心空间层面整体规划。在明确城市整体风貌的基础上，对周边城市地域环境特色进行提炼，并运用于盖上物业建筑表面、景观空间设计要素中，以便于在视觉效果上起到城市界面的协调性、连续性，使得原本较为“突兀”的上盖物业整体界面“消融”于城市空间中，并成为周边城市环境中特色景观的空间节点。

第二节　盖上景观体系优化设计研究

一、盖上景观设计的限制因素

盖上景观设计的主要范围是车辆段上盖物业平台。由于车辆段盖上平台是由被抬升的厂房屋顶加转换层“盖板”所建，因此盖上景观的设计与车辆段自身基础功能特性联系较为紧密。同时车辆段为满足自身基础功能而形成特殊基地形态、厂房柱网排布规律，对盖上物业平台空间和相应的盖上建筑结构存在较强的工艺要求，从而直接或者间接对盖上景观设计产生一定局限性。

（一）盖下工艺限制

车辆段上盖物业开发的特殊性主要在于盖下车辆段的厂房为工业建筑，柱网排布复杂且柱网间距较大。而盖上物业建筑多为民用或公共建筑，建筑空间尺度较小。因此，盖上物业建筑与盖下车辆段厂房在使用功能、空间尺度上的不同导致两者在层高、柱网排布、柱网间距以及结构体系上差异较大。由于盖上物业建筑是基于盖下车辆段厂房屋顶加结构转换层“盖板”的基础上建造，盖下工艺对盖上物业建筑结构、布局要求较为严格，从而对盖上物业景观空间造成间接的影响。

1. 车辆段基地占地面积较大

车辆段由于自身的特殊性，为满足日常停车、检修等自身功能布局，基地空间的形态特征一般呈长条形，尤其是落地开发区的空间形态更为狭长。一般车辆段基地沿轨道方向长约 1000m 甚至更长，垂直轨道方向长约 300 ~ 500m，占地面积较大约 20 ~ 50 公顷。例如，松岗车辆段受出入段线、咽喉区以及运用库等功能区的形态限制，基地南北方向呈狭长形，占地约 24 公顷。基地沿轨道方向长约 1178m，垂直轨道方向长约 321m。其中运用库沿轨道方向长约 408m，垂直轨道方向宽约 111m，检修库沿轨道方向长约 313m，垂直轨道方向宽约 170m。作为城市巨构物的车辆段长与宽的尺度远远超过了城市正常街区的尺度，在车辆段附近的道路较为复杂，对周边盖下车行及人行造成消极的影响，特别是地面层步行系统很难贯穿到车辆段对面的道路，这也是车辆段项目在人性化出行层面先天存在的缺陷。

2. 车辆段自然形成的轨道柱网排布

车辆段盖下基地一般都有停车列检库、检修库、出入线段区、咽喉区、办公培训、白地开发等区域。这些区域根据一定工艺要求进行排布。其中车辆段为满足自身功能的需要，其自然形成的轨道柱网主要分布在咽喉区、检修库与停车库（运用库）三大功能空间中，其柱网排布特点有以下几方面。

（1）咽喉区：该区域呈喇叭形，轨道线路较为密集，柱网排布不规则且岔道较多，限界因素较为敏感，不利于物业开发，通常不做开发处理。

（2）检修库：包括联合检修区和洗车区，柱网复杂间距大，在运营工作时会有较大的振动、噪声、灰尘，需要进行相应的措施才能进行上盖物业开发，适合商业、办公、景观功能。

（3）停车库：停车库内轨道平直柱网规整占地面积较大，一般进行比较简单的检修工作，所以噪声、灰尘、振动相对较小，适合上盖区域物业开发。

综上，列车停放、检修的区域为车辆段停车库与检修库，该区域内柱网比较整齐具有物业开发的优势，且一般用于上盖开发的车辆段盖下结构（停车库、检修库）均是柱网跨度较大的厂房。盖下工业大空间，由于空间尺度不同的原因盖上是居住类小空间，导致两者柱网轴线尺寸差异。

以停车库为例，在不开发时采用多股道并列的大跨结构布置。在确定盖上开发后，盖下柱网有相应调整，采用两股道并置，并在平行轨道方向上根据上盖物业开发的户型需要，调整柱间距。盖上建筑的纵向结构尺寸应对 12 ~ 18m 进行再次划分，以适应建筑设计的需求。横向结构尺寸应根据建筑的具体需求确定为 7 ~ 12m 的某一具体尺寸。

3. 车辆段内通风与采光

车辆段盖下停车库和检修库是依托多条轨道形成的大进深厂房，应与普通厂房一样获得相应的采光和通风条件。同时车辆段上盖开发也会将盖上小汽车停车库与转换层结合，作为盖上物业的停车空间。然而车辆段上覆盖了停车、住宅和商业等城市功能之后，盖下自然通风及自然采光条件相对较差。若通风和采光完全依赖机械通风和人工照明，大大增加了能耗和运营成本。同时盖下工作环境相对较差，对盖下工作人员健康造成不利影响。

如何保证盖下厂房天窗的自然采光和通风，是优化盖下轨道交通停放、检修物理环境的重要考虑因素。因此，在对盖上景观进行优化设计时，应该充分考虑到盖下通风与采光的限制因素，通过合理的景观设计策略将白天自然光引入盖下，改善盖下的采光条件。同时对盖上采光通风井进行景观优化处理，既保证了盖下车辆段厂房内自然通风采光条件，节约运营成本，也改善了盖上景观的整体品质。

（二）盖上建筑布局

车辆段为满足自身基础功能，其规划设计、结构和施工要求较为特殊，功能构成和建筑结构较为复杂，对各个厂房空间和相应的建筑结构存在较强的工艺要求。从而对上盖物业功能布局产生一定局限，在一定程度上制约着盖上景观空间的布局。多数情况下，车辆段厂房需要通过加建结构转换层来实现盖上物业建筑的开发建设。由于受到盖下工艺制约以及转换结构的限制，盖上建筑的荷载需要下部框架梁柱及基础来承载，上下结构有限制关联关系。因此，盖上建筑的功能布局与盖下车辆段的布置紧密相连。

一般车辆段停车库与检修库柱网较为整齐，上盖区域的建筑按照其结构走向进行布置，呈行列式布局。同时盖上物业建筑（尤其是住宅建筑）需要满足一定的南向采光条件，因此会与盖下车辆段轨道线路方向呈现出平行、垂直或者少数情况下带有45° 左右的夹角，建筑整体布局整齐。这些不仅会导致对上盖开发的空间形态要求较高，而且还容易出现空间布局单调呆板的问题，从而影响上盖开发景观空间的布局，使得上盖开发的品质和消费者体验好感度有所下降，例如北京早期对四惠、平西府、郭公庄、五路居车辆段的上盖住宅行列式布局，对景观朝向、景观视线因素未合理优化，盖上物业建筑围合的空间较为呆板，不利于盖上景观空间的灵活布局。例如武汉常青花园车辆段上盖项目，盖上居住区宅间绿地以行列式布局为主，空间形式单一。

项目盖上平台规模较小且缺乏休憩活动的场地，因此结合宅间绿地布置，盖上私密性景观空间。由于宅间绿地缺少分支点低的乔木竖向遮挡低楼层的视线干扰并且空间中缺乏供人休息活动的景观品以及景观亭廊，导致景观空间视觉上较为开阔，私密性较低，场地利用率不高。因此，盖上建筑需要加强结构设计创新，在盖下制约盖上的结构设计有限的条件下，巧妙地进行建筑布局。例如北安河车辆段上盖开发项目，盖上建筑为了充分利用朝向资源，通过结合盖下工艺优化，在上盖部分进行平面错落布置，生成L型平面，可以增加住宅的优良景观朝向，从而提升其品质与价值。

L型与U型的建筑布局形成围合式的组合空间，多运用于南方对日照要求不高的地区，建筑空间组织较为灵活，能够营造私密性景观活动空间。例如深圳蛇口西车辆基地盖上围合式住宅，在建筑形体组合中形成多样化的盖上活动空间。同时盖上平台与盖下广场结合形成盖上景观主轴线，与盖上建筑形态围合的内部空间呼应。整体上丰富了盖上居民趣味性活动空间，也有利于风和光的向下渗透，从而提升了居住区的空间体验与景观品质。

咽喉区作为地铁车辆出入场段的通道，布满了不均匀的车辆出入线网，柱网结构复杂多变，具有不规则性，相应的上盖开发空间的设计方案要求难度较大。对咽喉区进行物业开发时，因统筹考虑咽喉区柱网排布特点，根据盖上建筑形体需求作出相应的设计，例如深圳前湾车辆段上盖开发项目，将咽喉区上盖开发处理作为商业办公功能空间，且统筹考虑咽喉区柱网排布特点，将低层办公商业空间顺应柱网排布，形成较为优美的低密度线型盖上办公、商业空间。盖上景观空间呼应盖上建筑布局形式，多采用形式感较强的带状景观空间，突破了盖上物业建筑整齐、单板的空间布局形象。

（三）盖上平台荷载

盖上物业平台大多为小开间轴线布置的住宅与办公楼等，柱网及开间尺寸大部分为（3.3 ~ 5.4）m×（5.4 ~ 6）m，而由于车辆段盖下结构（停车库、检修库）均是柱网跨度较大的厂房，且柱网尺寸一般为（7 ~ 12）m×（12 ~ 18）m，导致两者柱网轴线尺寸差异较大。

由于盖上建筑受轨道、行车及检修等盖下工艺功能的限制，因此盖上物业开发的结构竖向构件无法直接落地，尤其是垂直轨道方向的剪力墙基本无法落地。在盖上物业建筑结构设计中，需要在结构改变的位置布置水平转换构件即结构转换层来完成对上、下不同柱网、不同开间的结构转换。通常具备车辆段上盖物业开发的建筑结构大部分为多功能、大体量的复杂结构。

盖上物业建筑施工荷载以及物业建筑荷载必然会导致车辆段基础发生附加沉降，导致车辆段建筑结构内力发生变化的同时给上部结构施加一定的变形和应力条件，使盖上建筑结构的施工更加复杂。因此，在车辆段开发的结构转换层上很难再增加荷载。

为了最大化地进行物业开发以获取高效收益，车辆段项目开发大多数仅满足该基地所在城市最低限度要求的绿地率，导致盖上景观整体品质较差。绿化覆盖率的高低决定了上盖住户的生活品质，依据盖上住户的心理、行为需求，在炎热的夏天更希望有冠幅大的乔木遮挡阳光、提供阴凉舒适的户外活动空间。

但随着建筑技术的提高，在结构转换层上预留大型乔木树坑，操作相对复杂、建造成本高，因此盖上平台乔木多数是以点状形式存在，所以盖上居住区景观空间相较于一般城市居住空间中的大型乔木数量较少，因此盖上平台夏日活动空间的利用率相对较低。为了规避上盖平台特殊结构对盖上户外活动造成的影响，提高盖上活动场地的利用率，盖上景观构筑物与攀藤植物结合也能达到遮荫效果。

二、盖上景观设计的有利条件

（一）盖上平台局部高差的景观处理

由于车辆段功能的要求，车辆段内多为高大的厂房空间。依据车辆段停车库与检修库轨道柱网较为规整的柱网排布特点，通常对停车库与检修库进行上盖开发。但由于停车库内轨道平直，一般进行比较简单的检修工作，结构层层高约 8 ~ 11m。而车辆段检修库包括联合检修区和洗车区，定期检修车辆的技术检查，包括月修、定修、架修和临修试车等作业，一般对净高要求严格，结构层高达 11 ~ 14m。例如，具区路车辆段盖下检修库中定修库、临修库由于受吊车作业要求控制，结构层标高为 11.900m，而吹扫库与静调库作业较为简单，没有吊车作业要求，所以与停车库结构标高一样为 8.000m。如进行上盖物业开发，可充分利用检修库与停车库的局部高差，结合景观处理使其成为盖上物业平台为数不多的台地景观活动空间，丰富了盖上平台景观空间的竖向设计，给盖上住户带来了丰富的体验感。

（二）咽喉区盖上平台景观空间共享

咽喉区轨道线路较为密集，柱网排布不规则且岔道较多，限界因素较为敏感，不利于物业开发。一般上盖开发项目中很少在咽喉区上进行上盖物业开发，通常为开敞处理不做功能开发或者在咽喉区上加转换层“盖板”作为盖上景观平台，拓展盖上景观活动空间，提升盖上居住区的整体景观品质。例如北京平西府车辆段上盖开发项目，将咽喉区“加盖”作为上盖公园，并与居住区景观形式呼应。拓展盖上居民活动空间的同时也为周边城市空间提供了休闲娱乐场所，促进盖上平台与周边城市空间的联系。

（三）盖上平台基面的整体高度限制

盖上平台基面高度由盖下车辆段层、结构转换层与小汽车停车库、上盖物业平台覆土层三个层面高度叠加决定。在进行车辆段上盖物业开发时，首先要满足盖下车辆段各功能厂房的净空要求，例如停车列检库净空为 7.2m，咽喉区为 4.5m，由于检修库中定修库、临修库受吊车作业要求控制，工艺要求较为严格，净空通常要达到 11.4m 以上。通常在车辆基地上盖开发中，盖上建筑结构分为结构直接落地与结构转换层转换两种形式，多数情况下上盖建筑需要进行结构转换，与盖下车辆基地厂房进行分隔。盖上物业平台覆土层厚度为满足上盖景观绿化种植以及不便进入管廊的管线敷设要求，约 1.2 ~ 1.5m。不利于高大乔木的种植，树木的根系太深需要较厚的覆土种植，从而加大盖上平台结构荷载，增加了不必要的造价成本。因此，在上盖种植规划设计时，需要在结构设计中预留大型乔木树池，为后期盖上平台绿化种植提供便利，同时也有效控制了盖上平台基面高度。上盖开发整体盖上平台基面高度可达 15 ~ 16m。因此，车辆段各功能厂房净高在满足车辆停放、检修要求的基础上尽量压缩，在节省工程造价的同时降低板地标高，且盖上平台通过预留大型树坑种植乔木，减少盖上覆土层厚度的方式也能有效控制盖上平台基面的高度，为上盖开发创造有利条件。

（四）小汽车库与盖上下沉空间叠合

盖上下沉空间依据下沉深度与下沉空间的功能划分为两种类型：

1. 下沉深度较小，将部分区域盖上平台“下移”进行多标高设计，在“下移”的平台上设计盖上下沉活动广场。该广场由于与盖上平台标高相差不大，因此不能将盖上人流导入盖下停车库或盖下商业空间。

2. 根据结构转换层局部转换的上盖模式，将盖上平台进行“开洞”处理，便于盖上人流通过下沉广场进入盖下商业空间，激活盖下商业业态。结构转换层“开洞”不仅可以降低建设成本，还能提高盖下空间的通风与采光，节能处理有效控制运营成本，提升上盖开发项目的整体效益。例如深圳前海车辆段保障住房区域，将商业业态与盖下小汽车库结构转换层一同规划，通过阶梯将盖上居民引入盖下商业中心广场中。结构转换层“开洞”的做法不仅能增大人群与盖下商业界面的接触面积，而且也为上盖居民提供了活动空间。另外下沉空间与采光天井通过景观优化处理，也有助于盖上风与光的向下渗透。

三、盖上景观优化设计原则

（一）盖上功能空间的叠合优化原则

现阶段地铁上盖物业功能开发种类多，其主要物业功能包括：居住、商业、办公、景观、停车等。其中复合型车辆段居住和商业功能占比较大。在紧凑城市理论的指导下，车辆段上盖物业开发模式趋向于复合化，上盖业态呈现多元共生的特点。但从物业功能占比上看，车辆段上盖物业开发有不同功能的侧重点，如盖上业态以居住功能为主时，盖上景观风格倾向于营造生态宜居的景观空间，景观设计致力于创造功能多样的小区活动广场，并与配套商业结合形成下沉式的盖上活动广场空间，通过景观连廊、竖向交通构筑物的引导，增加了人流与商业的接触面积，激活了盖下商业空间。盖上综合开发以商业办公占主导地位，其上盖开发功能定位除了考虑自身需求外，还需对其在区域层面、城市层面进行定位研究，重视车辆段的城市职能以及社会效益。

通过功能业态来缝合被车辆段割裂的城市空间。盖上商业办公业态不仅仅是满足城市形象、经济的发展需求，更多的是要立足于城市空间的公共利益，成为城市空间公共商业活力系统。并且为其提供开放的共享空间，激活城市枢纽的商业活力。盖上景观风格通常以开敞的活动广场、趣味性景观休息空间等商业景观形式呈现，景观设计更强调空间展示、交往、互动。因此，盖上业态功能与景观空间的叠合优化，有利于景观风格与盖上业态呼应，形成清晰明确的景观主题，有助于盖上住宅产品、租赁公寓、商业店面的增值，有利于对目标人群的准确定位，吸引拥有更高消费水平的人群来购买或租赁住房，从而创造出更高的经济效应来平衡轨道交通建设成本，缓解政府的财政负担。

（二）盖上景观空间人性化设计原则

车辆段盖上平台是盖上住户主要日常生活的载体，盖上景观品质与盖上住户的身心健康、生活质量息息相关。因此，在进行盖上景观设计时，首先要对设计要素需求进行进行分析，应从盖上平台各业态服务的人群需求角度考虑，对人的心理、行为方式密切关注。同时结合盖上平台的结构特殊性以及盖上物业功能组合，对盖上景观设计要素需求进行分析。

其次，在保证盖上平台生活空间与盖下车辆段厂房作业空间互不干扰，满足盖下车辆段工艺的基本要求下，合理规划盖上景观空间布局。尽可能地利用盖上特有的环境资源，因地制宜地将景观设计要素与盖上功能空间组合，加强丰富的体验性空间营造，创造人性化的盖上生态宜居空间，最终形成生态可持续发展的盖上景观体系。

（三）盖上景观系统生态化设计原则

随着车辆段上盖开发技术的不断完善，以及车辆段上盖景观环境的不断优化，上盖开发中居住物业也不再仅仅局限于保障住房、中低端的住宅品质开发。随着市场的发展，以及经济水平与生活水平的飞速提高，人们生活的视野也随之扩大，景观逐渐在产品开发中变得愈加重要。容积率相对较低、舒适度高，以打造生态宜居社区为主旨的中、高端住宅产品正逐渐进入上盖物业开发领域。

如何突破同质化，打造具有品牌示范性上盖住宅产品成为关键。除了在建筑设计、户型研发，生态景观空间设计也包含了更多的可能性。例如循环利用雨水资源与盖上盖侧景观一体化设计、自然通风、采光与景观结合、盖上大型乔木的种植等。如何高效整合盖上资源构建一个复合的生态体系，对上盖住户的身心健康发展至关重要。

第三节 盖侧景观体系优化设计研究

一、盖侧景观设计的限制因素

盖侧景观设计的主要范围是车辆段盖侧建筑立面与其相邻城市道路所围合的盖侧空间。由于车辆段占地面积大，且盖下厂房检修空间要求净高达 9m，再加上盖上小汽车库与结构转成结合的“盖板”层高 6m 左右。如此相当于盖上物业平台层基面距离盖下城市道路基面约有 15m 的高差，不利于盖上物业平台与盖下城市道路的衔接，且对盖上住户日常的盖上盖下出行带来了困扰。同时盖侧临街界面较为狭长以及车辆段建筑立面形式单一。在一定程度上对盖侧临街城市道路界面的景观环境品质造成影响，给盖侧景观优化设计带来了挑战。

（一）盖侧竖向高差巨大

多数情况下上盖建筑需要进行结构转换，与盖下车辆基地厂房进行分隔。一般车辆段上盖开发区域结构转换层与小汽车停车库以及盖上物业设备层结合，高度将近 6m。由于检修库中定修库、临修库受吊车作业要求控制，工艺要求较为严格，净空通常达到 11.4m 以上。因此，上盖开发整体盖上平台基面高度可达 15 ~ 16m。较大的竖向高差也会降低盖侧竖向空间的步行舒适度，给盖上住户日常盖上盖下通行带来不便。

一般盖侧竖向交通的衔接方式分为两类：竖向交通和高效出行以及盖侧步行空间的竖向引导。盖侧竖向高差较大，则会增加竖向直升电梯、扶梯的不必要能耗。且盖侧步行空间的阶梯步数增多，也会影响人们对盖侧竖向步行空间的体验感。一般室外阶梯步宽度应比楼梯大一些，使坡度平缓，以提高行走舒适度。其踏步高一般在 100 ~ 150mm，踏步宽在 300 ~ 400mm。室外台阶长度超过 3m 或需改变攀登方向的地方，应在中间设置休息平台，平台宽度不小于 1.2m。在盖侧竖向高差将近 15m 的空间内，如何将竖向阶梯、扶梯与景观空间结合，同时满足人们竖向步行的舒适度，提高竖向空间高差带来的体验感，是盖侧景观空间设计优化的难点。

（二）盖侧立面狭长单调

1. 车辆段厂房立面

盖侧建筑立面由地铁车辆段检修厂、停车厂建筑立面、盖上私家车停车空间以及商业空间建筑外立面构成。车辆段厂房立面是与盖侧空间人群距离较近的沿街界面，由于车辆段主要“加盖”开发的区域为检修厂和停车列检库，且厂房沿街长度约为300 ~ 400m，因此盖侧建筑沿街立面较长。尤其是车辆段结合周边紧邻的盖侧白地一同开发时，较大的垂直高差结合盖侧较窄的人行道路，使盖侧景观空间显得更为狭窄漫长。给盖侧行人带来压迫感并且单一重复的街道界面不仅影响着街道整体的景观界面，同时降低了盖侧空间步行舒适度，容易产生视觉疲劳，从而减弱人们对方位的感知能力。

设计优化层面，还有很大的提高和完善空间。鉴于行人对盖侧步行空间视觉舒适度的需求以及盖侧景观空间活力的提升需要，盖侧车辆段厂房立面的景观优化值得探究。一般在场地有限的情况下采用外挂装饰、垂直绿化或结合周边道路绿地种植绿化等遮蔽美化的方式来改善优化。例如龙胜车辆段上盖开发项目，对盖侧车辆段厂房建筑立面色彩基调统一且采用外挂装饰建筑立面，同时盖侧建筑立面与城市道路围合的空间较为富余，结合景观花坛绿化种植对车辆段盖侧立面进行“柔化”，并放置在盖侧建筑立面附近与盖侧人行道之间，避免行人对车辆段厂房内列车检修作业的干扰。对于采光通风需求高的车辆段如深圳竹子林车辆段，车辆段建筑立面开敞处理，通过路侧绿化带结合植物种植,起到遮蔽美化作用,同时也避免外界对车辆段场地内的干扰。当盖侧空间较为紧凑时，外挂装饰以及垂直绿化“柔化”盖侧建筑立面也是较为常用的方式。例如广州陈头岗车辆段，结合盖侧车辆段建筑立面以及盖上小汽车库立面统一垂直绿化处理，给人以舒适的竖向界面景观视觉感受。

2. 小汽车库立面

小汽车停车库与结构转换层以及物业设备层结合形成新型的加厚“盖板”，作为盖上住户日常活动平台。小汽车库不仅为盖上局部转换提供了便利，同时还明确地划分了盖上与盖下结构，且对盖下的噪声、振动起到了隔离和削弱作用。小汽车库与盖下驻车场一样有通风、采光的需求，除了通过盖上光导系统的引入，也可以结合盖侧自然通风采光。通常在小汽车库盖侧沿街立面进行开窗采光通风设计时，忽略了对整体盖侧沿街界面的景观形象优化，导致盖侧界面较为单一。一般在盖侧小汽车库层沿街立面景观进行优化处理时，通过使用景观格栅和攀藤植物结合营造景观绿幕消减沿街立面围墙带来的体验感。如果车辆段停车厂上方布置商业架空层沿街立面，则可以结合退台景观处理，运用平台花池强调立面设计语言，使商业空间融入自然元素，丰富商业连廊的空间体验，形成盖侧建筑沿街立面特有的景观标识。

（三）盖侧预留空间局促

盖侧预留空间为车辆段盖侧沿街建筑退让道路红线一段距离而产生的预留空间。依据车辆段自身形态可知，盖侧沿街建筑与道路围合的预留空间通常情况下较为紧凑、狭长，仅满足盖侧人流的集散。由于盖侧预留空间形态、大小的不确定性，从而对盖侧景观设计产生一定的局限性。通常上盖开发项目对盖侧预留空间的景观营造不够重视，少数盖侧预留空间在上盖开发前就规定了用地性质，例如城市公园，且预留空间较为富余，可充分利用场地竖向高差优势，营造盖侧台地公园景观。

二、盖侧景观设计的有利条件

盖侧建筑立面、竖向高差以及预留空间的尺度会对盖侧景观设计产生一定的限制，对盖侧景观设计相关的限制因素进行分析，探讨了如何巧妙规避车辆段工艺特性对盖侧景观设计的不利影响。同时也希望通过转变设计思路，对车辆段基地盖侧空间的特点进行挖掘，并充分利用车辆段自身有利条件进行景观优化设计，将盖侧景观设计难点转变为车辆段上盖开发的设计特点。

（一）盖侧竖向交通构筑物的点缀

借助盖侧竖向交通构筑物的立面特性创造丰富的盖侧临街界面。通过对国内竖向交通构筑物在盖侧空间的运用形式分类，总结为四种形式：电梯、外挂楼梯、扶梯、坡道。目前在国内车辆段项目案例中，大多数采用竖向交通构筑物来解决车辆段场地高差带来出行不便的问题，但由于竖向交通构筑物功能较为单一，且受盖侧空间的场地限制，因此上盖开发设计中很少关注到竖向交通构筑物在景观设计上的优化处理。

（二）盖侧沿街商业建筑的互动

通常情况下，由于考虑到消防等因素大部分车辆段场站采用在地面以上建设，车辆段上盖综合体整体高度约为 15 ~ 16m，长度 1km 左右，且宽度 300 ~ 400m 的建筑体量尺度较大，狭长的盖侧空间对城市周边街道界面产生了不利的影响。设计上需要通过界面空间柔化、自然过渡、融于城市，盖侧界面空间设计应根据车辆基地的不同界面特点，有针对性地采用“柔化界面”策略。当盖侧预留空间较为富余时，可以沿车辆段盖侧厂房立面贴建商业功能，结合景观退台处理做到上下衔接、自然过渡、融入城市界面。这种方式在以居住功能为主的上盖物业开发方案中运用较多。设计上利用盖侧预留白地空间做商业退台，并与盖侧景观结合形成互融共享的盖侧商业空间，配套服务于盖上物业空间的同时也能与周边社区空间共享。退台景观可以有效消减盖侧建筑体量、高差对盖侧行人心理上的压迫感。

（三）盖侧公共景观空间的加持

人流聚集量大是复合型功能的车辆段上盖物业开发需要考虑的问题之一，作为盖侧城市道路和盖上物业平台过渡空间的盖侧导入广场，其首要功能是保障车辆段日常人群盖上盖下快速出行以及安全疏散。在满足人群通行基本需求的同时，空间富余的导入广场也能作为盖上住户和附近周边人群活动共享的空间。

目前我国已建成的车辆段上盖项目对于盖上盖下步行交通的衔接处理比较生硬，大部分采用楼梯以及电梯的方式，且缺少景观设计层面的考量，盖侧导入广场景观空间设计要素不够丰富，盖侧竖向通行体验感相对较差。当盖侧预留空间较为富余时，车辆段盖侧空间景观设计中并未体现出广场的积极引导，例如武汉常青花园车辆段盖侧景观空间。盖侧景观空间的体验感与空间的大小也有一定的联系，如果盖侧建筑立面与盖侧道路较为紧凑无法布局导入广场，盖上盖下的通行还是以垂直交通为主。通常盖侧预留空间不完全是狭长紧凑空间，结合车辆段盖侧工艺特点，并对盖侧预留白地区域围合关系分析。因地制宜挖掘出既能满足交通疏散又能成为小型休憩活动的公共景观空间作为盖侧导入广场。

三、盖侧景观优化设计原则

（一）与盖侧商业空间经济性互惠原则

作为盖上住宅区域的商业配套，盖侧商业空间独立于盖上居住区，不仅服务于盖上居民，同时也可以服务周边生活圈里的社区居民。通过盖上小汽车库沿街立面退台处理，并结合盖侧预留空间，将商业功能空间积极植入盖侧平台花园空间中，形成趣味性商业广场接力平台。

商业功能与景观活动功能的叠合优化，使得盖侧空间具有参与感、体验感以及场所感，将周边人群通过盖侧竖向交通构筑物引入盖侧商业平台空间，增大商业与人的接触面。在激活盖侧商业的同时，也打通了盖侧空间与周边社区的动脉，注入活力，形成立体的多节点的城市体验性开放街区。

（二）交通空间与城市动线人性化整合

盖侧交通空间有两种类型：

1. 利用垂直电梯解决盖上盖下快速通行需求。

2. 阶梯与扶梯结合，利用层次递进的接力平台进行高差转换，提高盖侧步行舒适度。

垂直电梯竖向交通空间的景观优化可以结合盖侧景观朝向资源，形成竖向升降的瞭望平台，丰富城市动线的体验感；盖侧竖向步行引导空间将盖上停车库夹层空间做退台处理。充分利用盖侧高差优势，将盖侧引导空间设计为层次递进的接力阶梯花园。例如将盖侧商业功能空间设置在“9m”标高的盖侧平台上，作为“15m”标高盖上物业平台与盖侧道路基面空间中的城市动线转折平台，将人行流线引入商业景观空间。盖侧景观设计充分结合人性化需求，形成丰富的步行体验和商业体验空间，同时景观眺望功能与盖侧错落的景观平台结合，在盖侧断面空间里展示出各层平台场所中人的活动方式，与周边城市空间的互动。

（三）盖侧立面与景观要素趣味性关联

盖侧空间中的景观设计要素主要有盖侧竖向交通构筑物、阶梯绿化与水景、引导性广场空间以及盖侧建筑立面。其中盖侧竖向交通构筑物在行使盖上盖下交通衔接功能的同时，也能对盖侧沿街立面进行点缀。垂直电梯、外挂楼梯、扶梯、坡道以其特有的空间形式与盖侧景观绿化结合，利用竖向线条对盖侧狭长空间在竖向立面上进行划分，缓解盖侧建筑立面的单调感；在盖侧预留空间较为富余的情况下，盖侧引导性广场与阶梯绿化、景观跌水的结合，丰富了盖侧景观的设计要素，强化了盖侧各层景观空间的体验感，积极地与城市动线趣味性关联；在盖侧预留空间相对局促的情况下，借助于盖侧立面垂直绿化以及“9m”标高层商业退台处理并与平台花池结合，在水平方向上增加盖侧立面活力，带给人视觉上冲击的同时也促进人与空间场所的互动。

四、盖侧景观优化设计策略

（一）趣味性盖侧建筑立面的展示

1. 退台式商业展示

一般为了保障车辆段停车库、检修库正常作业，地面层车辆段盖侧建筑立面往往采用封闭处理，同时车辆段厂房盖侧建筑立面也缺乏景观上的美化“遮蔽”。如何优化盖侧临街城市界面，是车辆段上盖侧空间主要解决的问题。对于盖侧临街城市界面的优化主要采取的是柔化城市界面的方式。通过垂直绿化或者装饰盖侧建筑立面来遮蔽覆盖首层的临街界面，同时在二层的小汽车库临城市干道的位置设置商业业态，通过外部商业立面的退台景观处理成为城市街道界面的展示空间与行人互动。例如日本福冈市博多运河城，建筑立面形成的趣味性退台绿化，带给人视觉上冲击的同时也促进人与空间场所的互动。

对于已建成的车辆段上盖开发项目，且二层小汽车库主临城市街道界面处已设有商业功能，但在改造成退台绿化的可能性不大的情况，可以在车辆段盖侧空间中挖掘可利用的凹进空间进行界面的柔化处理，形成盖侧崖壁式景观展示界面，也能成为临街城市空间的景观标识。

2. 交叉式楼梯互动

盖侧界面的竖向交通，尤其是距离上盖物业平台出入口较近的竖向交通构筑物，是盖上住户日常出行的主要载体，同时也是盖侧临街城市界面的构成要素。竖向的构筑物与狭长的盖侧界面形成视觉上的对比，如果对竖向构筑物进行景观上的优化设计，使之成为盖侧临街界面的标识，也能消解车辆段厂房盖侧立面对行人视觉上带来的不适。同时借助于赫曼·赫兹伯格提出“交叉楼梯”的理念：“楼梯的使用者之间可以相互看得见”，例如陈头岗车辆段上盖开发项目，将普通的平行楼梯通过雕塑艺术化的处理成为交叉式并结合垂直绿化，形成盖侧城市界面的标识性景观。“交叉楼梯”满足盖上住户高效通行的同时也提供了趣味性互动的体验空间。

（二）盖侧过度空间的积极引导

1. 盖侧建筑空间引导

在盖侧过渡空间中，以盖侧建筑空间引导的处理方式主要有两种：

（1）盖侧白地紧邻车辆段厂房，通过盖侧贴建沿街商业建筑空间引入。

（2）盖侧白地预留富余空间与车辆段盖侧建筑立面之间被道路分隔，但距离较近，通过景观连廊、盖侧商业中庭空间将人流引入上盖平台，例如北安河车辆段上盖开发项目中，通过商业广场，商业中庭并运用景观连廊与车辆段上盖平台连接，在与周边商业利用连廊沟通的同时也与基地北侧地铁站通过下沉广场连通。

商业综合体赋予了通行过渡的空间，为商场带来人流的同时也给盖上居民消费体验提供便利，也有利于提高盖上居民盖上盖下日常交通出行效率，加强了盖上平台空间的可达性。

2. 盖侧广场引导

为了方便盖上住户日常盖上盖下出行，在地铁车辆段开发建设时，应结合盖侧建筑立面退道路红线距离，预留出可作为盖侧竖向交通的空间。这类空间既可服务于盖上住户又可以与周边社区共享，将这类盖侧空间定义为盖侧引导性广场空间。盖侧引导性入口广场不仅能提高居民盖上盖下出行效率，也能成为共享、交往的活动空间。

依据车辆段盖侧建筑立面与周边城市道路所围合的盖侧预留空间的形态、大小以及与车辆段自身结构的位置关系，将盖侧引导性广场分为：外贴式导入广场和嵌入式导入广场。外贴式导入广场通常紧贴于车辆段基地周边，盖侧空间预留较为富余，一般长边可达到100m，宽约有50m，满足舒适上下通行的同时也能作为休息互动交往的“门前场所”。由于盖侧外贴式导入广场紧贴于盖侧建筑立面，则竖向接力平台可以与盖侧较长边平行布置，借助阶梯绿化、景观跌水、竖向交通构筑物、接力景观平台，形成导向性强、标识性鲜明的多层次竖向步行空间，成为盖侧与周边社区共享的台地公园。

嵌入式导入广场空间尺度比外贴式导入广场空间尺度小。嵌入式导入广场空间是由车辆段自身的不规则形态与周边道路围合，所形成的向内凹进式的盖侧预留空间。嵌入式广场空间尺度较为小巧且布置灵活，相当于盖侧空间与周边社区里的小型口袋公园。由于空间小巧、易于布局，盖侧挖掘可利用于嵌入式导入广场的预留空间较多。通常情况下，盖侧预留空间较为局促，嵌入式的盖侧空间是盖上居民日常出行的主要空间载体。在小尺度空间内运用趣味性步行接力平台，营造较为舒适的步行体验感、丰富的活动交往体验空间是嵌入式导入广场景观优化设计的关键。同时将商业功能空间积极植入盖侧平台花园空间中，形成趣味性商业广场接力平台，满足盖上居民以及周边社区居民户外交往活动的需求。在盖侧预留空间较为局促的情况下，盖侧嵌入式引导性广场主要作为竖向通行的空间。在满足盖上住户日常出行的同时，也需考虑人群上下交通的步行感受，在局促狭窄的空间里营造出较为舒适的空间，通过垂直绿化以及竖向交通构筑物的点缀，盖侧嵌入式引导空间也可以成为周边城市道路空间中的标识性景观节点，便于盖上住户识别。

（三）盖侧阶梯绿化与跌水的结合

阶梯绿化与跌水一般运用于盖侧导入广场空间中，起到丰富导入广场竖向空间层次的作用。目前我国已建成的车辆段上盖项目中，很少利用盖侧预留空间的高差优势，结合阶梯绿化与跌水进行盖侧导入空间的营造。其主要原因不仅仅是盖侧场地空间预留不够富余，通常盖侧预留有满足导入广场空间尺寸的白地区域时，实际盖侧空间竖向引导方式大多数还是以扶梯和楼梯来解决上下交通问题，且没有景观上的呼应，例如深圳前海车辆段前海时代项目，在盖侧入口与盖上平台的衔接处理上，将扶梯、阶梯与阶梯绿化结合，但整体上看阶梯绿化景观设计较为生硬，没有营造出富有活力的盖侧竖向空间。

由此可反映出，在盖侧竖向引导空间的景观处理方式上，设计手法较为单一，且缺乏阶梯绿化与跌水景观的结合，导致空间景观要素丰富度不高，可以停留休息的盖侧接力平台较少，整体空间仅作为通行功能，盖侧广场利用率不高。同时景观阶梯绿化整合了座椅休憩、绿化种植、竖向交通衔接的功能，灵活地将附近居民“容纳”在空间里，创造了有活力、尺度宜人、亲切感十足的引导空间。促进盖侧竖向交通空间与城市动线人性化整合。

（四）盖侧景观与城市空间的共享

车辆段厂房因自身巨大体量以及超出正常街区空间尺度的特点，正逐渐对周边城市空间带来消极的影响。上盖开发通过对车辆段盖上盖下景观体系优化，有益于缝合车辆段基地与周边的城市空间。通过对盖侧景观体系设计要素特点以及盖侧景观设计限制因素与有利条件的分析，同时结合相关案例梳理出盖侧功能性空间的资源转变方向。例如盖侧导入空间不仅具有竖向引导通行的功能，也兼具周边城市空间中的小型口袋公园功能。

车辆段盖侧界面处于社区空间尺度中，盖侧导入空间的高差优势可与城市社区街道界面通过景观连廊沟通。上盖综合体通过景观设计与周边社区的整体景观风格相呼应，使车辆段上盖综合体“融于”社区空间中，打破与周边社区的边界感，同时盖侧的导入空间能与周边社区空间共享，有益于将周边社区人群通过盖侧引入盖上平台，增进与周边社区的交流互动,为盖上商业空间注入活力,促进盖上业态的可持续性发展。

第四节　国内典型上盖景观案例及优化建议

本节将从国内地铁运营里程前十的两大城市——深圳和武汉中选出比较典型的上盖物业开发案例：深圳前海车辆段上盖开发项目和武汉常青花园车辆段上盖开发项目。通过对项目概况、盖上与盖侧景观现状的介绍，以及盖上盖侧景观设计要素、设计策略的对比分析，总结两个项目中景观设计策略的优点与不足，并提出可行性优化建议。

一、案例简介

（一）深圳前海车辆段上盖项目案例介绍

1. 项目概况

深圳前海车辆段上盖物业建设项目位于深圳市南山区前海湾，位于前海湾 CBD 区东南角，平南铁路深圳西站西侧，南端为滨海大道，西侧空地规划为金融商务中心，北侧为规划一环南坪快速通道。上盖综合物业开发主要业态功能包括：居住（保障性住房、小高层、高层）、商业、办公、酒店等。由于在出入线段上盖转换层结合小汽车停车、商业业态以及商业广场空间，空间较为特殊。针对出入线段区域的上盖开发现状，对该区域交通组织进行梳理，分为以下两个方面。

（1）车行流线。深圳前海车辆段上盖龙海商业广场与保障性住房的小汽车停车库位于出入线段上盖平台转换层上，项目周边坡道由场地北侧将私家车引入到盖上物业平台，通过盖上车行出入口引入转换层小汽车停车库。对于外来车辆将通过贯穿地块的桂湾三路、桂湾四路高架路引入二层小汽车停车库，且龙海商业主要车行入口分布在桂湾三路、桂湾四路两条高架路南北两侧，便于商业广场与周边城市空间共享。

（2）人行流线。深圳前海车辆段上盖项目人行出入口分为两类：商业人行出入口以及与盖侧竖向交通出入口。商业人行出入口与车行出入口相邻且与公交站点衔接。竖向交通分为：用于消防的简单双跑楼梯 4 处，其余为竖向构筑物，例如扶梯、电梯将盖侧人流引入盖上平台或二层龙海商业广场。

2. 盖上景观现状

结合对盖上景观设计要素的分析，以及对盖上景观设计优化策略进行归纳总结。根据车辆段盖上景观现状特点，将盖上景观体系分为景观空间、细部设计、盖上下沉广场三个方面对盖上景观现状进行分析。

（1）景观空间

车辆段上盖平台依据业态功能布局特点，分为盖上保障性住房区域以及商业办公区域。分别对这两块区域的整体景观的空间现状进行对比分析。

1）保障性住房区域：根据保障性住房布置在出入线段用地较窄的上盖平台区域可知该区域主要以宅间绿地空间为主且较少有相对富余的休憩活动空间。由于盖上住宅区缺少户外活动场地，社区将盖上保障性住宅建筑架空层简单利用为健身娱乐的空间场所，且紧邻非机动车的停放空间。

2）商业办公区域：将咽喉区加“盖板”进行上盖开发，统筹考虑咽喉区柱网排布特点，将低层办公商业空间顺应柱网排布，形成较为优美的低密度线性盖上办公、商业空间。从整体上看商业办公区域景观空间预留富余，可进行私密性以及开放性的空间设计。另外深圳前海车辆段上盖下沉广场，通过竖向阶梯与扶梯将盖上人流引入龙海商业广场中，增大人群与商业空间的接触面积，激活盖下商场业态。

但从两区域现状对比上看，作为盖上居民活动的下沉广场空间并未得到有效的利用。由于竖向需要消减 6m 的高差，导致直梯跨度大且占据大量广场空间，可利用的活动空间减少。通过扶梯衔接的广场空间，预留面积较大但缺少景观设计处理，显得较为空旷，空间体验感较差，利用率较低，逐渐变成室外停车场地。由此可见，深圳前海车辆段上盖开发前期从城市需求层面出发，对基地交通、物业功能进行一定程度的思考，但忽略了景观空间的人性化设计，导致空间利用率不高。

（2）细部设计

对景观构筑物的调研分为保障性住宅区和商业办公区，从调研来看保障性住宅区除了基本的树池、座椅、景观灯等景观小品，景观构筑物的形式与种类较少，且与周边景观绿化缺乏呼应。相比较而言，商业办公区域景观空间预留富余，景观小品、植被类型较为丰富，咽喉区上盖景观与盖下咽喉区柱网、轨道走线呼应。整体景观线型较为自然流畅，具有时代感。

（3）盖侧景观现状

由于场地西侧为十一号高架路，且高架道路与深圳前海出入线段盖侧建筑立面间距有 8 ~ 9m，与盖上平台高度接近约有 16m。根据沿街建筑 D/H 比值参考，当 D/H 比值小于 1 时，空间封闭感较强。由于车辆段出入线段较长，且车辆段厂房盖侧沿街立面没有景观遮蔽美化处理，高大厚重的外墙持续重复而呆板，长时间行走在盖侧空间里，易造成视觉审美疲劳且给行人带来压迫感。

（二）武汉常青花园车辆段上盖项目案例介绍

1. 项目概况

武汉常青花园车辆段上盖开发项目位于武汉地铁 2 号线常青城地铁站北侧，周边用地建成度高，以居住社区为主，居住环境良好。该项目对武汉城市轨道交通沿线开发起到了很好的示范作用。项目主要在地铁车辆段运用库区域上方进行上盖住宅开发，住宅布局顺应盖下线路走向为行列式布局。车辆段运用库南侧狭长形场地为落地开发区，以临街商业为主要开发模式，主要通过盖侧商业广场引导人流进入盖上平台，而机动车则主要通过车辆段运用库建筑立面南侧的坡道进入上盖平台，又从上盖平台右侧车行道路沿着坡道进入盖下层停车库。

2. 盖上景观现状

车辆段上盖开发物业以住宅为主。上盖居住区景观空间较为单一，以宅间绿地为主，景观空间较为开敞。在景观设计上忽视了盖上居民日常生活行为和心理上的需求，且没有依据盖上居民行为需要划分不同景观空间类型，缺少开放性景观空间和私密性景观空间。

3. 盖侧景观现状

车辆段盖侧立面紧贴车行坡道，且盖侧建筑立面开敞处理缺乏景观上的美化遮蔽，对视觉审美以及车辆段内作业都会产生一定的影响。同时盖侧紧邻落地开发的沿街商业建筑，通过盖侧广场导入二层商业平台广场由连廊与盖上平台衔接。盖侧广场宽度约有 53m，空间较为富余。其主要通过扶梯与阶梯将人流引入盖上平台，但从整体来看广场空间没有过多的景观设计，显得空间过于开敞且活力不足。

二、案例优化及相关建议

（一）案例优化

景观可行性优化方向有三个方面：盖上活动空间景观优化、盖侧建筑立面景观柔化以及盖侧导入广场空间营造。

1. 盖上活动空间景观优化

通过前期调研现状并结合景观设计策略评价表分析，深圳前海车辆段（保障性住房区域）盖上活动空间与武汉常青花园车辆段盖上活动空间在分布上有一定的不同之处，深圳前海车辆段（保障性住房区域）的主要活动空间有两种情况：盖上保障性住宅建筑架空层和盖上下沉广场。

对于深圳这样长夏短冬、气候温和的城市而言，盖上住宅架空层活动空间通风、遮阳效果好、利用率较高。深圳前海盖上下沉广场阶梯跨度大且占据大量广场空间，将可利用的活动空间减少，建议改为电梯或扶梯与景观阶梯结合，回退出盖上下沉空间。另外车辆段盖上下沉广场树池在建设前期未统一考虑预留乔树坑，因此在已经建好的盖上广场覆土种植大型乔木的可行性不大。

树池中的棕榈树冠幅较小、遮阳效果不佳，可换成冠幅稍大的小乔例如紫薇，也可以将树池中的乔木转换为根据日照强度自动调节的景观遮阳伞或加建一些结构较轻的景观伞状构筑物与攀藤植物结合也能达到遮阳效果，同时节约了盖上下沉广场覆土种植乔木的成本。武汉常青花园车辆段盖上活动空间较少，一般分布在盖上宅间绿地中。盖上活动空间前期绿化种植较丰富，但缺少景观构筑物的围合，空间较为单调开敞私密性不强，利用率不高。可结合现有的盖上绿化与微地形整合，加建一些轻质景观，亭廊围合空间，在营造私密性的同时也提供了休憩活动空间。

2. 盖侧建筑立面景观柔化

深圳前海车辆段与武汉常青花园车辆段盖侧建筑立面的景观视觉效果较差，但两者盖侧建筑立面的情况又有所不同。深圳前海车辆段盖侧建筑立面紧邻城市道路，离人行道约有 10m 的间距，空间较为富余，在结合绿化对盖侧建筑立面进行景观遮蔽的同时可以对盖侧建筑立面外加景观格栅镂空处理，达到柔化建筑立面的效果，缓解了厚重的车辆段盖侧厂房建筑立面给人的生硬冷漠的城市形象。武汉常青花园车辆段盖侧建筑立面紧邻盖侧沿街商业建筑，且盖侧车辆段厂房开敞处理，缺少景观视觉上的遮蔽美化。对其优化设计可以运用垂直绿化以及周边商业广场阶梯绿化的营造与盖侧建筑立面整体柔化，提高景观视觉效果。

3. 盖侧导入广场空间营造

深圳前海车辆段与武汉常青花园车辆段均有可利用的盖侧导入广场空间，但两者的不同之处是：深圳前海车辆段可利用盖侧导入的广场空间被抬升到盖上小汽车库层平台上，通过扶梯与盖侧城市道路衔接，且扶梯设置区域较为隐蔽，没有醒目的景观标识,引导性较弱。可结合盖侧竖向电梯形成崖壁式盖侧展示界面强化竖向标识性引导。武汉常青花园车辆段盖侧紧邻落地开发的商业建筑，盖侧广场宽度约有 53m，空间较为富余。

（二）相关建议

在深圳前海车辆段与武汉常青花园车辆段案例优化中未提及的车辆段停车库以及盖上小汽车库通风采光优化和上盖开发雨水回用的生态设计策略，车辆段停车库以及小汽车库在建设前期已做到对通风采光井的预留，但采光通风井景观造型上需要美化与周边景观要素协调，同时可将盖上通风采光功能与景观构筑物结合，提升盖上整体景观视觉效果；对于深圳、武汉内涝较为严重的城市，存在车辆段渗透下垫面少、不渗透下垫面多的实际情况。采用生态屋顶、高位雨水花坛和多功能蓄水池等创新性海绵城市设施，可减少地表径流，削减径流峰值以及延缓峰值出现的时间。将车辆段盖上建筑物屋顶设计为一定厚度且结构形式创新型生态屋顶与盖上雨水花园整合，可拓展盖上居民活动场地同时可用于雨水回收，通过屋顶落水管连接到盖上平台层的高位雨水花园进行过滤并释放到周边植被区通过管道连接储存于多功能蓄水池中以便盖上盖侧景观用水的循环利用。

三、上盖景观设计优秀案例介绍

（一）项目概况

佛山市湖涌车辆段基地位于佛山市湖涌地铁站北侧约 130m 处，基地总长约 636m 宽度约 141m，是比较典型的车辆基地 TOD 综合开发项目，目前处于待建状态。项目基地东临紫洞路，南临季华一路，且有宽 20 ~ 30m 的城市水系（澳边涌河道）与基地西侧和南侧相邻，是该项目周边城市空间中良好的景观资源。车辆段上盖业态以居住功能为主，周边落地开发区域主要业态功能为商业、办公以及居住。项目通过景观空间互融共享的设计策略，强化盖上、盖侧空间与周边业态的联系，满足盖上居民对不同业态功能的需求。

（二）盖上景观设计策略分析

通过对佛山市湖涌车辆段盖上景观空间分析，总结出两点景观设计策略，并对各个盖上景观优化设计策略进行分析如下。

1. 盖上开放空间的融合共享

项目将咽喉区盖上布置景观活动平台，结合休闲广场以及入口水景，形成咽喉区盖上公园，拓展了盖上居住区活动空间，且咽喉区盖上公园景观设计形式与居住区景观呼应。通过竖向空间与盖上居住区中央花园结合，促进盖上居住空间与咽喉区上盖平台互通互融，同时提高了盖上景观品质，有利于盖上居民的身心健康。咽喉区盖上平台与盖侧台地一体化设计，通过景观连廊将周边商业空间的人群引入咽喉区活动平台，也能高效地将盖上居民引入周边的商业空间。作为盖上开放性空间的咽喉区盖上公园，更像是“盖上物业平台的客厅”，对外具有展示、共享与交往的特性。

2. 盖上景观眺望平台的互动

项目在靠近城市水系的盖上平台分散设置了小型活动平台，既能远眺周边澳边涌滨水景观，也能成为居民就近娱乐的场所，为盖上居民带来别具一格的观景休闲体验。

（三）盖侧景观设计策略分析

通过对佛山市湖涌车辆段盖侧景观空间分析，归纳总结出三点景观设计策略，并对各个盖侧景观设计策略进行如下分析。

1. 趣味性盖侧建筑立面的展示

将盖上小汽车停车库与商业功能结合，将商业功能空间布置在盖侧沿街界面。通过有节奏的垂直绿化、平台花池穿插以及餐饮平台的外挑变化，形成丰富的步行体验和商业体验空间，增加与滨水界面的互动，有效消减了盖侧建筑立面的体验感，同时产生趣味性的盖侧立面感观。

2. 盖侧过渡空间的积极引导

项目通过对盖侧预留空间的充分利用，将咽喉区盖侧空间与咽喉区盖上景观公园一体化设计。通过盖侧竖向台地空间的积极引导，将盖上停车库夹层空间做退台处理。充分利用盖侧高差优势，将盖侧引导空间设计为层次递进的接力阶梯花园。延绵的绿化景观带动人行流线，将道路两侧界面休闲娱乐空间，以盖侧过渡空间的有机串联。

3. 盖侧景观与城市空间的共享

项目充分利用盖侧预留空间，并借助盖上小汽车库夹层做退台设计，通过垂直绿化与不同标高的景观平台结合，绿色景观犹如瀑布从盖上顶层花园往下流淌，延续城市森林的概念。延绵的绿化景观带动竖向流线，景观平台上布置室外休息茶座，草坪以及错落的瞭望平台与城市滨水空间呼应。盖侧立面呈现出不同平台场所的互动画面，空间具有参与感、体验感、场所感，是周边城市空间的共享口袋公园。

第六章 地铁车辆段上盖高层结构性能化抗震设计理论研究

地铁车辆段作为地铁系统的重要组成部分和基本生产单位，数量也在逐年递增。为了应对传统地铁车辆段土地利用率低带来的城市土地资源浪费的问题，上盖高层项目应运而生，并且蓬勃发展。本章将对地铁车辆段上盖高层结构性能的抗震设计理论进行研究。

第一节 地震反应分析方法及结构性能评估方法

一、地震反应分析方法

（一）动力时程分析方法

动力时程分析（Dynamic Time History Analysis）方法的基本原理是从结构的基本运动方程出发，将地面加速度输入到基本微分方程中，采用逐步积分法，获得结构在每个微小时段内的地震反应，从而得到地震过程中每个时间点的结构地震响应。将结构等效为具有 n 个自由度的体系，其运动微分方程为：

$$[M]\{\ddot{X}\}+[C]\{\dot{X}\}+[K]\{x\}=[M]\ddot{x}_g(t)$$

相较于底部剪力法和振型分解反应谱法，动力时程分析方法能够考虑地震动的振幅、频谱、持时以及各种不同来源的非线性，包括材料非线性和几何非线性。此方法的计算结果更加准确，计算成本也偏高。因此，当前在各国范围中，采用振型分解反应谱法来确定地震作用是普遍共识，动力时程分析方法往往作为高层复杂结构和不规则结构的补充验算手段。随着建筑结构朝着高层和复杂化的方向发展，动力时程分析方法也获得了更加广泛的使用。

（二）增量动力分析方法

借鉴将单一静力分析扩展到增量静力分析从而形成静力推覆分析方法的思想，将单一动力时程分析扩展到增量动力时程分析中，可得到不同水准地震作用下结构动力响应，此方法被称为增量动力分析（Incremental Dynamic Analysis）方法，即 IDA 方法。

增量动力分析法作为一种参数化分析方法（以地震动强度为参数），能反映出结构在未来可能遇到的不同强度地震动作用下的抗震性能，也能反映出结构在强震作用下的刚度、强度以及变形能力的变化过程。此方法的基本原理是对结构计算模型输入一条或多条地震动记录，每一条地震动都通过一系列比例系数调幅到不同的地震动强度，然后在调幅后的地震动记录作用下进行结构弹塑性动力时程分析，获得一系列结构弹塑性地震响应，选择地震动强度参数 IM（Intensity Measure）和所研究结构的需求参数 DM（Damage Measure）对分析结果进行处理后，得到地震动强度指标 IM 和结构需求参数 DM 之间的关系曲线，即 IDA 曲线。采用多条地震动记录进行 IDA 分析即可获得多条 IDA 曲线，称为 IDA 曲线簇。每一条 IDA 曲线上每一个点代表在某一调整后的地震动强度所对应地震波下结构的最大峰值反应，而每一条 IDA 曲线则代表在一条地震波多次调幅下的结构反应。

（三）耐震时程分析方法

IDA 方法能较好地获得在不同地震强度下结构的抗震响应以及完全坍塌或者整体动力失稳的极限状态，其被认为是最全面、最可靠的结构动力分析方法。然而，IDA 分析需要进行大量的结构动力弹塑性时程分析计算，计算效率低，时间成本高。尤其是对于重大工程的地震动灾害问题，工程结构自身模型的复杂性和材料的高度非线性使其计算成本难以接受。因此，IDA 方法在实际工程实践中的应用并不多。基于上述情况，H.E.Estekanchi 等提出并发展了耐震时程分析方法（Endurance Time Method）。

耐震时程分析方法是一种基于时程的动态推覆分析。作为一种新型抗震性能分析方法，耐震时程分析法的关键是产生耐震加速度时程曲线。耐震加速度时程曲线的典型特点是：时间越长，峰值加速度越大，地震动强度水平越高。即耐震时程激励随着时间的推移而不断增强。这与普通地震动记录在地震开始时幅值增加，在结束时幅值减小的特点有所不同。由于这个特点，一个耐震加速度时程曲线可以覆盖一个连续的地震强度范围。而一次耐震时程分析便可同时评估在多个地震强度水平结构下的响应，结构从弹性进入弹塑性、直至失稳倒塌仅通过一次动力时程分析便可以完成。相较于静力推覆分析，耐震时程分析具有跟动力时程分析一样的优势，即能够考虑地震动的各种特性。而与 IDA 法相比较的优势在于，耐震时程法可以通过一条耐震时程曲线的分析得到 IDA 法中多条时程曲线经多次调幅后进行分析的结果，其时间成本大大降低。

目前国内对于耐震时程分析的研究和运用也在逐渐增多。

二、结构性能评估方法

在实际工程实践中，基于性能抗震设计方法主要包括结构性能目标的确定和基于此目标的结构抗震性能评估。结构性能目标是指在不同地震水平结构下预计实现的性能水平。地震作用下，结构的性能水平需要根据性能指标来具体量化评估，因此性能指标的量化是结构性能评估和基于性能抗震设计的重要基础。性能指标包括结构整体和局部两个方面，对于整体指标常用的是层间位移角，局部性能指标常用的是构件变形。

为保证在不同地震水准下结构破坏程度和抗震评价的一致性，我国《高层建筑混凝土结构技术规程》（以下简称《高规》）和《建筑抗震设计规范》（以下简称《抗规》）均作出了相应的规定。《高规》提出了 4 级结构抗震性能目标（A、B、C、D）、3 个地震水准（多遇地震、设防烈度地震、预估的罕遇地震）和 5 个性能水准（1、2、3、4、5），并给出了 4 级性能目标在不同地震水准下对应的结构性能水准，详见表 6-1 所示，且对 5 个性能水准分别给出了结构整体宏观损坏程度和构件损坏程度的定性描述；《抗规》定义了 4 个抗震性能目标（1、2、3、4），且与《高规》的 4 级抗震性能目标是相对应的。本节将从整体和局部两个方面对抗震性能评定指标进行阐述。

表 6-1 结构抗震性能目标

性能目标	多遇地震	设防地震	罕遇地震
A	1	1	2
B	1	2	3
C	1	3	4
D	1	4	5
注：1 到 5 分别表示宏观损坏程度为完好、轻微损坏、轻度损坏、中度损坏、比较严重损坏。			

（一）结构整体性能评估

通过层间位移角对结构整体变形性能指标限值进行了定义，见表 6-2 所示。

表 6-2 《抗规》层间位移角限值

性能水准	完好	轻微损坏	中度损坏	严重损坏	倒塌
变形（层间位移角）限值	Δuc	（1.5 ~ 2）Δuc	（3 ~ 4）Δuc	0.9Δup	Δup

目前，对于全框支剪力墙结构的层间位移角限值，在我国规范中并没有单独规定。在《高规》中对于除框架结构以外的转换层的层间位移角规定如表 6-3 所示。

表 6-3 《高规》带转换层结构层间位移角限值

结构体系	弹性层间位移角限值	弹塑性层间位移角限值
除框架结构以外的转换层	1/1000	1/120

规范中对于全框支剪力墙结构并没有作出特殊规定，而全框支剪力墙结构实质上还是属于转换层结构的范畴。

（二）结构局部性能评估

一般来说，结构的整体变形越大，组成结构的构件变形也越大，损伤也就越严重。但是仅仅通过结构整体变形并不能对构件的破坏程度进行准确衡量。各国规范对于结构整体失效的判断准则大致相同，但是对于局部构件的损伤评估，无论是性能指标还是指标限值均有所差别。

1. 构件破坏形态划分

结构构件局部失效的标准是在地震作用下构件局部的塑性变形超过了其所能提供的最大变形能力。目前在我国的《抗规》和《高规》中，对于构件损伤状态并没有给出具体的性能指标，但在广东省标准《建筑工程钢筋混凝土结构抗震性能设计规程》（以下简称《性能规程》）中，通过构件的变形对其性能水平进行了量化。构件变形限值与构件破坏形态有关，而构件破坏形态又取决于构件的剪跨比 λ 和弯剪比 m；在《性能规程》中，根据构件剪跨比 λ 和弯剪比 m 将混凝土（以下简称 RC）构件（梁、柱、墙）和型钢混凝土（以下简称 SRC）构件（梁、柱、墙）的破坏形态划分为弯曲破坏、弯剪破坏和剪切破坏，具体划分情况详见表 6-4 ~ 6-6 所示。其中，表中对于 SRC 构件的划分仅包括所涉及的 SRC 柱和 SRC 梁两种构件。

表 6-4　RC 构件破坏形态的划分

构件类型	破坏形态	剪跨比	弯剪比
RC 梁	弯控（弯曲破坏）	$\lambda \geq 2.0$	$m \leq 1.0$
	弯剪控（弯剪破坏）	$1.0 \leq \lambda \leq 2.0$	$m \leq 0.51\lambda$
		$\lambda \geq 2.0$	$1.0 \leq m \leq 0.5\lambda$
	剪控（剪切破坏）	其他	
RC 柱	弯控（弯曲破坏）	$\lambda \geq 2.0$	$m \leq 0.6$
	弯剪控（弯剪破坏）	$\lambda \geq 2.0$	$0.6 \leq m \leq 1.0$
		$2.0 \geq \lambda \geq 1.4$	$m \leq 1.0$
	剪控（剪切破坏）	其他	
RC 墙	弯控（弯曲破坏）	$\lambda \geq 1.5$	$m \leq 1.0$
	弯剪控（弯剪破坏）	$1.2 \leq \lambda \leq 1.5$	$m \leq 3.3\lambda - 3$
		$\lambda \geq 1.5$	$1.0 \leq m \leq 2.0$
	剪控（剪切破坏）	其他	

表 6-5　SRC 柱破坏形态的划分

	$\lambda \leq 1.9$	$1.9 < \lambda \leq 2.4$	$\lambda > 2.4$
$m \leq 0.6$	剪切破坏	弯曲破坏	弯曲破坏
$0.6 < m \leq 1.0$	剪切破坏	弯剪破坏	弯曲破坏
$m > 1.0$	剪切破坏	剪切破坏	弯剪破坏

表 6-6　SRC 梁破坏形态的划分

	λ ≤ 1.7	λ >1.7
m<1.0	剪切破坏	弯曲破坏
m ≥ 1.0	剪切破坏	剪切破坏

2. 构件弹塑性位移角限值

在不同破坏状态下，不同构件的弹塑性位移角限值详见表 6-7 ~ 6-13 所示。

表 6-7　RC 构件弹塑性位移角限值

构件类型	构件参数		构件性能状态					
			无损坏	轻微损坏	轻度损坏	中度损坏	比较严重损坏	严重损坏
RC 梁	弯控							
	m	ρ_v						
	≤ 0.2	≥ 0.012	0.004	0.016	0.024	0.031	0.039	0.044
	≥ 0.8	≥ 0.012	0.004	0.018	0.029	0.039	0.049	0.054
	≤ 0.2	≤ 0.001	0.004	0.010	0.011	0.014	0.014	0.017
	≥ 0.8	≤ 0.001	0.004	0.012	0.016	0.020	0.024	0.029
	弯剪控							
	m	ρ_{sv}						
	≤ 0.5	≥ 0.008	0.004	0.009	0.014	0.019	0.024	0.026
	≥ 2.5	≥ 0.008	0.004	0.007	0.009	0.012	0.014	0.016
	≤ 0.5	≤ 0.0005	0.004	0.007	0.009	0.012	0.014	0.016
	≥ 2.5	≤ 0.0005	0.004	0.005	0.007	0.008	0.009	0.012
RC 柱	弯控							
	ñ	ρ_v						
	≤ 0.1	≤ 0.021	0.004	0.018	0.027	0.037	0.046	0.056
	≥ 0.6	≤ 0.021	0.004	0.013	0.018	0.022	0.027	0.030
	≤ 0.1	≤ 0.001	0.004	0.015	0.0220	0.029	0.036	0.042
	≥ 0.6	≤ 0.001	0.004	0.009	0.011	0.012	0.013	0.014
	弯剪控							
	ñ	m						
	≤ 0.1	≤ 0.6	0.003	0.013	0.020	0.026	0.033	0.040
	≥ 0.6	≤ 0.6	0.003	0.009	0.011	0.014	0.016	0.018
	≤ 0.1	≥ 1.0	0.003	0.011	0016	0.021	0.026	0.028
	≥ 0.6	≥ 1.0	0.003	0.008	0009	0.011	0.012	0.014

续表

构件类型	构件参数		构件性能状态					
			无损坏	轻微损坏	轻度损坏	中度损坏	比较严重损坏	严重损坏
RC 墙	弯控							
	ñ	ρ_v						
	≤ 0.1	≥ 0.025	0.003	0.011	0.016	0.022	0.025	0.028
	≥ 0.4	≥ 0.025	0.003	0.010	0.013	0.017	0.020	0.022
	≤ 0.1	≤ 0.004	0.003	0.008	0.010	0.011	0.013	0.015
	≥ 0.4	≤ 0.004	0.003	0.007	0.008	0.009	0.010	0.011
	弯剪控							
	ñ	m						
	≤ 0.1	≤ 0.5	0.003	0.010	0.013	0.017	0.020	0.021
	≥ 0.4	≤ 0.5	0.003	0.008	0.011	0.013	0.015	0.026
	≤ 0.1	=2.0	0.003	0.008	0.010	0.011	0.013	0.015
	≥ 0.4	=2.0	0.003	0.007	0.008	0.010	0.011	0.013
备注：ñ 为轴压力系数；m 为弯剪比；ρ_v 为体积配箍率；上述参数计算方法详见《性能规程》。								

表 6-8　弯曲破坏状态下 SRC 柱弹塑性位移角限值

构件参数			构件性能状态					
ñt	ρ_v	$\rho_{ss} f_{ak} / f_{ck}$	无损坏	轻微损坏	轻度损坏	中度损坏	比较严重损坏	严重损坏
≤ 0.1	≥ 0.04	≥ 0.25	0.017	0.030	0.042	0.055	0.067	0.075
≤ 0.1	≥ 0.04	≤ 0.02	0.014	0.025	0.037	0.048	0.059	0.062
≥ 0.6	≥ 0.04	≥ 0.25	0.009	0.015	0.021	0.026	0.032	0.034
≥ 0.6	≥ 0.04	≤ 0.02	0.008	0.013	0.018	0.023	0.028	0.030
≤ 0.1	≤ 0.008	≥ 0.25	0.012	0.020	0.027	0.035	0.042	0.046
≤ 0.1	≤ 0.008	≤ 0.02	0.010	0.016	0.022	0.027	0.033	0.035
≥ 0.6	≤ 0.008	≥ 0.25	0.006	0.009	0.012	0.015	0.018	0.020
≥ 0.6	≤ 0.008	≤ 0.02	0.006	0.009	0.011	0.014	0.016	0.018
备注：ñt 为 SRC 受压构件轴压力系数；f_{ak} 为型钢钢材屈服强度标准值；f_{ck} 为混凝土强度标准值；ρ_v 为体积配箍率；ρ_{ss} 为型钢腹板配钢率；上述参数计算方法详见《性能规程》。								

表 6-9　弯剪破坏状态下 SRC 柱弹

构件参数		构件性能状态					
ñt	ρ_{ssw}	无损坏	轻微损坏	轻度损坏	中度损坏	比较严重损坏	严重损坏
≤ 0.1	≥ 0.03	0.014	0.022	0.031	0.040	0.046	0.051
≥ 0.6	≥ 0.03	0.007	0.011	0.015	0.019	0.023	0.026
≤ 0.1	≤ 0.01	0.009	0.015	0.021	0.027	0.032	0.036
≥ 0.6	≤ 0.01	0.005	0.006	0.007	0.009	0.010	0.012
备注：ñt 为 SRC 受压构件轴压力系数；ρ_{ssw} 为型钢腹板配钢率；上述参数计算方法详见《性能规程》。							

表 6-10　弯剪破坏状态下 SRC 柱弹塑性位移角限值

构件参数		构件性能状态					
ñt	ρ_{ssw}	无损坏	轻微损坏	轻度损坏	中度损坏	比较严重损坏	严重损坏
≤ 0.1	≥ 0.03	0.014	0.022	0.031	0.040	0.046	0.051
≥ 0.6	≥ 0.03	0.007	0.011	0.015	0.019	0.023	0.026
≤ 0.1	≤ 0.01	0.009	0.015	0.021	0.027	0.032	0.036
≥ 0.6	≤ 0.01	0.005	0.006	0.007	0.009	0.010	0.012

备注：ñt 为 SRC 受压构件轴压力系数；ρ_{ssw} 为型钢腹板配钢率；上述参数计算方法详见《性能规程》。

表 6-11　剪切破坏状态下 SRC 柱弹塑性位移角限值

构件参数			构件性能状态					
ñt	ρ_v	$\frac{f_{ak}t_w h_w}{f_{ck}bh_0}$	无损坏	轻微损坏	轻度损坏	中度损坏	比较严重损坏	严重损坏
≤ 0.1	≥ 0.008	≥ 0.2	0.007	0.013	0.020	0.026	0.032	0.035
≤ 0.1	≥ 0.008	≤ 0.08	0.006	0.011	0.015	0.020	0.025	0.027
≥ 0.6	≥ 0.008	≥ 0.2	0.003	0.005	0.006	0.008	0.010	0.012
≥ 0.6	≥ 0.008	≤ 0.08	0.003	0.005	0.006	0.008	0.009	0.011
≤ 0.1	≤ 0.0005	≥ 0.2	0.005	0.009	0.013	0.016	0.020	0.023
≤ 0.1	≤ 0.0005	≤ 0.08	0.004	0.007	0.010	0.012	0.015	0.017
≥ 0.6	≤ 0.0005	≥ 0.2	0.003	0.004	0.006	0.007	0.008	0.009
≥ 0.6	≤ 0.0005	≤ 0.08	0.003	0.003	0.003	0.003	0.003	0.003

备注：ñt 为 SRC 受压构件轴压力系数；ρ_v 为面积配筋率；f_{ak} 为型钢钢材屈服强度标准值；t_w 为腹板厚度；h_w 为腹板高度；f_{ck} 为混凝土强度标准值；b 为截面宽度；h_0 为截面有效高度；上述参数计算方法详见《性能规程》。

表 6-12　弯曲破坏状态下 SRC 梁弹塑性位移角限值

构件参数			构件性能状态					
ρ_{ss}	$\frac{\rho_{sv}f_{syh}}{f_{ck}}$	$\frac{v}{f_{ck}bh_0}$	无损坏	轻微损坏	轻度损坏	中度损坏	比较严重损坏	严重损坏
≥ 0.15	≥ 0.1	≤ 0.04	0.019	0.031	0.043	0.055	0.067	0.072
≥ 0.15	≥ 0.1	≥ 0.2	0.017	0.024	0.031	0.038	0.045	0.048
≤ 0.02	≥ 0.1	≤ 0.04	0.013	0.016	0.020	0.024	0.027	0.032
≤ 0.02	≥ 0.1	≥ 0.2	0.011	0.013	0.016	0.018	0.021	0.025
≥ 0.15	≤ 0.002	≤ 0.04	0.015	0.023	0.032	0.041	0.049	0.053
≥ 0.15	≤ 0.002	≥ 0.2	0.014	0.019	0.025	0.030	0.036	0.039
≤ 0.02	≤ 0.002	≤ 0.04	0.009	0.012	0.015	0.017	0.020	0.025
≤ 0.02	≤ 0.002	≥ 0.2	0.008	0.011	0.013	0.015	0.018	0.019

备注：ρ_{ss} 为型钢全截面配钢率；ρ_{sv} 为面积配筋率；f_{ak} 为混凝土强度标准值；V 为截面剪力；b 为截面宽度；h_0 为截面有效高度；f_{syh} 为箍筋抗拉强度标准值；上述参数计算方法详见《性能规程》。

表 6-13　剪切破坏状态下 SRC 梁弹塑性位移角限值

构件参数		构件性能状态					
ρ_{ss}	$\frac{v}{f_{ck}bh_0}$	无损坏	轻微损坏	轻度损坏	中度损坏	比较严重损坏	严重损坏
≥ 0.09	≤ 0.04	0.019	0.031	0.043	0.055	0.067	0.072
≤ 0.10	≤ 0.04	0.017	0.024	0.031	0.038	0.045	0.048
≥ 0.09	≥ 0.2	0.013	0.016	0.020	0.024	0.027	0.032
≤ 0.10	≥ 0.2	0.011	0.013	0.016	0.018	0.021	0.025
备注：ρ_{ss} 为型钢全截面配钢率；f_{ak} 为混凝土强度标准值；V 为截面剪力；b 为截面宽度；h_0 为截面有效高度；f_{syh} 为箍筋抗拉强度标准值；上述参数计算方法详见《性能规程》。							

3. 构件承载力复核方法

对于由剪切破坏状态控制的构件，由于弹塑性变形能力相对较差，所以此类破坏属于脆性破坏，需进行截面承载力复核，以评估构件的安全性。《性能规程》中规定了 5 个性能水准："弹性""不屈服""极限""满足最小截面""截面超限"。采用《性能规程》中相关计算方法评估构件的性能状态，且当构件满足最小抗剪截面要求时，表示其未发生剪切破坏。构件不同性能水准的承载力验算可按下述方法进行。

（1）弹性验算

$$S_{GE}+S_{EK}^{*}\leqslant R_{d}$$

式中，S_{GE} 为重力荷载效应代表值；

S_{EK} 为地震作用效应标准值，不考虑与抗震等级有关的增大系数；

R_d 为构件承载力设计值，按材料强度设计值计算。

（2）不屈服验算

$$S_{GE}+S_{EK}^{*}\leqslant R_{k}$$

式中，R_k 为构件承载力设计值，按材料强度标准值计算。

（3）极限验算

$$S_{GE}+S_{EK}^{*}\leqslant R_{u}$$

式中，R_u 为构件承载力设计值，按材料强度平均值计算。

（4）最小截面验算

$$V_{GE}+V_{EK}^{*}\leqslant 0.15f_{ck}bh_{0}+0.5f_{ak}A_{\alpha}$$

式中，V_{GE} 为重力荷载作用下构件剪力；

V_{EK}^{*} 为地震作用下构件剪力，不考虑与抗震等级有关的增大系数；

f_{ck} 为混凝土轴心抗压强度标准值；

f_{ak} 为型钢钢材的强度标准值；

A_{α} 为型钢在受剪方向的截面面积；

h_0 为构件截面的有效高度；

b 为构件截面宽度。

4. 构件性能评估流程

根据《性能规程》中构件弹塑性位移角的规定，构件抗震性能评估的流程如下：

（1）提取地震作用下构件的最大弹塑性转角及对应时刻的弯矩 M 和剪力 V；

（2）计算构件截面极限抗弯承载力和极限抗剪承载力；

（3）根据（2）（3）步骤获取的数据，计算构件剪跨比和弯剪比等参数；

（4）根据步骤（3）的参数判断构件破坏状态；

（5）对照《性能规程》规定的构件弹塑性位移角限值，确定构件变形限值；

（6）与步骤（1）所获得构件转角进行对比分析，确定构件所处的性能状态。

第二节　结构分析模型建立

一、地铁车辆段上盖高层结构分析模型的设计

（一）工程概况

研究的背景工程为南京地铁 6 号线栖霞山车辆段上盖区工程，位于南京地铁 6 号线线路东北端终点附近，具体地点位于绕城高速以西、南京炼油厂专用线以北所夹的西北象限。此项目总用地面积 12.33 公顷，总建筑面积为 30.30 万平方米。地铁车辆段盖上大平台区域南北向约 765m，东西向约 214m。通过设置变形缝将整个平台分为 11 个结构单元（G1 ~ G11），结构单元无地下室；地铁车辆段盖上大平台一层层高 9.1m、二层层高 5.3m，上部结构竖向构件在二层进行转换。

根据《抗规》以及《中国地震动参数区划图》，拟建场地抗震设防烈度为 7 度，设计基本地震加速度值为 0.10g，设计地震分组为第一组，基本地震动加速度反应谱特征周期值为 0.45s，建筑场地类别为Ⅲ类，小震水平地震影响系数最大值为 0.08，大震水平地震影响系数最大值为 0.50。按《建筑工程抗震设防分类标准》要求本工程的抗震设防类别为标准设防类（丙类）。设计使用年限为 50 年；第 1 层和第 2 层耐久性使用年限为 100 年；3 层及以上耐久性使用年限为 50 年。

（二）分析模型

本工程结构形式采用全框支剪力墙结构，下部为纯框支结构，中间为转换层，上部为剪力墙结构。本工程底层（车辆段）、二层（转换层）、三层及以上为标准层结构。该结构总高度为 82.1m，总计 23 层，底层（车辆段）层高为 9.6m、转换层层高为 5.3m、盖上一层层高为 6.0m，盖上标准层层高为 3.0m，顶层层高为 4.2m，底层和转换层结构在 X 方向上柱间距为 12.0m，在 Y 方向上柱间距为 9.0m。底层和转换层框支柱截面形式采用十字型钢混凝土（SRC），转换梁采用 H 型钢混凝土（SRC），其余构件形式均为矩形钢筋混凝土（RC）；T 形与 L 形剪力墙、SRC 柱、SRC 梁等构件截面尺寸。

为了后续结构的大震弹塑性性能分析，本节采用盈建科建筑结构设计软件（以下简称 YJK 软件），通过改变结构底层框支柱最大轴压比和转换梁截面尺寸，对地铁车辆段上盖高层结构共设计了 6 个计算分析模型，编号分别为 Model-1 ~ Model-6，分成 A 组和 B 组。结构分析模型的主要参数详见表 6-14 所示。A 组分析模型（包括 Model-1 ~ Model-3）中对应的底层框支柱轴压比分别选取为 0.53、0.65 及 0.77，主要用于考察底层框支柱轴压比对结构大震性能的影响。B 组分析模型（包括 Model-4 ~ Model-6）主要用于考察转换梁截面尺寸对结构模型大震性能的影响。

表 6-14　结构分析模型主要参数

分组	模型编号	构件种类	混凝土强度等级	截面尺寸 /mm	
				构件尺寸	内部型钢截面尺寸
A 组	Model-1	第 1 层框支柱	C50	1800 × 1600	1200 × 600 × 16 × 20 × 1000 × 500 × 16 × 20
		第 2 层框支柱	C50	1500 × 1500	900 × 450 × 16 × 20 × 900 × 450 × 16 × 20
		转换梁	C50	2600 × 1300	2200 × 1000 × 30 × 50
		剪力墙	C40/C30	300	—
		上部框架梁（Y 方向）	C30	500 × 200	—
		上部框架梁（X 方向）	C30	500 × 250	—
		底部框架梁（X 方向）	C40	1200 × 600	—
		底部框架梁（Y 方向）	C40	1500 × 600	—
	Model -2	第 1 层框支柱	C50	1600 × 1400	1200 × 600 × 16 × 20 × 1000 × 500 × 16 × 20
		第 2 层框支柱	C50	1300 × 1300	900 × 450 × 16 × 20 × 900 × 450 × 16 × 20
		转换梁	C50	2600 × 1300	2200 × 1000 × 30 × 50
		剪力墙	C40/C30	300	—
		上部框架梁（Y 方向）	C30	500 × 200	—

续表

分组	模型编号	构件种类	混凝土强度等级	截面尺寸 /mm	
				构件尺寸	内部型钢截面尺寸
A组	Model -2	上部框架梁（X 方向）	C30	500×250	—
		底部框架梁（X 方向）	C40	1200×600	—
		底部框架梁（Y 方向）	C40	1500×600	—
	Model -3	第 1 层框支柱	C50	1500×1300	1100×550×16×20×900×450×16×20
		第 2 层框支柱	C50	1200×1200	800×400×14×18×800×400×14×18
		转换梁	C50	2600×1300	2200×1000×30×50
		剪力墙	C40/C30	300	—
		上部框架梁（Y 方向）	C30	500×200	—
		上部框架梁（X 方向）	C30	500×250	—
		底部框架梁（X 方向）	C40	1200×600	—
		底部框架梁（Y 方向）	C40	1500×600	—
B组	Model -4	第 1 层框支柱	C50	1600×1400	1200×600×16×20×1000×500×16×20
		第 2 层框支柱	C50	1300×1300	900×450×16×20×900×450×16×20
		转换梁	C50	2800×1300	2200×1000×30×50
		剪力墙	C40/C30	300	—
		上部框架梁（Y 方向）	C30	500×200	—
		上部框架梁（X 方向）	C30	500×250	—
		底部框架梁（X 方向）	C40	1200×600	—
		底部框架梁（Y 方向）	C40	1500×600	—
	Model -5	第 1 层框支柱	C50	1600×1400	1200×600×16×20×1000×500×16×20
		第 2 层框支柱	C50	1300×1300	900×450×16×20×900×450×16×20
		转换梁	C50	2300×1200	1800×800× ×30×50
		剪力墙	C40/C30	300	—
		上部框架梁（Y 方向）	C30	500×200	—
		上部框架梁（X 方向）	C30	500×250	—

续表

分组	模型编号	构件种类	混凝土强度等级	截面尺寸 /mm	
				构件尺寸	内部型钢截面尺寸
B组	Model -5	底部框架梁（X 方向）	C40	1200 × 600	—
		底部框架梁（Y 方向）	C40	1500 × 600	—
	Model -6	第 1 层框支柱	C50	1600 × 1400	1200 × 600 × 16 × 20 × 1000 × 500 × 16 × 20
		第 2 层框支柱	C50	1300 × 1300	900 × 450 × 16 × 20 × 900 × 450 × 16 × 20
		转换梁	C50	1800 × 1000	1400 × 700 × 25 × 40
		剪力墙	C40/C30	300	—
		上部框架梁（Y 方向）	C30	500 × 200	—
		上部框架梁（X 方向）	C30	500 × 250	—
		底部框架梁（X 方向）	C40	1200 × 600	—
		底部框架梁（Y 方向）	C40	1500 × 600	—
备注：（1）表中构件尺寸表示构件外部混凝土截面尺寸，以 H（mm）×B（mm）表示，H 为截面高度，B 为截面宽度。（2）内部型钢截面尺寸指框支柱和转换梁构件的内部型钢尺寸；框支柱内部型钢截面尺寸 h_1（mm）× b_1（mm）× tw_1（mm）× tf_1（mm）× h_2（mm）× b_2（mm）× tw_2（mm）× tf_2（mm）表示，；转换梁内部型钢截面尺寸以 h（mm）× b（mm）× tw（mm）× tf（mm）表示。（3）表中剪力墙构件尺寸为剪力墙厚度（mm）。（4）上部框架梁表示 3 ~ 23 层楼层的框架梁，底部框架梁表示第 1 层框架梁。					

楼层恒荷载和活荷载取值如表 6-15 所示。其中，第 1 层和第 2 层的荷载取值和实际工程保持一致：附加恒荷载（不包括楼板自重）根据背景工程项目资料楼面建筑做法取 10kN/m²；因盖上结构后期施工，结合上盖荷载情况，考虑施工活荷载后，活荷载包络值为 15kN/m²。附加恒荷载参考高层剪力墙住宅结构实际工程案例，盖上高层楼面附加恒荷载取 2kN/m²（屋面为 4kN/m²）。为了便于后续分析，参考《建筑结构荷载规范》中表 6-2，活荷载按住宅类楼面统一取 2kN/m²。

表 6-15　楼层恒荷载和活荷载

楼层	活荷载（kN/m²）	附加恒荷载（kN/m²）
1 层（车辆段）	15	10
2 层（转换层）	15	6
3 ~ 22 层	2	2
23 层（屋面）	2	4
备注：附加恒载表示除楼板自重产生的荷载之外，由建筑做法等造成的恒荷载。		

（三）结构弹性分析及结果

结构模型的弹性分析结果可用于对结构的合理性和各项参数作初步判断，且可用于对前期结构分析模型进行优化与调整。同时，弹性分析结果可以与后续弹塑性分析结果进行对比，用于判断弹塑性分析模型的合理性。通过 YJK 软件对表 6-14 中 A、B 两组的 6 个模型进行弹性分析并获得了相应的分析结果。限于篇幅，此处列举出结构模型的自振周期、最大层间位移角以及各楼层层间位移角分布。A 组和 B 组结构模型自振周期和最大层间位移角如表 6-16 所示。

表 6-16　结构分析模型的弹性分析结果

分组	模型编号	自振周期 /s			最大层间位移角	
		T1	T2	T3	X 方向	Y 方向
A 组	Model-1	3.4859	2.0627	1.9790	1/634	1/1614
	Model-2	3.5082	2.0903	1.9918	1/645	1/1662
	Model-3	3.5150	2.1007	1.9976	1/635	1/1610
B 组	Model-4	3.5153	2.1103	2.0059	1/634	1/1626
	Model-5	3.5107	2.0976	1.9972	1/634	1/1622
	Mode -6	3.5071	2.0872	1.9894	1/634	1/1614

表 6-16 中的弹性分析结果可知，对 6 个结构分析模型，其前两阶振型均呈现为 X 方向平动和 Y 方向的平动，第三阶振型为 Z 向扭转。弹性分析结果表明：随着结构底层框支柱轴压比的减小和转换梁截面尺寸的增大，结构自振周期逐渐减小，符合结构周期变化的基本规律。

通过 YJK 软件设计计算结果可知 A、B 两组结构分析模型在各楼层的层间位移角分布。

1. 对地铁车辆段上盖高层结构，X 方向层间位移角在第 1 层和第 2 层较小，在第 3 层和第 4 层突然变大，层间位移角整体上呈现出中间大、上下两端小的特点；Y 方向层间位移角在第 2 层变大，在第 3 层突然变小，随后逐渐增大，整体呈现出上大、下小的特点。层间位移角呈现出上述现象的主要原因是：结构上部的剪力墙均沿着 Y 方向布置，Y 方向剪力墙刚度大，因此底层剪力墙的位移角很小，且上部的层间位移角分布呈现出典型高层剪力墙结构的特点；在 X 方向剪力墙墙肢较短，刚度小，因此在第 3 层和第 4 层刚度突然变弱，位移角迅速增大，上部位移角分布呈现出框架结构的典型特点。

2. 随着框支柱的轴压比增大，第 1 层和第 2 层层间位移角逐渐增大，该现象在 Y 方向表现得更明显，且第 2 层的位移角增长相较于第 1 层更显著；上部的层间位移角也有增大的趋势，对于 X 方向，在 4 ～ 10 层和接近顶层的层间位移角增长较为明显；对于 Y 方向，在楼层中上部层间位移角增长较为明显。

3. 随着转换梁截面尺寸的增加，第 1 层和第 2 层层位移角有减小趋势，但不明显，而上部层间位移角基本不变。

二、地震波选取

选取的地震波需满足以下条件：实际地震记录的数量不应少于总数量的 2/3，多组时程曲线的平均地震影响系数曲线应与振型分解反应谱法所采用的地震影响系数曲线在统计意义上相符（多组时程波的平均地震影响系数曲线与振型分解反应谱法与所用的地震影响系数曲线相比，在对应结构主要振型的周期点上相差不大于 20%）；在进行弹性时程分析时，每条时程曲线计算所得结构底部剪力不应小于振型分解反应谱法计算结果的 65%，多条时程曲线计算所得结构底部剪力的平均值不应小于振型分解反应谱法计算结果的 80%。

根据上述条件进行选波的具体选波流程为：

1. 基于规范设计反应谱，采用 SeismoSelect 软件（此软件可自定义目标反应谱，且能筛选出与目标反应谱在统计意义上相符合的地震波），获取多条记录于太平洋地震工程研究中心强震数据库的地震数据，以及每条数据对应的放大系数。

2. 基于 Python 编写脚本，将从太平洋地震中心下载的地震波数据与其对应的放大系数相乘，进行调幅，并且转换成 YJK 软件的地震波数据格式文件。

3. 将调整后的数据文件输入 YJK 的用户自定义波库中，YJK 软件内置的选波程序可以根据给定的待选波库选出符合《高规》规定的地震波，运行 YJK 软件的选波程序，获取满足《高规》要求的 7 条地震波。

4. 基于 Pyhton 编写脚本，将所选取的地震波的 YJK 格式文件转化为 OpenSees 软件所需要的地震波文件格式。

最终选取的 7 条地震波信息如表 6-17 所示。

表 6-17　选取出的 7 条地震波信息

编号	地震波名称	发生时间	测站	震级	PGA/g
GM1	Loma Prieta	1989	Bear Valley#5_Callens Ranch	6.93	0.823
GM2	Chi-Chi_Taiwan	1999	CHY 079	7.62	0.64
GM3	Chi-Chi_Taiwan-04	1999	HWA 028	6.2	0.476
GM4	Iwate_Japan	2008	AOM 023	6.9	0.499
GM5	Niigata_Japan	2004	KNG 006	6.63	0.565
GM6	人工波	-	-	-	-
GM7	人工波	-	-	-	-

第三节　大震作用下地铁车辆段上盖高层结构抗震性能分析

一、不同框支柱轴压比下结构整体性能的评价

在大震作用下结构整体性能评价主要是通过评估整体结构变形和地震力来进行评价的。其中，结构变形指标包括顶点最大位移值、各楼层位移分布、层间位移角最大值及沿楼层分布，结构地震力指标主要为楼层剪力分布。

（一）楼层位移

对 A 组结构分析模型开展在不同地震波作用下的动力弹塑性时程分析，编写 Pyhton 脚本提取分析结果并进行处理后，可获取 7 条地震波作用下 A 组结构分析模型在 X 方向和 Y 方向上各层的最大位移；以及 7 条地震波作用下各层最大位移平均值。

1. 在 X 方向上，结构各层最大位移分布呈现出弯剪型变形特征（类似于框架剪力墙结构）；在 Y 方向上呈现出弯曲型变形特征（类似于剪力墙结构）。

2. 除地震波 GM3 和 GM4 外，在其余地震波（GM1 ~ GM2 和 GM5 ~ GM7）作用下，结构各层位移随着框支柱轴压比的增大而增大。

3. 在地震波 GM3 作用下，结构各层位移呈现出以下规律：在 X 方向上，随着框支柱轴压比增大，底部 1 ~ 3 层楼层位移也渐增大，其中第 2 层和第 3 层位移增长幅度最大；4 ~ 6 层楼层位移变化很小；7 ~ 22 层楼层位移逐渐减小，且随着楼层的增大减小幅度随之先增大后减小，到第 23 层基本不变。在 Y 方向上，随着框支柱轴压比的增大，1 ~ 11 层楼层位移逐渐增大，增长幅度最大的楼层为底部 2 ~ 4 层；12 ~ 16 层楼层位移变化很小；17 ~ 23 层楼层位移逐渐增大，且增幅随着楼层增大逐渐减小，在 23 层减小幅度达到最大值。

4. 在地震波 GM4 作用下，结构各层位移呈现出以下规律：在 X 方向上，随着框支柱轴压比的增大，1 ~ 3 层楼层位移逐渐增大；4 ~ 10 层楼层位移基本不变；11 ~ 23 层楼层位移逐渐减小。在 Y 方向上，随着框支柱轴压比的增大，1 ~ 10 层楼层位移逐渐增大，增幅在第 2 层达到最大值，随后增幅逐渐减小；11 ~ 23 层楼层位移基本不变。

5. 在 7 条地震波作用下，楼层位移的平均值均随着框支柱轴压比的增大而增大。

（二）层间位移角

对 A 组结构分析模型开展在不同地震波作用下的动力弹塑性时程分析，编写 Pyhton 脚本提取分析结果并进行处理后，可获取 7 条地震波作用下 A 组结构分析模型在 X 方向上和 Y 方向上各层层间位移角，以及 7 条地震波作用下各层层间位移角平均值。

1. 在 7 条地震波作用下，在 X 方向上，层间位移角分布呈现出弯剪型变形特征，且在第 3 层和第 4 层时层间位移角发生突变；在 Y 方向上，层间位移角分布呈现出弯曲型变形特征，且在第 2 层突然增大，在第 3 层突然减小；X 方向层间位移角整体大于 Y 方向，与 Y 方向上部刚度远大于 X 方向上部刚度。

2. 在 7 条地震波作用下，X 方向层间位移角平均值的最大值为 0.0126，超过倒塌性能状态限值；Y 方向层间位移角平均值的最大值为 0.0069，超过中等损坏限值。

3. 在 X 方向上，层间位移角突变处始终位于第 3 层和第 4 层，而其余楼层层间位移角未出现突变；层间位移角从底层到顶层先增大后减小，对于不同地震波，层间位移角最大值出现的楼层有所差别，但基本都分布在第 6 ~ 10 层，即结构的中下层。随着轴压比的增大，第 1 层和第 2 层、5 层及以上楼层的层间位移角增长较明显。

4. 在 Y 方向上，层间位移角最大值始终出现在顶层; 层间位移角突变处位于第 2 ~ 4 层，其中第 2 层和第 4 层突然增大，第 3 层突然减小；随着框支柱轴压比的增大，第 1 层和第 2 层的层间位移角增长较明显，最大值为 1/330，但始终远低于 1/120（倒塌性能状态限值）；上部楼层的层间位移角增幅较小。

（三）楼层剪力

结构在进入弹塑性阶段会发生刚度退化现象，结构受到的地震力会随之发生变化，各楼层受到的地震力也会进行重新分配。对 A 组结构分析模型开展不同地震波作用下的动力弹塑性时程分析，编写 Pyhton 脚本提取分析结果并进行处理后，可获取 7 条地震波作用下 A 组结构分析模型在 X 方向上和 Y 方向上的楼层剪力；以及 7 条地震波作用下的楼层剪力平均值。

1. 在 7 条地震波作用下，结构楼层剪力均在第 2 层和第 3 层突然减小，且 X 方向楼层剪力减小幅度远大于 Y 方向，这主要由于在 X 方向第 1 层和第 2 层楼层刚度远大于第 3 层，而在 Y 方向上第 1 层和第 2 层楼层刚度与上部较接近。

2. 在 X 方向上，随着框支柱轴压比的增大，第 1 层和第 2 层的楼层剪力降低较为明显；其余楼层的楼层剪力也有所降低，但并不明显。

3. 在 Y 方向上，随着框支柱轴压比的增大，第 1 层楼层剪力降低较明显；顶部楼层的楼层剪力有所下降。

二、不同框支柱轴压比下结构构件性能的评价

在大震作用下，结构构件性能评价主要通过评估普通构件变形和转换梁构件的截面承载力来进行的。构件变形指标主要包括在地震作用下构件的转角以及出铰情况。

（一）构件转角与转换梁截面承载力

基于构件变形的抗震性能评估需要获得在地震作用下构件的转角，并与构件性能指标限值进行对比，然后判断构件的性能状态。

1. 上部楼层（3 ~ 23 层）框架梁

对 A 组结构分析模型开展在不同地震波作用下的动力弹塑性时程分析，可获取 7 条地震波作用下地铁车辆段盖上结构的框架梁转角，且计算出每层框架梁转角的最大值，并绘制出上部结构框架梁转角包络值分布。

（1）在 X 方向上，上部楼层框架梁转角最大值沿着楼层分布呈现出顶部（15 层以上）和底部小而中间大的特征；在 Y 方向上，上部楼层框架梁转角最大值沿着楼层从底部到顶部逐渐增大，在接近顶层时小幅度减小。框架梁转角包络值沿楼层分布特征与层间位移角分布特征类似，表明层间位移角和楼层框架梁转角成正相关，从结构整体和构件局部两个角度来评估结构抗震性能是合理的。

（2）上部楼层框架梁转角最大值均大于 0.004rad（无损坏限值）。在 X 方向上，框架梁大部分都处于轻微损坏状态，在 5 ~ 10 层，框架梁转角最大值达到了轻度损坏对应的转角限值；在 Y 方向上，框架梁转角值都大于 0.0075 rad；3 ~ 11 层的框架梁最大转角小于 0.016 rad（轻微损坏限值），表明框架梁基本都处于轻微损坏状态；11 层以上框架梁最大转角介于 0.016 rad 和 0.024rad（轻度损坏限值）之间，表明框架梁部分进入轻度损伤状态。

（3）在 X 方向上，随着框支柱轴压比的增大，上部楼层框架梁转角最大值均有所增加；在 Y 方向上，随着框支柱轴压比的增大，3 ~ 11 层框架梁转角最大值有所增大，11 层以上有所减小；这主要是由于 Y 方向上框架梁转角包络值是由地震波 GM3 起控制作用，在 GM3 地震作用下，结构层间位移角随着轴压比的变化呈现出与此处类似的规律。

2. 底层框架梁

由 A 组结构分析模型的动力弹塑性时程分析结果，可获取 7 条地震波作用下结构底层框架梁转角的最大值，并绘制出底层框架梁转角包络值分布。

（1）底层框架梁的转角全部分布在 0 ~ 0.004rad，表明在大震作用下底层框架梁都处于无损坏状态。

（2）随着框支柱轴压比的增大，Y 方向框架梁转角增长较明显，X 方向框架梁转角变化未呈现出明显规律。

3. 框支柱

由 A 组结构分析模型的动力弹塑性时程分析结果，可获取 7 条在地震波作用下 A 组结构分析模型中结构底层和转换层框支柱转角的最大值，并绘制出框支柱转角的包络值。

（1）对于底层框支柱，在 X 方向上，转角基本小于 0.003rad，处于无损坏状态；当框支柱轴压比为 0.77（对应结构分析模型 Model-3）时，17% 的框支柱进入轻微损坏状态。在 Y 方向上，当框支柱轴压比为 0.53（对应结构分析模型 Model-1）时，转角均小于 0.003rad；当框支柱轴压比为 0.65（对应结构分析模型 Model-2）和 0.77（对应结构分析模型 Model-3）时，部分（55% 和 22%）框支柱进入轻微损伤状态。

（2）对于转换层框支柱，在 X 方向和 Y 方向的转角基本上分布在 0.001 ~ 0.003rad，处于无损坏状态；在框支柱轴压比为 0.77（对应结构分析模型 Model-3）时，25% 框支柱转角大于 0.003rad，达到轻微损坏状态。

（3）随着框支柱轴压比的增大，X 方向和 Y 方向的框支柱转角均逐渐增大，但框支柱转角均没有超过轻微损伤极限。表明即使底层框支柱轴压比达到 0.77，结构框支柱的损伤仍然较小。

4. 转换梁

由 A 组结构分析模型的动力弹塑性时程分析结果，可获取 7 条在地震波作用下 A 组结构分析模型中转换梁弯矩和剪力最大值以及按规范方法计算出的转换梁抗弯承载力和抗剪承载力，详见表 6-18 和 6-19 所示。

表 6-18　按弹性方法计算的转换梁正截面抗弯承载力

模型编号	地震波编号	X 方向			Y 方向		
		弯矩 /kNm	均值 / kN·m	抗弯承载力 / kN·m	弯矩 / kN·m	均值 / kN·m	抗弯承载力 / kN·m
Model-1	GM1	27390	28140	89223	15656	16165	89223
	GM2	27905			14355		
	GM3	28465			16908		
	GM4	29809			16911		
	GM5	28156			15488		
	GM6	28412			17831		
	GM7	26845			16010		

续表

模型编号	地震波编号	X 方向			Y 方向		
		弯矩 /kNm	均值 / kN·m	抗弯承载力 / kN·m	弯矩 / kN·m	均值 / kN·m	抗弯承载力 / kN·m
Model-2	GM1	26900	27954	89223	15122	15648	89223
	GM2	26843			14531		
	GM3	29373			16425		
	GM4	29183			16634		
	GM5	27254			14572		
	GM6	29230			17341		
	GM7	26894			14911		
Mode-3	GM1	27290	28308	89223	15191	15510	89223
	GM2	27084			14908		
	GM3	29578			15564		
	GM4	29266			16398		
	GM5	27548			14713		
	GM6	29801			16861		
	GM7	27590			14937		

表 6-19　按弹性方法计算的转换梁斜截面抗剪承载力

模型编号	地震波编号	X 方向			Y 方向		
		剪力 / kN	均值 /kN	抗剪承载力 / kN	剪力 /kN	均值 /kN	抗剪承载力 / kN
Model-1	GM1	9128	9474	22723	10938	14809	22723
	GM2	9347			11038		
	GM3	9690			19360		
	GM4	9839			19522		
	GM5	9381			11097		
	GM6	9864			20652		
	GM7	9073			11055		
Model-2	GM1	9221	9553	22723	10554	14336	22723
	GM2	9306			10705		
	GM3	9801			18724		
	GM4	9998			19407		
	GM5	9422			10621		
	GM6	9906			19459		
	GM7	9216			10881		

续表

模型编号	地震波编号	X 方向			Y 方向		
		剪力 /kN	均值 /kN	抗剪承载力 /kN	剪力 /kN	均值 /kN	抗剪承载力 /kN
Model-3	GM1	9314	9589	22723	10310	14235	22723
	GM2	9189			10430		
	GM3	9880			18927		
	GM4	10030			19292		
	GM5	9442			10384		
	GM6	9954			18960		
	GM7	9311			11342		

A 组结构分析模型中的转换梁均能满足由弹性方法确定出的正截面抗弯承载力和斜截面抗剪承载力；在 7 条地震波作用下，A 组结构分析模型转换梁均处于弹性性能状态。

5. 剪力墙

由 A 组结构分析模型的动力弹塑性时程分析结果，可获取在 7 条地震波作用下结构中各层剪力墙转角，再确定出每层剪力墙转角的最大值，并绘制出结构中剪力墙转角包络值沿楼层的分布。

（1）X 方向和 Y 方向剪力墙转角最大值沿楼层分布均呈现出底部大、上部小的特征。

（2）在 X 方向上，10 层以上楼层的剪力墙转角最大值基本小于 0.003rad，处于无损坏状态；10 层以下楼层的剪力墙主要分布在 0.003 ~ 0.008rad，表明 10 层以下楼层的剪力墙部分处于轻微损伤的状态。

（3）在 Y 方向上，7 层以上楼层的剪力墙转角最大值基本小于 0.003rad，处于无损坏状态；7 层以下楼层的剪力墙转角最大值位于 0.003 ~ 0.008 rad，表明 7 层以下楼层的剪力墙部分处于轻微损伤状态。

（4）随着框支柱轴压比的增大，剪力墙转角最大值始终保持在轻微损伤限值之内，剪力墙的损伤程度始终较轻。

（二）构件塑性铰出铰情况

构件塑性铰出铰情况能够帮助判断结构破坏程度及不同类型构件的破坏顺序等信息，进而判断在地震作用下结构的耗能机制。对于剪力墙结构，其合理的耗能机制应该是连梁或框架梁率先屈服耗能，并且由连梁或框架梁承担大部分的地震能量。混凝土梁柱构件可根据截面纵向钢筋纤维的应力和应变状态来判断其出铰情况；若钢筋纤维应力达到屈服应力，则认为该构件已经形成塑性铰。对于剪力墙构件，由于其钢筋采用弥散的钢筋层模拟，难以判断出钢筋屈服情况。以剪力墙转角达到 0.005rad 作为剪力墙构件形成塑性铰的判别标志。

梁柱构件塑性铰的判断具体步骤为：

1. 通过 OpenSees 软件内置的“recorder”命令记录时程分析过程中梁柱构件钢筋纤维的应力。

2. 基于 Python 语言编写脚本提取梁柱构件中钢筋纤维的应力数据，循环遍历地震波加速度时程中每一时刻的应力数据；当出现大于屈服应力的数据时，则认为钢筋屈服并将该构件标记为出铰，结束遍历。

3. 循环遍历所有构件的应力数据文件，获取所有构件的出铰信息。

4. 根据构件的出铰信息，通过 pyautocad 库调用 AutoCAD 绘图软件绘制出结构的出铰图。为全面又不失方便地展示结构的出铰情况，采用二维模型来代表三维模型用于绘制塑性铰分布。

不同构件的首次出铰时间可用于判断结构的出铰机制是否合理，且为后续研究中以结构构件首次出铰判断结构损坏状态作铺垫。在 A 组结构分析模型中，不同类型构件的首次出铰时间如表 6-20 所示。

表 6-20　A 组结构分析模型构件首次出铰时间

模型编号	地震波编号	初次出铰时间							
		X 方向				Y 方向			
		上部框架梁	剪力墙	转换梁	底层和转换层框架梁柱	上部框架梁	剪力墙	转换梁	底层和转换层框架梁柱
Model-1	GM1	8.42	—	—	—	10.7	—	—	—
	GM2	9.39	—	—	—	22.07	—	—	—
	GM3	16.3	—	—	—	16.63	23.54	—	—
	GM4	27.93	—	—	—	9.08	—	—	—
	GM5	26.49	—	—	—	25.02	—	—	—
	GM6	22.62	—	—	—	21.55	—	—	—
	GM7	9.3	—	—	—	14.61	—	—	—
Mode-2	GM1	8.31	—	—	—	10.75	—	—	—
	GM2	9.43	—	—	—	22.07	—	—	—
	GM3	16.36	—	—	—	16.41	—	—	—
	GM4	27.96	—	—	—	9.08	31.96	—	—
	GM5	24.06	—	—	—	25.03	—	—	—
	GM6	22.3	—	—	—	21.59	—	—	—
	GM7	6.62	—	—	—	15.8	—	—	—
Model-3	GM1	8.38	—	—	—	10.73	—	—	—
	GM2	9.42	—	—	—	22.06	—	—	—
	GM3	16.32	25.09	—	—	16.67	—	—	—
	GM4	27.96	—	—	—	9.08	31.48	—	—
	GM5	26.53	—	—	—	25.03	—	—	—
	GM6	22.3	—	—	—	21.56	—	—	—
	GM7	6.6	—	—	—	15.79	—	—	—

在 7 条地震波作用下，A 组结构分析模型的上部框架梁均先于剪力墙出铰，且上部框架梁的屈服时间与剪力墙屈服时间有较大间隔，间隔最小为 7s，最大为 22s。研究结果表明：上部框架梁首先出铰并经历过充分发展之后，剪力墙才开始出铰。

第四节　地铁车辆段上盖高层结构抗震性能水准

一、结构层间位移角限值的确定方法

结构层间位移角限值的确定通常需要对结构模型进行Pushover分析或者IDA分析，即对结构施加逐渐增强的侧向力或者地震作用，结构的破坏程度也会随之增大，以结构在不同破坏状态对应的层间位移角作为结构不同性能水准的层间位移角限值。而对于某一类结构，例如框架结构、框架剪力墙结构、框筒结构等，则需要对多个同类型的结构模型进行 Pushover 分析或者 IDA 分析，获得在不同性能水准下层间位移角的分布特征，再通过概率统计学方法获取该类结构不同性能水准的层间位移角限值。然而，Pushover 分析和 IDA 分析均具有其局限性。

1.Pushover 方法的核心工作是选择合理的侧向力分布模式来模拟在地震作用下结构受到的惯性力。侧向力分布模式的合理性对 Pushover 结果的可靠性有很大的影响。对于多层规则结构，常见的倒三角分布模式和一阶振型分布模式的计算结果就能满足精度要求。在地震作用下不规则高层结构的惯性力受高阶振型的影响，因此采用倒三角分布模式和一阶振型分布模式的精度很难保证。目前，针对高层不规则结构，研究人员提出了自适应 SRSS 侧向力分布模式来提升 Pushover 分析的精度。自适应 SRSS 侧向力分布是将结构前 n 阶振型的地震作用力通过 SRSS 法合成而来，并且在Pushover过程中不断地进行模态分析获得结构的实时动力特性用以更新侧向力的分布。此方法虽然在一定程度上能够提升分析精度，但是也会显著增加计算时间。另外，即使是自适应 SRSS 侧向力分布的 Pushover 分析，本质上还是静力分析方法，其对于高层复杂结构的适用性还需要更多的验证。

2.IDA 方法被认为是最全面的、最可靠的结构动力分析方法。然而，对于一个结构模型进行 IDA 分析，通常需要将多条地震波放大到多个地震强度下进行非线性时程分析，对于 s 个模型、n 条地震波、m 个地震强度，则需要进行 s × n × m 次非线性动力时程分析。

耐震时程分析（ETA）方法的计算成本介于 Pushover 方法和 IDA 方法之间——略

大于 Pushover 方法且远小于 IDA 方法，仅通过一次动力弹塑性时程分析便可获得不同结构在不同地震动强度下的地震响应。对于结构性能水准限值的确定问题，需要对多个结构模型进行动力弹塑性时程分析，ETA 方法相较于 Pushover 方法和 IDA 方法具有明显的优势。

二、耐震时程曲线合成与结构性能水准划分

（一）耐震时程分析的基本理论与合成方法

耐震时程分析的关键在于合成耐震时程曲线。耐震时程曲线的典型特点是地震动强度随着时程逐渐增大,且地震动强度的增加也直观地表现在加速度时程的峰值增大。地震动强度增大的内在本质为：某一时程内（0 ~ t）地震动的加速度反应谱与该时刻的持续时间 t 以及目标反应谱呈线性关系，可采用表达式表示。

$$S_{aT}(T,t)=\frac{t}{t_{Tragct}}S_{aC}(T)$$

式中，t_{Tragct} 为目标时间点；

$S_{aC}(T)$ 为预先指定的目标反应谱（一般为规范反应谱）；

T 为结构的自振周期；

t 为任意时间；

$S_{aT}(T,t)$ 为 0 对于非约束变量优化问题，可以采用相应的优化算法来求解。

参考了白久林基于 MATLAB 语言的优化脚本来求解上述问题，且对 MATLAB 脚本文件作了以下几点修改：在全周期范围内（0 ~ 6s）均采用了线性加速度法求在 t 时间段耐震时程曲线对应的加速度反应谱。

加速度时程曲线为离散曲线，因此理想的耐震时程加速度曲线应在时程中的每一个离散时刻均需要满足式。显然上述条件是目前无法实现的。因此上述条件可转化为：在一定精度要求下，通过非线性拟合方式，获取一条耐震时程曲线，使此与式的误差尽可能减小，即上述问题可转化为下式所表达的无约束变量优化问题。

$$\min F(\ddot{u}_g)=\int_0^{T_{\max}}\int_0^{t_{\max}}\left[S_a(T,t)-S_{aT}(T,t)\right]^2 dtdT$$

式中，$\ddot{u}_g$ 为需要优化的耐震加速度时程曲线；

$S_a(T,t)$ 为 $\ddot{u}_g$ 在 t 时刻的加速度反应谱。

合成耐震加速度时程曲线的关键在于寻找一条最优的 $\ddot{u}_g$，且使其反应谱在任意时刻均能与预先指定的目标反应谱最大限度上吻合。目标反应谱可以是任意形状，包括

弹性反应谱和弹塑性反应谱。根据一般情况，采用我国《抗规》中的反应谱作为目标反应谱。《抗规》中反应谱是由 α_{max}、T_g、η_1 以及 η_2 所确定的。由于地震动强度水平由 α_{max} 直接反映，而耐震时程曲线的最大地震动强度可能远超规范中的罕遇地震水平，因此 α_{max} 不按照《抗规》取值，而其他参数可与《抗规》中的取值保持一致。

（二）结构抗震性能水准的划分

结构性能水准（又称为结构极限状态 Limit State，简写为 LS）是指结构相邻破坏状态之间的界限值。当结构性能水准有 n-1 个时，破坏状态则划分为 n 级。我国《抗规》将结构破坏状态划分为"基本完好""轻微损坏""中等损坏""严重损坏"和"倒塌"五个等级。然而，在美国规范《混凝土建筑抗震评估与改造》（ATC40）和《建筑物抗震修复指南》（FEMA 273）中，结构破坏状态又被划分为"可立即居住""损伤控制""生命安全""有限安全""防止倒塌"和"完全倒塌"六个等级。在其他规范或设计指导手册中，对于结构破坏状态以及性能水准的划分也都大同小异。

结构性能水准的标定，即确定在不同性能水准对应的结构层间位移角限值，可采用《新建钢框架结构建议抗震设计标准》（FEMA 350）中规定的方法：以 IM（Intensity Measure，IM）-DM（Damage Measure，DM）曲线中结构构件首次出现塑性铰时所对应的最大层间位移角作为结构"轻微损坏"状态的层间位移角限值，以此点到原点连线的斜率作为结构初始斜率 Ke，以初始斜率 20% 对应的层间位移角和 0.1 的较小值作为结构"倒塌"状态下的层间位移角限值。对于"中等损坏"状态的层间位移角限值，取倒塌极限位移角的 50%；对于"严重损坏"状态，取"中等损坏"和"倒塌"性能水准层间位移角的平均值。对于全框支剪力墙结构，首次出铰的构件为上部楼层（3 层及以上）框架梁。因此，以上部框架梁首次屈服（即纵筋首次屈服）作为结构首次出铰时间，性能水准的详细定义详见表 6-21 所示。

表 6-21　全框支剪力墙结构性能水准划分原则

性能水准	定义原则
轻微损坏	上部框架梁钢筋首次屈服
中等损坏	取倒塌极限状态层间位移角的 50%
严重损坏	取中等破坏和倒塌极限状态的平均值
倒塌	IM-DM 曲线斜率为 0.2K 或者层间位移角达到 0.1

三、耐震时程分析结果与性能水准限值确定

对合成的三条耐震时程曲线进行调幅，使其在 0 ~ 30s 所对应的加速度反应谱峰值为 1.2g（经反复试算，在达到 1.2g 前，所有结构分析模型均能达到倒塌性能点）。

此处需要注意的是，经反复计算，结果表明：当沿 X 方向输入耐震时程曲线进行分析并计算得到的倒塌层间位移角（约为 1/30）远大于 Y 方向。产生这一现象的原因是 X 方向的剪力墙墙肢较短，整体结构近似于框架。因此，本节仅对结构 Y 方向抗震性能进行耐震时程分析。采行 Python 编写后处理脚本，获取所有结构分析模型在每条地震波作用下的最大层间位移角与对应的谱加速度、结构连梁首次出铰时的最大层间位移角和倒塌性能点所对应的最大层间位移角。

按性能水准（“轻微损坏”“中等损坏”“严重损坏”和“倒塌”）进行划分，可获得在各性能水准状态下结构层间位移角的平均值，通过 Origin 软件绘制出不同性能水准下层间位移角的正态概率分布和频数。ρ 和 μ 分别表示数据的均值和标准差。

层间位移角频数表明，不同性能水准下结构的层间位移角分布近似呈现出中间大、两头小的分布特征。层间位移角正态概率分布可表明，不同性能水准下结构的层间位移角基本围绕参照线分布，且处于一条直线；然而，在“中等损坏”、“严重损坏”和“倒塌”状态三种性能水准下，正态概率分布中点的离散性较大。因此，不能判断上述三种性能水准下结构层间位移角完全符合正态分布。为此，对不同性能水准下结构层间位移角采用 Shapiro-Wilk 检验进行正态性检验，检验结果如表 6-22 所示。

表 6-22　结构层间位移角分布的正态性检验

性能水准	分析数量	统计	p 值	在（5%）水平下的结论
轻微损坏	36	0.95635	0.1656	不能排除正态性
中等损坏	36	0.92788	0.02159	排除正态性
严重损坏	36	0.9279	0.02162	排除正态性
倒塌	36	0.92788	0.02159	排除正态性

对“轻微损坏”性能状态下的结构层间位移角分布检验计算数据 p 值大于 0.05，验证了在 0.05 的水平下数据显著地来自正态分布总体。对“中等损坏”“严重损坏”和“倒塌”性能状态下结构层间位移角分布，检验计算数据 p 值小于 0.05，验证了在 0.05 的水平下数据并不是显著地来自于正态分布总体，可排除正态性。采用概率学中的常用方法，对“中等损坏”“严重损坏”和“倒塌”的层间位移角数据取对数，再次对其对数层间位移角分布数据进行正态性检验，检验结果如表 6-23 所示。

表 6-23　取对数的层间位移角的正态性检验

性能水准	分析数量	统计	p 值	在（5%）水平下的结论
中等损坏	36	0.96586	0.32356	不能排除正态性
严重损坏	36	0.96592	0.32471	不能排除正态性
倒塌	36	0.96596	0.32565	不能排除正态性

对“中等损坏”“严重损坏”和“倒塌”性能水准取对数的层间位移角分布检验

计算数据p值均大于0.05，验证了在0.05水平下数据显著地来自正态总体分布。以在“倒塌”性能水准下取对数后的层间位移角数据为例绘制其累计概率分布和频数。

相比于层间位移角数据的正态概率分布情况，取对数后层间位移角的正态概率分布更加集中在参考线附近，表明取对数后层间位移角数据具有更强的正态性。因此，对于“中等损坏”“严重损坏”和“倒塌”三个性能水准，采用取对数的层间位移角数据。根据不同性能水准的层间位移角数据，计算其均值和标准差如下表6-24所示。

表6-24　不同性能水准下层间位移角均值和标准差的计算结果

性能水准	均值p	标准差σ
轻微损坏	0.00315	8.44392×10^{-4}
中等损坏	-4.87548	0.29467
严重损坏	-4.47014	0.29459
倒塌	-4.18248	0.29469

由于在实际工程中应用需要留出一定的安全限值，参考杜修力等的研究结果：以具有84%保证率的（$\mu-\sigma$）作为最后的性能水准限值。其中，对于“中等损伤”“严重损伤”和“倒塌”性能水准下结构层间位移角限值，可通过以e为底的指数函数来表示。对全框支框架剪力墙结构，不同性能水准下结构层间位移角限值计算结果如表6-25所示。

表6-25　全框支剪力墙结构极限状态的层间位移角限值

性能水准	轻微损坏（LS_1）	中度损坏（LS_2）	严重损坏（LS_3）	倒塌（LS_4）
变形限值	0.00230（1/434）	0.00568（1/176）	0.00853（1/117）	0.01137（1/88）

第五节　地铁车辆段上盖高层结构易损性分析

一、易损性函数与易损性分析步骤

（一）易损性函数

易损性分析结果的表达方式有多种，包括易损性矩阵、易损性函数、易损性指数等。易损性矩阵（又称破坏概率矩阵）是以离散的矩阵形式在给定地震动强度水平下结构达到指定破坏状态的概率。易损性函数是用于表征结构或构件的地震损伤概率和地震动参数之间的关系，其表现形式是一条连续的易损性曲线，是对易损性矩阵的进一步发展。易损性指数是在易损性分析基础上通过理论计算得到结构震害指数的数学期望，以此来评估结构地震损伤，可以用于辅助易损性曲线进行易损性分析。易损性矩阵和易损性函数都是目前常用的易损性表达方式，且连续化的易损性曲线形式更加直观。

易损性函数是指在连续的地震动强度水平下，结构或构件的地震响应超过指定极限状态的条件失效超越概率，可采用下式表示。

$$P_f = P\left(R \geqslant LS \middle| IM = x\right)$$

式中，P_f 为结构或构件的超越概率；

R 为结构或构件的地震响应；

LS 为结构或构件的极限状态；

IM 为地震动强度参数，通常用峰值地面加速度（PGA）或者谱加速度（Sa）表示；

x 为地震动强度水平。

根据数据来源的不同，易损性函数的建立主要包括以下几种方法：基于震后结构破坏情况的调查统计，即经验法；基于数值分析结果建立易损性函数，称为解析法；混合易损性分析，即综合震后调查统计结果和数值分析结果进行易损性分析。

由于缺乏全框支框架剪力墙的震害数据，采用解析法，基于数值分析建立结构易损性函数。因此，需要对结构展开大量的动力弹塑性时程分析进而可以获取不同地震作用下结构的地震响应，并通过概率统计方法获取易损性函数。目前，常用的概率统计方法主要有以下几种。

1. 频数统计法

频数统计法是指统计某一地震动强度水平下结构或构件响应超越性能水准限值的次数。采用古典概率统计理论，计算在不同地震动强度下的超越概率，可采用下式表示。

$$P_f\left(R \geqslant LS \middle| IM\right) = \frac{n_i}{N}$$

式中，P_f 为结构或构件的超越概率；

R 为结构或构件的地震响应；

LS 为性能状态；

N 为样本总数；

n_i 为某一地震强度水平下结构或构件响应超过性能水准限值的次数。

对于采用公式获得的一系列散点数据，采用正态累积分布函数进行曲线拟合，即可得到平滑的地震易损性曲线表达式。

$$P_f\left(R\geqslant LS|IM\right)=\int_{-\infty}^{\mathrm{IM}}\frac{1}{\mathrm{IM}\sqrt{2\pi\xi_{\mathrm{IM}}^2}}\exp\left\{-\frac{\left[\ln\left(\mathrm{IM}\right)-\lambda\right]^2}{2\xi_{\mathrm{IM}}^2}\right\}\mathrm{d}\left(\mathrm{IM}\right)$$

式中，λ 和 ξ_{M} 分别为拟合函数的对数均值和标准差；

R 为结构或构件的地震响应；

LS 为结构或构件的极限状态；

IM 为地震动强度参数。

2. 极大似然估计法

在极大似然估计法中，假设在每种性能状态下的结构易损性曲线均服从独立的对数正态分布，则可获得下式。

$$F\left(IM\right)=F\left(IM;\lambda,\xi\right)=\Phi\left[\frac{\ln\left(IM/\lambda\right)}{\xi}\right]$$

式中，λ 和 ξ 分别为特定性能状态对应的均值和对数标准差；

Φ 是标准正态累积分布函数。

根据极大似然估计法，每个性能状态下结构易损性函数的表达式为：

$$L=\prod_{i=1}^{N}\left[F\left(IM\right)\right]^{x_i}\left[1-F\left(IM\right)\right]^{1-x_i}$$

式中，x_i 为伯努利随机变量 X_i 的取值，x_i =1 表示事件发生，x_i =0 表示事件未发生；N 为震后所调查的结构总数（即同一性能状态的总分析次数）。

通过极大值可以获得 λ 和 ξ 的估计值。鉴于公式的复杂性，通过常规方法难以求解其最大值，可采用下式来计算 λ 和 ξ 的值。

$$\frac{d\ln L}{d\lambda}=\frac{d\ln L}{d\xi}=0$$

3. 基于概率地震需求分析线性拟合法

基于概率地震需求分析的线性拟合法是现阶段易损性分析中最常用的概率统计方法。首先，采用 IDA 法，对其结构进行动力弹塑性分析，获得结构需求数据；然后，根据结构需求数据，拟合出地震动强度指标与结构需求参数的关系；最后，根据可靠度理论，可计算出地震作用下结构的失效概率。

在可靠度理论中，结构失效被定义为结构需求（S_d）不小于结构能力（R_c），如下所示。

$$P_f=P\left[\frac{S_d}{R_c}\geqslant 1\right]$$

对式中 $S_d / R_c \geqslant 1$ 取对数，可获得：

$$P_f = P\left[\ln\frac{S_d}{R_c} \geqslant \ln 1\right] = P\left[\ln S_d - \ln R_c \geqslant 0\right]$$

通常认为，结构需求和结构能力均服从对数正态分布，即可获得：

$$\ln S_d \sim N\left(\lambda_d, \beta_d^2\right), \ln R_c \sim N\left(\lambda_c, \beta_c^2\right)$$

式中，λ_d 和 λ_c 分别为结构需求和结构能力的均值；

β_d 和 β_c 分别为结构需求和结构能力的标准差。

根据正态分布概率密度函数的性质，易知：

$$\ln S_d - \ln R_c \sim N\left(\lambda_d - \lambda_c, \beta_d^2 - \beta_c^2\right)$$

则可转化为下式。

$$P_f = P\left[\ln S_d - \ln R_c \geqslant 0\right] = \Phi\left(\frac{\lambda_d - \lambda_c}{\sqrt{\beta_d^2 - \beta_c^2}}\right) = \Phi\left(\frac{\ln \bar{S}_d - \ln \bar{R}_d}{\sqrt{\beta_d^2 - \beta_c^2}}\right)$$

式中，Φ 为标准正态累计分布函数；S_d 和 R_c 分别为结构需求和结构能力的均值。β_d 和 β_c 分别为结构需求和结构能力的标准差。根据已有研究结果，当需求参数采用 PGA 时，可以取 0.5。

上式即为基于概率地震需求分析线性拟合法所获得的地震易损性函数表达式。相比于频数分布法和极大似然估计法，基于概率地震需求分析的线性拟合法可以直接获得结构响应的分布函数。

（二）易损性分析步骤

采用 IDA 方法和概率地震需求分析线性拟合法来建立结构易损性函数，具体步骤如下：

1. 选取地震波并调幅。首先根据我国现行《抗规》中的反应谱，在太平洋地震工程研究中心强震数据库中选取 20 条天然地震波，并对其进行调幅；以 0.05g 作为调幅间隔，且每条波调幅 12 次，直到最大 PGA（地震动峰值加速度）为 0.6g；此时已达到 7 度抗震设防烈度区（0.10g）大震 PGA 的 2.7 倍，近似认为是该场地可能遇到的最大地震强度。

2. 对结构模型进行 IDA 分析。将调幅后的地震波分别输入至 A 组三个结构模型（Model-1、Model-2 和 Model-3）中，并进行动力弹塑性时程分析；总计需进行 720 次动力弹塑性时程分析，进而获得 720 次动力弹塑性时程分析的结果数据。

3. 获取最大层间位移角。对上述 720 次动力弹塑性时程分析的结果数据进行后处理，以获取不同地震波对应的结构最大层间位移角（ISDA）；对每个结构模型，可获得 240 个最大层间位移角数据。

4. 拟合地震动强度参数和需求参数的函数关系。以 PGA 为地震动强度参数，以最大层间位移角为地震需求参数，分别对 PGA 和 ISDA 取对数获得 ln（PGA）和 ln（ISDA）；对每一组相同 PGA，不同地震波为一组的 ln（ISDA）求平均值，然后运用线性拟合法拟合出平均值和 ln(PGA)之间的函数关系式，即 ln(ISDA)=a +bln(PGA)，其 a、b 为待定系数。

5. 建立易损性函数，且进行结构易损性分析。

二、结构地震易损性分析

（一）结构模型 Model-1 的地震易损性分析

将结构模型 Model-1 地震需求模型代入至式中，即可获得结构模型 Model-1 的正态累计分布函数（即易损性函数），如下式所示。

$$P_f\left(PGA\right)=\Phi\left(\frac{1.16492\ln\left(PGA\right)-3.51404-\ln\left(LS_i\right)}{0.5}\right)$$

式中，LS_i 表示结构性能水准限值，根据表 6-25 中结果可知，此限值取值分别为 LS_1 =0.0023、LS_2 =0.00568、LS_2 =0.00853、LS_2 =0.01137。由上式计算得到的各极限状态下超越概率为纵坐标，地震峰值加速度 PGA 为横坐标，并能以此绘制出结构模型 Model-1 的地震易损性曲线。

1. 在 7 度抗震设防烈度区（0.10g）大震作用下，结构模型 Model-1 的倒塌超越概率为 7%，小于 10%，结果表明在 7 度抗震设防烈度区（0.10g）大震下结构模型 Model-1 的倒塌概率非常小，其能够满足《建筑抗震性能系数量化》(ACT-63)中的建议："以在罕遇地震下结构倒塌概率小于 10% 作为评价结构抗倒塌能力的标准。"

2. 当 PGA 值为 1.0g 时，结构倒塌超越概率已经达到 95%，表明在 PGA 值为 1.0g 地震作用下，结构模型 Model-1 大概率会发生倒塌。

（二）结构模型 Model-2 的地震易损性分析

将结构模型 Model-2 地震需求模型代入至式中，即可得到结构模型 Model-2 的正态累计分布函数（即易损性函数），如下式所示。

$$P_f\left(PGA\right)=\Phi\left(\frac{1.17445\ln\left(PGA\right)-3.46803-\ln\left(LS_i\right)}{0.5}\right)$$

式中，LS_i 表示结构性能水准限值，根据表 6-25 中结果可知，此限值取值分别为 LS_1 =0.0023、LS_2 =0.00568、LS_2 =0.00853、LS_2 =0.01137。

1. 在 7 度抗震设防烈度区（0.10g）大震作用下，结构模型 Model-2 的倒塌超越概率为 6%，小于 10%，其结果表明在 7 度抗震设防烈度区（0.10g）大震下结构模型 Model-2 的倒塌概率非常小，能够满足《建筑抗震性能系数量化》ACT-63 中的建议："以在罕遇地震下结构倒塌概率小于 10% 作为评价结构抗倒塌能力的标准。"

2. 当 PGA 值为 1.0g 时，结构倒塌超越概率已经达到 95%，其结果表明在 PGA 值为 1.0g 地震作用下，结构模型 Model-1 发生倒塌的概率较大。

（三）结构模型 Model-3 的地震易损性分析

将结构模型 Model-3 地震需求模型代入至式中即可得到结构模型 Model-3 的正态累计分布函数（即易损性函数），如下式所示。

$$P_f\left(PGA\right)=\Phi\left(\frac{1.16492\ln\left(PGA\right)-3.45602-\ln\left(LS_i\right)}{0.5}\right)$$

式中，LS_i 表示结构性能水准限值，根据表 6-25 中结果可知，此限值取值分别为 LS_1 =0.0023、LS_2 0.00568、LS_2 =0.00853、LS_2 =0.01137。由上式计算得到的各极限状态下超越概率为纵坐标，地震峰值加速度 PGA 为横坐标，可绘制出结构模型 Model-1 的地震易损性曲线。

1. 在 7 度抗震设防烈度区（0.10g）大震作用下，结构模型 Model-3 的倒塌超越概率为 7%，小于 10%，结果表明在 7 度抗震设防烈度区（0.10g）大震下结构模型 Model-3 的倒塌概率非常小，能够满足《建筑抗震性能系数量化》（ACT-63）中的建议："以在罕遇地震下结构倒塌概率小于 10% 作为评价结构抗倒塌能力的标准。"

2. 当 PGA 值为 1.0g 时，结构倒塌超越概率已经达到 95%，其结果表明在 PGA 值为 1.0g 地震作用下，结构模型 Model-3 大概率会发生倒塌。

第七章　地铁车辆段上盖建筑与周边环境整合设计研究

存放、修理地铁列车的车辆段的建设强度也在逐步增强，建设规模常常高达十余公顷。为有效利用这一空间，结合车辆段进行上盖建筑开发成为一种有效途径。对于地铁车辆段上盖建筑这类高密度叠加的建筑形式而言，如何处理好其与周边多重环境要素的交互与渗透，使各要素能够互补共赢，并为城市环境的提升做出贡献是本章的研究重点。

第一节　概念界定与相关研究进展

一、相关概念与研究区域界定

（一）地铁车辆段

地铁车辆段是指地铁车辆的维护修理基地，具体功能包括：列车的停放以及日常检查和维护、定期的清洁消毒以及调车编组。车辆的修理，包括月修，定修，架修和临修等作业；车辆的技术改造或厂修；列车回段折返乘务司机换班；车辆段内设备和机具的维修及调车机车的日常维修工作；乘务人员的组织管理，备乘换班等业务。

从结构上看，车辆段的结构形式可分为平面布置和立体布置两种。北京的古城、太平湖及八王坟，上海的新龙华均采用平面布置形式，这种形式占地大，车辆段内采光、通风等工作环境较好。立体布置如东京都地铁 12 号线光丘车辆段，该车辆段为三层结构，地面层主要有转向架作业场所、事务所及办公楼，地下一层主要是车辆的检修线，地下二层主要是停车线，这种结构形式可以有效节省日益紧张的城市土地资源，但如果没有做好设计工作，车辆维修人员的工作环境便难以得到保障。

车辆段及停车场的平面布置应力求作业顺畅、工序紧凑合理。根据车辆段内所需的各种线路的使用功能和有效长度，并结合地形的具体情况，车辆段的站场形式可分为贯通式及尽端式两种。无论哪种站场形式，一般都包含检修库、停车列检库、咽喉区、试车线几个大区，其中有利于上盖建筑开发的是检修库及停车列检库这两个区间的上部空间。尽端式布置又分为顺向并列式布置和反向纵列式布置两种。其中，顺向并列式布置为检修库和运用库并列布置，运用库和检修库通过咽喉岔区的牵出线连接；反向纵列式布置为检修库和运用库纵列布置，运用和检修作业之间需"之"字形折返调车，以增加列车的调车作业时间。在用地面积紧张的情况下，可以选择反向纵列式布置方案。

我国地铁车辆段常常选择"一段（车辆段）一场（停车场）"的建设模式，且以尽端、平面式的车辆段形式居多。平面式车辆段由于其工艺流程复杂，技术需要特殊，所以其上部的建筑形态多为单层厂房，且体量大并连续，一般占地约为 15 ~ 40 公顷，阻隔长度大于 1km。一般的车辆段均选址在线路尽端或城市的近郊并配建地铁车站，根据"TOD"理论的引导，在地铁站点投入使用后，由于其巨大的交通发生量，车辆段上盖区及周边一定范围内的土地将被赋予极高的开发价值。

（二）上盖建筑

上盖建筑在概念界定上有广义和狭义之分。广义上地铁上盖建筑指与地铁出入口及车辆段直接或间接相连的与车站不超过 500m 范围内通过通道或商业设施与之相连的地上、地面以及地下建筑物，其组成形式更加类似于一个轨道交通综合体。狭义上地铁上盖建筑是指建设在地铁车辆段上顶板"盖"之上赋予住宅、商业、办公等功能的建筑形式。

地铁车辆段上盖建筑的开发模式按照车辆段所处的位置可分为地面模式、地下模式、高架模式。地面模式是较为简单有效且经济的车辆段建设模式，是我国现阶段车辆段上盖建筑的主流开发形式。该模式在地面车辆段上部可形成用于建筑开发的大平台，平台通过坡道或交通桥连接周边市政道路。

地下模式则是将车辆段设置在地下，使得其上盖平台与城市基面同层，有效解决了上盖区的交通问题，节约了城市用地，对于城市的影响较小，但车辆段的面积一般较大，采用地下模式的造价是地面模式的数倍，而且对于当地的地质条件有一定的要求，同时车辆段内部工作环境与消防、市政问题较为突出。

高架模式则是将地铁停车场置于建筑之上，通过高架轨道与地铁线路相连。这种模式对于城市交通的影响较弱，减少了车辆段与城市的接触，同时也保障了内部工作环境的优良，造价也比地下模式小了许多，但对于城市的空间形态与景观具有一定的影响，高架下的城市空间难以利用，造成了土地资源的浪费。

（三）研究区域界定

地铁车辆段上盖建筑一般位于地铁线路尽端，并配建有地铁车站。要确定地铁上盖建筑与周边环境的研究范围，不可只局限于上盖区内，同时应考虑地铁车站对城市区域的影响。

一般地铁车辆段上盖区的研究范围包含地面、地上、地下三个维度的城市基面，具体包括车辆段的上盖屋顶支撑的上盖区，与地铁车辆段上盖区直接相连的通道以及通道联通的建筑、广场、街区等城市环境。而根据《城市轨道沿线地区规划设计导则》，轨道站点核心区指距离站点约 300 ~ 500m，与站点建筑和公共空间直接相连的街坊或开发地块；轨道影响区指距离站点约 500 ~ 800m，步行约 15 分钟以内可以到达站点入口，与轨道功能紧密关联的地区。

二、国内外发展历程

（一）国外发展历程

着眼于地铁车辆段上盖建筑与周边环境的整合问题，其涉及城市规划、建筑设计等方面的理论和研究，在这一领域经验较为丰富并取得一定研究成果的有日本、新加坡以及欧美各发达国家，但欧美国家由于地铁建设时间较早，车辆段一般位于城市内部，上盖建筑的建设对既有车辆段的改造居多，与我国新建的城市周边集约式地铁车辆段上盖建筑有一定的区别。

1. 日本

日本是全亚洲最早建设地铁的国家，其轨道交通建设主体可分为以下四种类型：以连接城市之间的轨道交通为主要线路的国铁 JR（Japan Railways）；连接城市内部，特别是城市中心区的地铁；连接城市郊区和城市中心区外围枢纽站点的私铁；针对缺失线路进行建设的，在轨道交通欠发达地区发挥作用的第三方地铁运营者。

日本的上盖开发模式始于电气化铁道交通时代。通过沿线居住区、景点等建设经营来吸引乘客的模式在 1910 年左右开始被阪神、京阪、京浜等铁道公司采用。此时的开发针对的是铁道沿线高价值地块的开发，尚不能称为“地铁”，也不能称为“上盖”。这一时期，工业的发展以满足军事需求为主，轨道交通网络建设得力于当时的轨交优先政策。到了 20 世纪 60 年代，日本进入经济高速成长期，随着汽车交通对轨道交通的冲击以及市区人口的急剧增长，各地铁公司开始尝试进行居住区开发，支撑城市中心交通网络的地铁在这一时期开始与其他轨道交通线网互通。到了 1990 年，日本泡沫经济显现，其后十年地铁建设基本停滞，里程数不再增加。近 20 年，随着城市的蔓延，交通设施的多样化以及地上交通资源的日渐饱和，以私铁和 JR 各公司为中心开始了新一轮地铁上盖的再开发项目，关于由小汽车交通转向公共交通的讨论在日本广泛展开，并提出“人与环境和谐共处的都市营造”“可持续发展的城市”等口号，城市环境被放在前所未有的高度重新审视。

表 7–1　日本轨道交通站点发展历程及形成机制

时间	阶段	站点类型	交通需求	形成机制
1910—1960 年	起步阶段	交通型为主	稳步增长	自近代城市化开始，就发展起了以轨道交通为核心的城市交通构架，形成了三大都市圈
1960—1990 年	高速阶段	居住型为主	迅速增长	战后重建经济逐步恢复，政府实行鼓励人口生育政策
1960—1990 年	饱和阶段	—	停滞、下降	泡沫经济显现，人口老龄化现象凸显，轨道交通建设放缓
2000 年后	优化阶段	综合型为主	缓慢增长	土地资源紧张，人们注重城市环境，城市规划师受新陈代谢思想影响开展优化工作

日本车辆段的开发原则为：遵循 TOD 原则，即将地铁车辆段的建设结合到城市发展过程中，开拓“卫星城”或“副都心”，尽量压缩占地面积，实现土地集约。其集约型车辆段具体到结构方式是将车辆段与上盖建筑立体叠加，进行整片开发。

2. 新加坡

与日本类似，新加坡也是土地资源较为紧缺的国家，自 20 世纪 60 年代以来，新加坡政府积极构建多中心空间体系，通过新市镇的建设，使用城市规划的手段将公交系统的布局融入到城市扩张的进程中。早在 1967 年，新加坡城市规划人员便预测新加坡在 1992 年如果还不建立完整的地铁系统将难以满足日益增长的人口的公共交通的需求，因此对于轨道交通引导城市发展的理念贯穿了新市镇建设的始末。自 20 世纪 60 年代新市镇开发起步以来，新加坡已经对 23 个新市镇进行了开发，约 90% 的人口居住在新市镇中，每个新市镇的规模大约 6250000m^2，覆盖人口约 20 万。新加坡自 20 世纪 80 年代着手修建地铁以来，在城市发展边缘地带的新市镇地铁站点常常结合车辆段与上盖住宅进行一体化开发。在地铁建设初期，如果人口的原始积累没有完成，新加坡政府会暂时关闭地铁站，待时机成熟，才进行上盖综合体的开发，同时，在站点周边的一定范围内，如果没有较好的开发思路，新加坡政府一般先预留一部分用地作为绿地，通过生态环境的改善吸引人流，等到人口积累完成后，该绿地所在的位置便会获得更高的土地价值。这种开发方式的落地性较强，避免了大拆大建等劳民伤财的开发方式。同时将地铁站点与常规公交组成一体化的公交系统，其中地铁提供长距离运输的作用，联通市中心与新城中心，是系统的骨干，而且站点与周边居住区的距离一般控制在 400m 之内，且通过设有雨棚的通道相连。

表 7-2　新加坡新市镇发展历程

时间	阶段	形成机制	地铁建设情况
1960 年	起步阶段	政府推进新市镇建设，强调形式	—
1960 年 ~ 1980 年	统一发展阶段	新市镇建设进程进一步发展，大型组屋比重增加	通过人口预测将“环形+放射式”空间发展结构调整为依托轨道交通发展的“项链式”空间布局结构
1980 年 ~ 1990 年	个性发展阶段	邻里组团概念的引入，注重建筑特色	地铁建设融入新市镇建设，地铁车辆段成为新城建设的方向
1990 年 ~ 1995 年	更新发展阶段	旧市镇更新计划，强调新城建设的质量	地铁建设融入新市镇建设，地铁车辆段成为新城建设的方向
1995 年后	优化阶段	强调地铁主导的交通模式，重视自然环境，强调社会服务设施和基础设施的辐射效应	提升新建车辆段上盖品质，注重与自然环境的协调，强调片区一体化开发

（二）国内发展历程

据统计，我国内地车辆段上盖开发项目有 16 个，总占地面积约 420hm²，总开发面积超过 700 万 m²。进行上盖建筑开发的车辆段仅占所有车辆段总量的五分之一，上盖开发的程度较低。放眼国内，只有香港在此方面的实践探索走在了世界前列，而北京则记录了内地对于地铁车辆段进行上盖建设探索的历程。

1. 香港

香港地铁自 20 世纪 80 年代以来在车辆段上部进行上盖建筑开发研究，经过三十余年的实践经验积累，香港在全球车辆段上盖建筑开发领域已经具有绝对权威。

（1）简单的上盖阶段（1980—1990 年）

在车辆段上盖建筑开发的早期，通常以满足功能性指标为主，上盖建筑功能多布置为保障房，上盖区与周边环境质量较差，功能单一。如 1987 年建成的香港柴湾车辆段，该车辆段上盖区以居住功能为主，总占地面积 30.2 公顷，总建筑面积 64 万 m²，容积率 2.1，仅建有住宅、居住区配套设施及少量商业。这一阶段的上盖建筑开发以满足下部车辆段交通功能为主，而对上盖区及周边地区的环境关注较少，如咽喉区未进行遮蔽，地铁列车产生的噪声与振动会对周边建筑造成一定的污染。

（2）物业综合阶段（1990 ~ 2010）

经过最初的简单上盖的物业开发模式的探索，物业综合阶段的上盖建设项目逐渐意识到了环境优化与周边功能区的关系，对于城市功能的拼合更加多元化，对车辆段内部空间的布置和流线组织也更多地考虑了上盖区的空间组织和环境的优化。如香港九龙湾车辆段，其内部空间环境较为丰富，一层平台设有商业内街、广场及小型公园，二层平台设有儿童游乐场所及住宅入口，与相近规模的香港柴湾车辆段相比，香港九龙湾车辆段的商业面积几乎达到了香港柴湾车辆段的 2 倍，但与此同时牺牲的是一定面积的住宅和社区康乐设施。

（3）一体化开发阶段（2010 以后）

2010 年后，随着地铁线路的增加，车辆段车间的体量越来越大，上盖居住建筑的规模甚至可以达到居住区级别，更是将车辆段与地铁站点结合，形成了高强度、高密度的综合一体化开发模式，其主要特点是注重公共空间的营造，为周边城市环境的改善提供大量的绿化景观资源。如香港将军澳车辆段上盖开发项目，该项目将上盖区与落地区统筹考虑，通过城市设计的手段提升上盖区与落地区的环境质量。此阶段的车辆段上盖设计理念从提升居住环境的层面上升到提升居住配套和整体片区环境质量的层面，将可持续发展理念注入设计之中。

2. 北京

北京作为我国内地第一座拥有地铁并进行地铁车辆段上盖开发的城市，其各阶段建成的车辆段上盖均为同时代我国内地车辆段上盖开发的最高水平，可以全面、系统地代表我国地铁车辆段上盖建筑的建设情况。根据《2015—2021 年北京城市轨道交通第二期建设规划》，北京市远景规划地铁线路总长度 1524 公里，2020 年开通运营 27 条线（含多线贯通运营线路）、运营线路长度 998.5 公里、建成 46 个车辆段和停车场（平均每个占地面积按 350 亩计，共计占地约 16000 多亩）。随着线路的叠加和增多，地铁车辆段的规模越来越大，若仅作为市政用地建设车辆段不考虑上盖建设的话，将形成许多工业巨构建筑群，对城市环境造成巨大的影响。北京市对于地铁车辆段上盖的建设在国内来说较早，但仅有六分之一的车辆段进行了上盖开发建设，总开发建设面积 200 万 m^2 左右，实际实现综合利用的仅有 4 处，这四处建成项目按照不同时代的不同理念进行建设，按照其各自特性可分为三代，下面将这三代地铁车辆段上盖建设的现状进行梳理。

（1）第一代“万用平台”式车辆段综合利用项目——四惠车辆段（1990 ~ 2000）

20 世纪 90 年代的四惠车辆段上盖建设项目是内地地铁与住宅建设有机结合的第一次尝试，在建设过程中和建设完成后都出现了许多需要解决的问题。从结构功能上讲，该项目尝试建设一个能够与普通白地媲美的“万用平台”，在车辆段建设之外另起炉灶进行上盖区建设，两者之间严格切分，期望能够将上盖区打造成一个独立于车辆段的“新地块”。这显然是不切实际的，当时的结构设计规范对于结构转换类建筑高度的限制使得四惠车辆段的开发强度远远无法达到建设目标——港铁上盖开发的强度，且容积率甚至不足1.5，这对于本应高产出的地铁上盖项目是无法想象的，“万用平台”只对于上盖区的环境进行了一定的考虑，但对被全部遮盖的盖下车辆段车间缺乏通盘考虑，导致盖下采光和通风较差。从交通组织上讲，四惠车辆段无论从内部的交通组织还是从对于周边城市交通的影响来说都具有较差的影响；从景观环境上讲，预留覆土较少，导致无法栽种乔木，且未对巨构建筑的侧立面进行有效处理，“侧壁效应”严重。

尽管四惠车辆段上盖项目出现了许多问题，但作为我国第一代车辆段上盖项目的代表，仍为后期的地铁车辆段上盖建设项目探索了思路，意义非凡。

（2）第二代“分区划片”式车辆段综合利用项目——郭公庄车辆段（2000 ~ 2010）

由于四惠车辆段出现了较多的问题，到2007年之前北京市的车辆段建设均未考虑上盖开发。到了2007年，通过对国内外较为成熟的车辆段上盖项目的学习和建成车辆段使用过程中的经验积累，也伴随着我国的地铁建设大潮，北京地铁9号线郭公庄车辆段再次进行了车辆段上盖建筑的建设尝试。在郭公庄车辆段上盖建筑的建设过程中，区别于第一代整体盖板的建设方式，对盖板和车辆段、上盖建筑进行了切分，但由于前期规划方面存在缺陷，受到下部车辆段设施和线路布设的影响过大，而上盖区的组团功能关系与下部车辆段明显不同，由此导致了项目各功能组团之间缺乏有机联系和渗透。同时，该项目的咽喉区也未进行覆盖，曾导致周边住宅的环境影响评价无法通过。

（3）第三代“填补”式车辆段综合利用项目——五路车辆段和平西府车辆段（2010以后）

五路车辆段和平西府车辆段作为第三代车辆段上盖项目的代表，区别于以往的上盖项目，对产生较多环境污染问题的咽喉区进行了封闭式的盖板覆盖，在上部设计了公园绿地，将上盖区与落地区以及地铁车站进行了有效连接，并利用其与结构转换层的高差进行了商业项目的填补。这种操作方式一方面阻隔了咽喉区地铁车辆产生的污染问题，另一方面也将各功能组团连接到了一起，是对以往车辆段上盖建设与周边环境问题的主动填补与修复。在车辆段上盖区与地铁车站的衔接问题上，这两个项目都将与地铁车站同一基面的落地区建筑进行了商业零售、常规公交换乘的功能区块填补，使车辆段与车站的关系更加紧密。

第二节　地铁车辆段上盖建筑与周边环境现状调查研究

一、调研目的

通过对上述城市、国家的车辆段上盖建筑开发分析，梳理上盖建筑发展演变。通过对地铁车辆段上盖建筑与周边环境的现状进行梳理，并对普遍出现的以及未发现的问题进行总结，最终得出影响两者整合的关键要素，以北京为例，选择四惠、郭公庄、五路和平西府四个建于不同时代的车辆段，就其现状和满意度进行了调研分析。

二、调研对象选取

（一）地点选取

北京是我国内地最早结合地铁车辆段进行上盖建设的城市，截至2013年底，目前北京市已建和在建车辆段和停车场有27个，其中已建成的有4个，在建2个。在建设周期较长的地铁车辆段上盖建筑研究中，我国内地仅有北京一座城市能够呈现不同时期上盖建设的成果。因此，选择了北京的四个已建成的地铁车辆段上盖项目，即四惠车辆段、郭公庄车辆段、五路车辆段以及平西府车辆段，对其上盖建筑与周边环境的关系进行调查、体验及问卷调查。

表7-3　调研对象一览表

名称	区位	线路	建成年代	基本特征
四惠车辆段	朝阳区	1号线、八通线	20世纪90年代	总占地43公顷，上盖面积22公顷，总建筑面积120万m^2
郭公庄车辆段	西南四环与五环之间	9号线、房山线	2011年	总占地23.32公顷，上盖面积5.55公顷，总建筑面积63万m^2
五路车辆段	海淀区西三环外玉渊潭乡五路居	10号线	2015年	总占地22.36公顷，总建筑面积32.99万m^2
平西府车辆段	中心城北部	8号线	2015年	总占地28.8公顷，总建筑面积51.71万m^2

1. 四惠车辆段上盖项目

四惠车辆段位于北京市朝阳区，横跨四惠站和四惠东站两个地铁站，为贯通式车辆段，其中四惠站是北京地铁1号线和八通线的尽端站。上盖结构可分为地铁层、结构转换层以及上盖建筑层，上盖区是东西长、南北窄的 1290m×226m 的长方形。其空间布局为行列式布局，无落地区相连，与周边地区缺乏空间联系，而且呈对立关系，由此导致的社会矛盾较为尖锐。

2. 郭公庄车辆段上盖项目

郭公庄站位于北京地铁房山线和 9 号线交界处，北京西南四环与五环之间，北侧为南四环路主路、四周被万寿路南延线路网所交织，设有 9 号线车辆段一处，车辆段上盖建设西华府项目。该项目定位为大型轨道交通类住宅及综合体，用地呈 913×258m 的东西长、南北窄的长方形，用地性质为多功能用地，总用地面积 23.32 公顷，容积率 2.7，建筑高度 90m，绿化覆盖率 26.9%，总建筑面积 63 万 m^2。其中，住宅建筑面积 17 万 m^2，写字楼 4.5 万 m^2，商业 2.9 万 m^2，公共租赁住房 25 万 m^2。郭公庄车辆段上盖区长 306m 宽 184m，总面积约 5.55 公顷，属于小型车辆段上盖项目。以运用库为中心、上盖平台为基准面，其南、北各设有 4 栋 18 层高层住宅，北侧首层设有住宅配套商业用房。南北两楼之间设有 4.5m 层高的设备层（停车库），主要设备用房如通风、水泵、变电房等布置在停车库中部，停车库西北设有燃气热水锅炉房。

3. 五路车辆段上盖项目

五路及平西府车辆段上盖开发作为第三代车辆段上盖开发项目，同时设计、施工、建成，具有相似的特征，在此作为同一类案例进行研究。

地铁 10 号线二期五路车辆段位于海淀区西三环外玉渊潭乡五路居，总用地面积约 22.36 公顷，规划开发总建筑面积 32.99 万 m^2，容积率 1.58，绿化率 60%，其中住宅（包含保障房在内）9.6 万 m^2，商业办公 17.8 万 m^2，其他配套 0.21 万 m^2，建筑控高 60m。规划为集地铁车辆段、住宅、商业、教育、停车为一体的地铁上盖综合开发项目。

4. 平西府车辆段上盖项目

北京地铁 8 号线平西府车辆段位于北京市中心城北部，总用地面积约 28.8 公顷，总建筑面积 51.71 万 m^2，其中住宅约 46 万 m^2，办公商业约 4 万 m^2，其他配套约 1.71 万 m^2，建筑控高 80m。

（二）人群选取

地铁车辆段上盖建筑的设计通常与该地区的使用人群有关，因此对于调研目标人群的对象选取也是研究地铁车辆段上盖建筑与周边环境关系的基础部分。根据调研问卷数据，受访者人数男性 77 人，女性 95 人。家庭结构以 3 人居多，其中 1 人的有 3 人，占总数的 1.7%；2 人的有 42 人，占总数的 24.4%；3 人的有 52 人，占总数的 30.2%；3 人以上的有 75 人，占总数的 43.7%。

对于年龄的调查显示，年龄在 20 岁以下的有 7 人，占总数的 4.1%；20 ~ 30 岁的有36人，占总数的20.9%；31 ~ 40岁的有67人，占总数的39.0%；41 ~ 50岁的有57人，占总数的33.1%；50岁以上的老人有5人，占总数的2.9%。

对于受访者收入情况的调查显示，月收入4000元以下的有51人，占总数的29.7%；4000 ~ 8000元的有59人，占总数的34.3%；8000 ~ 12000元的有36人，占总数的20.9%；12000元以上的有26人，占总数的15.1%。

对于受访者身份的调查显示，上盖区居民有109人，占总数的63.4%；周边居住区居民有38人，占总数的22.1%；地铁员工有13人，占总数的7.6%；办公区员工有7人，占总数的4.1%；周边商业区购物者5人，占总数的2.9%；游客0人。

由于调查问卷数量较多，且选择四个车辆段的不同时段进行随机发放，因此调查结果可以较真实地反映地铁车辆段上盖建筑附近的人群构成概况。问卷调查显示：车辆段上盖建筑附近的人群复杂，女性略多于男性，家庭结构以三人及以上的居多，年龄层全面，以30 ~ 50岁的中年人为主，收入在4000 ~ 8000元的居多，身份以上盖居住区居民为主，受访人群符合本次调研目的。

三、调研方法

（一）实地踏勘法

实地踏勘法是综合运用观察、访谈等方法到基地进行实地调查的一种方法。任何建设项目的设计都离不开一定的时间、地点和条件，这是踏勘调查的客观基础。将调查人员对相关场所及其物品、人身进行勘查、检验，能够了解设计与使用过程中出现的问题和产生原因。通过对北京四处车辆段上盖建筑及周边地区的踏勘，从功能环境、空间环境、交通环境三个方面进行了有针对性的走访和记录。

（二）问卷调查法

问卷调查法能弥补实地勘查法的不足。问卷调查所了解的情况可以与实地勘查的材料互相补充、互相印证，使调研工作进行得更加深入细致。通过对地铁车辆段上盖建筑整合设计获得了一定的认识，结合相关学科背景与专业知识，可将调研问卷划分为四个部分：

1. 地铁车辆段上盖建筑与周边建筑的功能需求情况。

2. 地铁车辆段上盖区交通与地面交通衔接情况。

3. 地铁车辆段上盖区景观系统的使用评价。

4. 地铁车辆段周边环境质量总体评价。

四、调研内容

根据问卷问题的设置顺序，本节分别从功能环境、交通环境、景观环境以及空间环境四个方面对本次调研进行阐述。

（一）功能环境

1. 实地踏勘

建设于20世纪90年代的北京四惠车辆段在进行上盖建筑建设时无专用层高规范，导致在10m上盖平台上起步建设的上盖建筑受到与地面建筑一样的层高限制，因此四惠车辆段上盖建筑大部分为多层建筑，高层建筑较少，容积率甚至未达到1.5。此外，盖上未规划商业区，居民购买生活必需品必须到上盖区之外，而两者的交通连接较差，导致零售商贩租用底层住宅或在路边摆摊销售商品。

而郭公庄车辆段附近有5处成熟住宅小区，周边地块除西侧为靠近丰台科技园总部基地的商业办公区外，均为居住区。上盖区北侧设有四处地铁出口，其中C出口结合北侧落地区建设，距离上盖区仅50m，与地铁车站结合较为紧密。

2. 问卷调查

针对地铁车辆段上盖建筑与周边建筑功能环境的问卷调研也印证了其对于提升片区活力以及城市化质量的重要作用。研究城市功能对于地铁车辆段上盖及周边建筑的影响归根到底是研究人的行为需求，只有真正了解了居民对于功能的需求，才能有的放矢地整合资源、发挥最大效益。

对于受访者在周边进行购物和娱乐活动情况的调研显示，几乎每天进行商业行为的有17人，占总数的9.9%；经常频率的有21人，占总数的12.2%；一般频率的有43人，占总数的25.0%；偶尔频率的有53人，占总数的30.8%；几乎不进行商业行为的有38人，占总数的22.1%。

对于受访者对周边功能设施的满意度评价调研显示，周边功能设施能够满足受访者需要的有65人，占总数的37.8%；不能满足的有107人，站总数的62.2%。其中认为不能满足的107位受访者对需要添加的功能设施进行了多项选择，认为需要添加零售商业的有95人，占总数的88.8%；认为需要添加大型商场的有55人，占总数的51.4%；认为需要添加餐饮功能的有87人，占总数的81.3%；认为需要添加金融服务功能的有41人，占总数的38.3%；认为需要添加娱乐活动功能的有76人，占总数的71.0%；认为需要添加文化服务功能的有94人，占总数的87.9%；认为需要增加交通功能的有43人，占总数的40.2%。

针对地铁车辆段上盖建筑与周边建筑功能需求情况的调查总结：大部分受访者会

在周边进行购物以及娱乐活动，但对周边功能设施的满意度较低，现有功能设施并不能满足大部分人的正常生活需要，人们主要对零售、餐饮、交通、娱乐文化服务的功能需求较高。综合来看，受访者对于初级功能的需求较高，这与功能注入的时机和品质有一定的关系。

（二）交通环境

1. 实地踏勘

四惠东站 A 出口正在建设人行廊道，由于当初设计时未充分考虑地铁车站与车辆段上盖区的交通连接，以致需要新建高架廊道连接出站口与外部天桥，从而导致交通体系不系统、交通设施风格不协调。而且周边交通空间层次划分生硬，上盖区边缘立面以外 50m 内的空间依次为上盖区、快车道、人行道、列车轨道、人行道、景观带、停车场，仅用高差界定各自路权，人车混行隐患大，出行者安全受到严重影响。

四惠车辆段上盖区允许小汽车的进入，其停车系统分为地面停车和地下停车两个部分，地面停车为盖上路侧停车，地下停车为停车层（结构转换层）停车。由于地面停车价格低于地下停车，所以多数居民选择路侧停车，这导致盖上本就不宽裕的交通空间显得尤为拥堵。同时，由于面积较大，上盖区允许共享单车进入，但在规划时并未考虑这一交通形式，后期也未统一加设专用停放区，导致乱停乱放现象严重，挤占了较多的公共空间。临时停车方面，由于盖上路权划分依靠硬质隔离桩，且未规划商业区，因此无规划卸货点和临时停车点，许多占用底层住宅的商贩将入户道路挤占为卸货通道。四惠车辆段上盖开发住宅面积约 60 万 m^2，住户将近万户，但是仅有较少的机动车坡道，高峰时期出入口经常出现拥堵现象。不仅如此，在车辆段周边的空地、高架下部也出现了地面停车场以及自发的路侧停车的现象。

郭公庄车辆段上盖区允许车辆进入，盖上住宅小区对外共设 5 处人行天桥，3 处车行通道。其中上盖区北侧落地区建有高层住宅，与上盖区有 4 处人行天桥相连，东北设有备用车行通道；西侧落地区建有商业办公区，与上盖区规划 1 处人行天桥，现状暂未连接；东侧为咽喉区，白地建有地铁车辆段配套设施以及地铁大厦办公区；南侧设有 2 处通往盖上的坡度 8% 的同侧车行坡道。交通换乘方面，郭公庄车辆段周边公共交通资源较为丰富，东侧临郭公庄路，南侧临郭公庄南路，西侧临南梗村三号路，北侧临六圈南路，较近的公交线路有 451、477、480、692、840、913、967 路等。配建的郭公庄地铁站是北京地铁 9 号线与房山线两条线的尽端站，设有 4 处出入口，均位于上盖区 100m 范围内，其中 C 出口距上盖区出入口仅 50m。

五路车辆段上盖区上下交通连通性较好，共设有两处车行出入口，六处垂直交通核以及多处人行步道，使得上盖区各个方向的可达性相对较高，打破了上盖区的孤岛感。

同时，通过设置电梯和坡道兼顾了残疾人的需求，也使上盖区慢行系统与城市慢行系统无缝衔接。平西府车辆段设有两处车行出入口以及多处人行出入口，西侧落地区建筑与上盖区无缝连接，共用垂直交通设施，避免了单独建设裸露在外的垂直交通核，使行人的步行流线更加顺畅。

在前期规划过程中，五路车辆段上盖项目和平西府车辆段上盖项目均将公交站点以及地铁站点纳入统一规划，将对交通设施的被动依附、迎合转变为主动协调、统筹，创造了更加灵活的动线。五路车辆段将步行垂直交通核与螺旋式汽车坡道结合，从而把交通功能聚合在较小的垂直空间内。

2. 问卷调查

地铁车辆段上盖建设与普通建筑建设的最大区别在于其交通的复杂性，车辆段对于城市交通造成的巨大影响使得对其进行的交通研究极其重要，具体涉及上盖区与外部交通系统的衔接。

对于受访者乘坐地铁的频率调查显示，几乎每天乘坐地铁的有 45 人，占总数的 26.2%；经常乘坐的有 94 人，占总数的 54.7%；一般频率的有 19 人，占总数的 11.0%；偶尔乘坐的有 13 人，占总数的 7.6%；几乎不乘坐的有 1 人，占总数的 0.6%。

对于受访者的通勤时间统计调查显示，每天花在前往工作以及学习场所的时间在 10 分钟内的有 12 人，占总数的 7.0%；20 ~ 30 分钟的有 58 人，占总数的 33.7%；0.5 ~ 1 小时的有 61 人，占总数的 35.5%；1 ~ 2 小时的有 23 人，占总数的 13.4%；2 小时以上的有 18 人，占总数的 10.5%。

对于受访者的出行时段统计调查显示，早晨乘坐地铁的有 98 人，占总数的 57.0%；上午的有 32 人，占总数的 18.6%；中午的有 3 人，占总数的 1.7%；下午的有 18 人，占总数的 10.5%；晚上的有 21 人，占总数的 12.2%。

对于本地区与地铁车站、公交车站的衔接便利度评价调查显示，认为非常方便的有 42 人，占总数的 24.4%；比较方便的有 72 人，占总数的 41.9%；不太方便的有 42 人，占总数的 24.4%；很不方便的有 16 人，占总数的 9.3%。其中认为不方便的 58 位受访者对不方便的原因进行了多项选择，认为出入口数量少的有 43 人，占总数的 74.1%；位置不合理的有 53 人，占总数的 91.4%；缺少交通连接设施的有 50 人，占总数的 86.2%；缺乏标识引导，不易寻找的有 38 人，占总数的 65.5%。

对于本地区车行环境满意度评价调查显示，非常满意的有 40 人，占总人数的 23.3%；比较满意的有 56 人，占总人数的 32.6%；不太满意的有 57 人，占总人数的 33.1%；很不满意的有 19 人，占总人数的 11.0%。其中认为不满意的 76 位受访者对不满意的原因进行了多项选择，选择停车不便的 47 人，占总人数的 61.8%；流线设计不合理，容易人车交叉的有 61 人，占总人数的 80.3%；形式不好，形成堵塞的有 39 人，占总人数的 51.3%。

对于上盖区可达性的评价调查显示，认为可达性很好的有 20 人，占总数的 11.6%；较好的有 44 人，占总数的 25.6%；一般的有 15 人，占总数的 8.7%；差的有 69 人，占总数的 40.1%；很差的有 24 人，占总数的 14.0%。

对于上盖区导向性的评价调查显示，43 人在出入上盖区的时候出现了迷路的情况，129 人表示没有，除去从未进入上盖区的 63 人，66 人未出现迷路情况，迷路人数高达 39.4%。对选择有过迷路情况的 43 位受访者的迷路原因进行了多项选择，选择与外界隔离且无方向感的有 39 人，占总人数的 90.7%；空间流线组织不合理的有 10 人，占总数的 23.3%；空间缺少特色，难以定位的有 21 人，占总数的 48.8%；导向系统标识少或导向不明确的有 30 人，占总数的 69.8%。

地铁车辆段上盖区交通与外部交通衔接情况的调查总结：几乎所有人都在日常生活中乘坐地铁，通勤时间在半小时到 1 小时的居多，且出行时间集中在早、晚高峰，具有明显的峰谷出行特征，地铁车站、公交车站的衔接便利度较高，但仍然有三成受访者不满意，主要问题集中在位置不合理和缺乏交通设施连接上；而对车行环境感到不满人数也达到了近半数，主要问题集中在停车不便和流线设计不合理；在上盖区附近出现过迷路情况的占近四成，其原因主要是与外界的隔离和标识系统的不健全；大部分受访者对上盖区可达性评价较差。综合来看，受访者对于交通衔接的主要关注点在于出行品质的提高，如人性化尺度的交通设施布置、高效便捷的交通流线等。

（三）景观环境

1. 实地踏勘

在四惠站和四惠东站的地铁站出入口以及其各自通向上盖区的廊道均缺乏无障碍设施，老年人以及残疾人士若选择步行仅可通过较长的坡道或仅有楼梯的廊道进入上盖区，而且自行车坡道与立柱互相干扰，无法发挥应有效能。标识系统较为简单、落后，标识之间缺乏系统性，图形标识与文字标识混杂，且标识语言仅为汉语。

在四惠车辆段上盖区周围的街道活动的最直观感受是车辆段界面的压迫感以及其与周边建筑风貌的巨大差异，车辆段的体量无论从高度还是宽度远远超越了周边建筑。因此，尽管上盖建筑高度受到了限制，其对城市景观产生的影响依然不容小觑。其次，由于连通车站、上盖区的廊道以及车辆段车间与城市相接的界面未做处理，铁栏杆、钢结构、水泥抹面的巨型墙体等冷冰冰的工业要素直接暴露在城市环境中。再次，四惠车辆段上盖区覆土较薄，人造轻质土的厚度在 10 ~ 75cm，无法栽种大型乔木，且其独立于大地，植物无法从土壤中吸取水分，整个上盖区绿化景观系统完全依靠花池，极度依赖人工浇灌。

郭公庄车辆段上盖区建成于21世纪初，建筑的整体色调为黄、灰色，对比度较低，与周边建筑色彩相吻合。在上盖区边缘的处理上，对于裸露在外的厂房，该项目采用了建筑物遮蔽的方式对其进行视线遮挡处理，在基地周遭无法看到车辆段的建筑立面，但同时也遮蔽了内部居民的视线。与此同时，该项目咽喉区未进行覆盖，在咽喉区立面也未安装隔音设施，仅在建筑朝向上与咽喉区位置垂直，以期规避来自地铁的声、光污染，同时在其他方向的边缘处安装高压电铁丝网，进一步封闭上盖区。郭公庄车辆段上盖的覆土较薄，仅有0.5m左右，所植植物为宿根草本，间植空间过大导致冬季景观较差。但其通过树池的使用增加了高大乔木的数量，并结合座椅形成了上盖区内的游憩空间，对于营造居住区内的景观环境具有一定的益处。

五路车辆段和平西府车辆段都选择了导光管作为下部车辆段车间的照明系统，相较于其他车辆段的采光井，对于上盖区的影响较小。而排烟方面，五路车辆段咽喉区在靠近住宅区的立面采用封堵的方式，其余位置使用侧面开窗以保证通风排烟，在面对城市道路一侧设置隔音设施，可彻底将地铁车辆行驶过程中产生的声、光污染阻隔在盖下。

五路车辆段和平西府车辆段上盖项目覆土可达1.5 ~ 1.7m，为多树种栽培以及景观多样化提供了可能。同时，由于咽喉区结构复杂，难以建设上盖建筑，五路车辆段上盖项目在咽喉区上盖区设置了花园和健身场地，并利用其较为狭长的特点逐步降低由于上盖加建小汽车停车库形成的高差，使得咽喉区方向的城市界面更加缓和，从而提高了上盖区与落地区的景观连续性。五路车辆段的边缘区立面为高度较高且具有明显工业建筑风格的灰色墙面，使人产生与北侧居住区的割裂、对立感受，加重了“侧壁效应”和“孤岛感”。

2. 问卷调查

对于现状车辆段上盖区与周边绿化程度的满意度评价调查显示，对绿化程度非常满意的30人，占总人数的17.4%；比较满意的58人，占总人数的33.7%；不太满意的69人，占总人数的40.1%；很不满意的15人，占总人数的8.7%。对选择不满意的84位受访者进行了不满原因的多项选择，选择绿化面积较小的44人，占总人数的52.4%；植物配置单一的32人，占总人数的38.1%；缺乏常绿植物的54人，占总人数的64.3%；缺乏夜间垂直照明的11人，占总人数的13.1%；绿化景观可达性差的66人，占总人数的78.6%。

对于上盖建筑及车辆段的色彩评价调查显示，认为色彩和谐淡雅的68人，占总人数的39.5%；色彩丰富多彩的2人，占总人数的1.2%；色彩单调、令人乏味的102人，占总人数的59.3%；色彩绚丽、感觉不适的0人。

对于周边景观设施的需求调查显示，认为能满足居民需求的 77 人，占总数的 44.8%，不能满足居民需求的 95 人，占总数的 55.2%。其中认为不能满足的 95 人对需要增加的景观设施进行了多项选择，选择座椅的 12 人，占总数的 12.6%；选择休闲茶座的 33 人，占总数的 34.7%；选择照明设施的 4 人，占总数的 4.2%；选择墙壁与栅栏的 2 人，占总数的 2.1%；选择喷泉水池的 27 人，占总数的 28.4%；选择艺术装饰品的 60 人，占总数的 63.2%；选择标识牌的 55 人，占总数的 57.9%；选择无障碍设施的 83 人，占总数的 87.4%。

对于车辆段与上盖区的关系调查显示，认为提升车辆段的工作环境可以影响上盖区的有 42 人，占总数的 24.4%；选择不应该的有 93 人，占总数的 54.1%；选择看情况的有 37 人，占总数的 21.5%。

对于上盖区及周边的景观、环境质量的满意度调查显示，对其非常满意的 21 人，占总数的 12.2%；比较满意的 45 人，占总数的 26.2%；不太满意的 88 人，占总数的 51.2%；很不满意的 18 人，占总数的 10.5%。其中不满意的 106 人对不满意的原因进行了多项选择，选择建筑采光通风差的 18 人，占总数的 17.0%；选择车辆段产生噪音、振动光污染较大的 55 人，占总数的 51.9%；选择空间尺度不好、感觉压抑的 87 人，占总数的 82.1%；选择色彩单调或灰暗、没有活力的 75 人，占总数的 70.8%；选择空间装饰体现不出地方特色的 99 人，占总数的 93.4%；选择缺少景观绿化的 54 人，占总数的 50.9%；选择小品等服务设施不足的 63 人，占总数的 59.4%。

地铁车辆段上盖建筑周边景观系统的使用情况调查总结：约有半数受访者对于现状车辆段上盖区与周边地区的绿化程度不满意，而不满的主要原因是绿化景观的可达性较差；受访者对于上盖建筑及车辆段的色彩评价主要集中在色彩单调、令人乏味；超过半数受访者认为周边景观设施无法满足需求，主要希望增加的景观设施包括休闲茶座、艺术装饰品、标识牌以及无障碍设施；大多数受访者认为提升车辆段工作环境不应以影响上盖区的环境品质为代价；对上盖区及周边的环境质量不满的受访者约占总人数的六成，其主要不满的原因是空间尺度不好、建筑色彩单一、空间装饰体现不出地方特色以及小品等服务设施不足。综合来看，受访者对于景观环境的要求较高，以往功能性的设计策略已经无法满足居民的景观需求。

（四）空间环境

1. 实地踏勘

四惠车辆段结构上采用大盖板式上盖结构，并未对上盖区建筑与下部车辆段进行主动结构分离，导致只能通过被动安装机械隔音和减震设施以保护上部居住空间的生活环境。而大盖板下部车辆段的采光、通风较差，转换层和车辆段车间中部较为昏暗，采光井并未给盖下采光带来较为有利的改善。

郭公庄车辆段上盖平台综合考虑了下部车辆段生产功能所需空间、工程造价、立面景观美观性以及与周边道路衔接等方面的因素，尽量降低平台高度，最终将最低标高确定为 8.4m；通过标高的层次化处理，形成相对自然连续的多层台地。郭公庄车辆段及上盖物业开发二期为车辆段上盖住宅开发，包括住宅、汽车库及预留设备用房及消防道路，且已实施完成，其空间排列形式为行列式；三期为车辆段周边落地区开发，主要为车辆段东、西、北落地开发区域，其空间排列形式为周边式。

平西府车辆段西侧将上盖区与落地区建筑无缝连接，并设置裙房对车辆段车间进行遮挡，使西侧商业界面整齐、连续，完全摆脱了车辆段对于景观的影响。但在东侧却由于建设上盖区停车层导致上盖区内出现高差，形成了大面积的消极空间，其现状作为垃圾堆放场所，对景观和治安环境均产生了不利影响。

2. 问卷调查

问卷最后以对地铁车辆段上盖建筑与周边环境的总体评价收尾。总评调查显示：认为很好的 13 人，占总数的 7.6%；较好的 27 人，占总数的 15.7%；一般的 75 人，占总数的 43.6%；不好的 45 人，占总数的 26.2%；很差的 12 人，占总数的 7.0%。

针对地铁车辆段上盖建筑与周边环境改进要素的调查结果显示，选择增加其他功能服务设施的 147 人，占总数的 85.5%；丰富空间层次的 94 人，占总数的 54.7%；优化交通组织问题的 139 人，占总数的 80.8%；提高景观环境质量的 156 人，占总数的 90.7%。

地铁车辆段上盖建筑周边环境的总体评价调查总结：不满意的人数较多，受访者总体追求更加齐全的功能服务设施、更流畅的交通组织和更加优质的景观环境质量。

第三节　地铁车辆段上盖建筑与周边环境整合设计策略

一、整合设计的概念与内涵

“整合”一词来源于地理学，是表征地层的连续性的一个概念。主张将规划与建筑设计进行合并并且整体思考，运用整体性思维方式，把城市作为一个整体进行研究。20 世纪 70 年代，欧美国家开始探索城市发展的新型模式，城市设计和建筑设计的界限逐渐模糊，城市空间趋于交通立体化和功能一体化，整合设计成为一种新的设计趋势。所谓的整合，主要是对环境的更新、改造及创新的一种设计、策划、手段方法。它是对空间进行相应的调整以创造一个适宜人类的人居环境、生态环境为主要出发点，并以改善、提高环境品质为主要目的的一种行动。在此理解的整合设计是强调整体优化，对不同功能的空间进行合理构架，突出人与交通、景观、空间之间的互动关系，从城市设计的角度整体梳理地铁车辆段上盖建筑与周边环境间不同要素的互相作用、影响，并分析它们之间的关系，以期得到能够为人们提供优良城市环境的最优解。

首先，良好的整合设计，可以提高功能复合度。车辆段上盖建筑开发项目内含住宅、商业办公以及交通等功能，将其高效整合于上盖区及周边落地区内，同时与周边不同功能区产生有效联结并组织其各自之间的关系。高效的整合设计能够使各功能区块发挥最大效能，避免重复建设并节省项目资金，使各区块和谐互补。

其次，整合设计对于城市标志性形象的塑造也有较好的促进作用。地铁车辆段上盖项目因为其巨大的交通发生量，根据 TOD 理论，其对周边环境甚至小城镇可产生强大的吸引力。通过对地铁车辆段上盖建筑和周边环境的有效整合，将进一步优化该区域的城市环境，对于激活地区活力、疏导城市交通、集聚人口、改善城市形象、引导城市发展方向并使其成为区域新的经济增长极具有重要作用。因此，地铁车辆段上盖建筑自然也就代表了城市的区域形象。与此同时，这也是城市发展的良性模式，与政府期望的城市发展方式不谋而合。

最重要的是，在地铁车辆段上盖建筑对于区域交通必定产生不利影响的背景下，整合设计可以最大化地削弱其影响效果。地铁车辆段不同于其他大体量建筑对于空间的割裂，由于其特殊的交通属性与城市环境具有一定的不相容性，所以常选址在远离城市的郊区。在车辆段上部建设上盖建筑一定程度上缓解了这一窘境，但大部分的车辆段上盖建筑建设依然将其与周边地块割裂开，两者的联通仅通过少量交通核及高架等交通设施相连，并且常开发的住宅上盖，严禁穿行。这对于区域交通来说并不是一件好事，因此，地铁车辆段上盖区与周边交通的整合设计应从不同角度探索这一建设形势的交通组织方式，以减少对于区域交通的不利影响。

最后，整合设计还可以提高城市景观协调性。景观环境的整合设计基于对当地景观环境的细致研究和合理规划，在充分了解当地景观环境条件的基础上，尊重原址的生态景观环境，尽力将地铁车辆段及上盖项目区景观完美融入到城市景观当中去，其对于城市景观的统一性和延续性具有重要的作用。

二、整合设计策略

（一）结合功能环境的整合设计

1. 功能环境整合设计目标

（1）满足地铁车辆段上盖居住区及周边地区居民的功能需求

要解决好地铁车辆段上盖建筑与周边功能环境的关系，首先需要关注的就是上盖及周边居住区内居民的功能需求，并根据时间规划论分析不同时期居民对于功能环境需求的变化，通过灵活的空间设计以满足不同时代、不同发展时期的功能环境需求。

（2）构建复合、高效的功能环境

在满足上盖居住区及周边地区居民功能需求的基础上，应根据上位规划的定位并结合交通环境的整合关注职住平衡以及峰谷出行对于地铁线网的压力，将车辆段周边地块建设为复合、高效的多功能综合组团。

（3）减少单功能要素对城市资源的消耗

居民对于基本生活的功能需求由方方面面组成，在车辆段上盖区及周边无法满足其基本生活需求的情况下，将产生额外的生活成本，由此导致地区活力以及居民满意度的下降。因此，应引进具有互补、互惠属性的城市功能，以期减少单功能要素对城市资源的消耗。

2. 功能要素

地铁车辆段上盖与周边建筑功能应避免单一化，功能布局设计应涉及上盖影响区内不同类型的功能区组合，如居住、商业、办公、文教、公共空间、交通等高度复合的城市功能，这样不仅有利于吸引更多的人流到站游憩，还能避免因端头站或因位于城市边缘的区位因素导致的缺乏生机和活力。

表 7-4　车辆段上盖开发功能与周边城市功能相互作用关系

<table>
<tr><th>功能组合</th><th colspan="2">作用关系</th><th>作用程度</th></tr>
<tr><td rowspan="4">居住</td><td>办公</td><td>就近提供居住场所</td><td>一般</td></tr>
<tr><td>商业</td><td>提供消费人群</td><td>较高</td></tr>
<tr><td>文化</td><td>提供消费人群</td><td>高</td></tr>
<tr><td>公共空间</td><td>带来人流</td><td>高</td></tr>
<tr><td rowspan="4">办公</td><td>居住</td><td>带来住户</td><td>较低</td></tr>
<tr><td>商业</td><td>提供大量消费人群</td><td>较高</td></tr>
<tr><td>文化</td><td>提供消费人群</td><td>一般</td></tr>
<tr><td>公共空间</td><td>带来人流</td><td>一般</td></tr>
<tr><td rowspan="4">商业</td><td>居住</td><td>带来住户</td><td>高</td></tr>
<tr><td>办公</td><td>提供消费场所</td><td>高</td></tr>
<tr><td>文化</td><td>提供消费人群</td><td>高</td></tr>
<tr><td>公共空间</td><td>带来大量人流</td><td>高</td></tr>
<tr><td rowspan="4">文化</td><td>居住</td><td>提供文化休闲场所</td><td>高</td></tr>
<tr><td>办公</td><td>提供文化休闲场所</td><td>较高</td></tr>
<tr><td>商业</td><td>提供多样化娱乐选择</td><td>一般</td></tr>
<tr><td>公共空间</td><td>带来人流</td><td>一般</td></tr>
<tr><td rowspan="4">公共空间</td><td>居住</td><td>提供活动空间</td><td>高</td></tr>
<tr><td>办公</td><td>提供活动空间</td><td>较高</td></tr>
<tr><td>商业</td><td>提供良好购物环境</td><td>一般</td></tr>
<tr><td>文化</td><td>提供活动空间</td><td>一般</td></tr>
</table>

（1）居住功能

从开发区域上讲，地铁车辆段上盖居住建筑的开发是在可控的区域内进行可控的建筑开发，其可以使当地的风貌和开发强度得到保障，这类开发既满足了政府的要求也符合开发商的利益。但在规划分区的过程中，必须结合盖下车辆段车间的柱网设置，比如停车列检库的柱网规则，其上适合建造高密度建筑物，而地铁车辆从车辆段车间驶出必经的咽喉段上方则不宜建设，应开发为绿地等不影响下部交通安全的场所。在配合白地建设的项目中，由于白地限制条件较少，通常能在与周边地块的衔接上起到较好的缓冲作用，同时将土地潜力最大化，缓解了用地和住房紧张的城市问题，为地铁建设提供了资金支持，因此常在用地宽裕的车辆段附近进行一体化设计。

无论建设在上盖区还是在落地区，居住功能都是保障区块活力的中心功能，一般包括住宅、酒店、公寓等功能形式，通过建筑之间或者建筑内部的分隔做到对相似功能的混合使用。

（2）商业功能

根据地铁车辆段上盖商业建筑的规模，大致可分为三类：建筑底层商业、大型商业综合体及盖下商业街。

建筑底层商业可分为上盖区建筑底层商业和落地区建筑底层商业。上盖区建筑底层商业一般沿上盖区主要街道布置，主要吸引上盖区居民消费，且大多分布于住宅底层，是建成初期符合当时消费水平的商业功能，如北京地铁四惠车辆段上盖区底层商业。落地区建筑底层商业一般沿市政道路布置，吸引上盖区及周边居民消费，其大多分布于落地区建筑裙楼，连续性相对较强，能够对人流起到一定的引导作用。

大型商业综合体可分为上盖区商业综合体和落地区商业综合体。上盖区商业综合体一般较其他功能组团独立设置，其具有与市政道路直接相连的交通优势，既提升了对周边区域的商业影响力，也防止了市政道路对其他组团的干扰。落地区商业综合体则常常环绕上盖区布置，以遮挡车辆段车间的巨大体量和工业景观，同时结合建筑底层商业，增加了商业与城市界面的接触，对于车辆段周边地块城市活力以及城市景观的提升大有裨益。

盖下商业街位于上盖平台与车辆段顶层之间的设备层，常与地铁站点直接相连，是连接地铁站与上盖区的通道。此类商业形式主要吸引上盖区居民消费，是对盖下空间的充分利用。

（3）办公功能

办公建筑可分为上盖区办公建筑和落地区办公建筑，一般供给铁路公司使用，建筑面积较大的可考虑作为公司总部。此类建筑增加了工作日通往车辆段的人流，对于缓解地铁潮汐人流具有一定的帮助，也为上盖区商业提供了稳定的消费群体，增加了车辆段上盖区的活力。

（4）文教功能

地铁车辆段上盖文教功能建筑一般指幼儿园、小学等服务于周边居民的教育设施，但也有大型文化娱乐设施以及宗教建筑的案例。综合考虑消防和自身因素，此类建筑一般位于上盖平台的出入口位置，其中大型文化娱乐设施常与商业功能组团靠近，以发挥各自效能，进一步激发区域活力。

（5）公共空间

地铁车辆段上盖公共空间指封闭小区外的绿地、公园、广场以及游乐场等可以提供给城市居民休憩的空间，常结合商业设置，作为居住区与商业区的缓冲空间。

3. 功能定位

在城市急剧膨胀的今天，城市功能的分配亦更加多元化，为获得较短的出行路径并避免大尺度建筑对城市的割裂，常常将传统的单一功能分区模式转化为将城市功能沿公共交通走廊铺开，而各个站点作为交通走廊上的节点，更是将各种功能延展到了三维空间，其通过竖向设计在较少的面积集聚了所在地区较多的优质资源，是链式开发的外延。

地铁线路穿越整个城市，每个站点的区位和发展状况各不相同，车站间的功能布局也不尽相同。站点层面的功能分配来源于城市管理者对于每个站点周边城市区域的定位及发展预期，如徐州市彭城广场站位于城市中心，商业、办公功能已经形成规模，因此站点定位以商业、办公为主，而杏山子车辆段配建的路窝村站位于地铁 1 号线的尽端，地处城市边缘，周边住宅小区较多，未来作为城市发展的重要节点以居住、综合功能为主。地铁站点按周边用地的功能可大致分为 6 类：枢纽站、中心站、组团站、特殊控制站、端头站和一般站，而地铁车辆段作为指引未来城市的发展方向的指路牌，常位于地铁线路的端头，与端头站配套建设。各站点的功能定位直接决定了车辆段及其上盖建筑与周边环境的关系，综合早期相似车辆段上盖的运营情况，应在线网规划阶段着重考虑其远期发展情况，并结合新城规划进行统筹考虑。

表 7-5　规范对站点周边用地功能指引

站点类型	用地功能指引
枢纽站	在满足综合交通功能的基础上，鼓励进行综合开发，包括商业、办公、会议、酒店、娱乐等功能。位于城市中心区的枢纽站应考虑城市综合体建设方式。
中心站	以商业服务、商务办公、公共管理与公共服务等功能为主，可兼容公寓等集约型建设的居住功能，居住开发不超过总建设量的30%，鼓励以多种形式提供公共开放空间；鼓励在综合体内设置公益性的科教、文化娱乐、体育活动等设施及政府办事机构。
组团站	以商业服务业、公共管理与公共服务、居住等功能为主，在轨道站点核心区范围内，鼓励以多种形式灵活利用立体空间，提供为周边社区直接服务的中小学、幼儿园、公共医疗设施、文化设施、养老设施、体育设施等公共服务功能，鼓励以多种形式灵活利用立体空间提供公共绿地和广场。
特殊控制站	受保护区域，以低密度开发为主。
端头站	鼓励结合车辆段进行用地功能混合开发，周边用地应尽量避免单一用途的居住用地。
一般站	根据城市规划确定，鼓励混合开发。

根据站点本身的功能特性，可以将其分为居住型、商业型以及综合性。通过对我国地铁车辆段 300m 核心范围内用地功能情况的调查分析，得到了不同类型站点周边用地开发的一般性特点，如表 7-6 所示。

表 7-6　不同类型轨道交通站点周边用地开发特点

站点类型	居住用地	公共设施用地	商业用地	绿化用地
居住型	70%	10%	5%	0.5% ~ 30% 不等
商业型	50% ~ 60%	10%	30%	
综合型	50% ~ 60%	30%	10%	

根据规范对于地铁车辆段上盖区的定位，结合其本身所在区位、规模和种类，地铁车辆段上盖的影响范围一般以半小时可达的范围为主，影响范围主要沿地铁线路扩散。因此，以车辆段和地铁车站为圆心的 TOD 影响圈内的功能组合便是设计师应该关注的核心问题。

4. 功能组合

地铁车辆段上盖建筑与周边环境的功能组合的最终目的是实现效益的最大化，这里的利益包括针对各功能个体的经济效益和针对城市环境的社会效益。而实现两类效益的具体做法都是结合空间整合功能，所以上述所涉及两种效益的关键在于城市空间的综合效益。

（1）城市功能的组合原则

地铁车辆段上盖建筑与周边城市功能的组合对于一个城市的发展有着深远影响，它标志着城市的发展方向和定位，更决定了地区内居民的生活方式，以发挥比单一功能更大的能效为根本目的，是城市空间序列完整、连续的保障。

周边地区的功能分布则不受结构影响，综合考虑应遵循以下原则：

整体优先原则。地铁车辆段上盖建筑与周边城市功能的整合设计包含了建筑、规划、经济、环境、交通等元素，究竟如何分配城市功能才能达到利益最大化，这就需要各元素之间的融合与博弈，应在车辆段上盖开发定位明确之后，将所有元素整合为一个整体，统一规划、整体优先，如此才可达到激发城市活力、提升车辆段上盖区域影响力的目的。

因地制宜原则。地铁车辆段所在的区位各不相同，应根据具体位置对周边的城市功能环境进行统一组织。避免仅仅解决上盖区与落地区之间的功能组合，而忽视了周边更大范围内的情况及未来功能需求。应在充分了解现状或规划的功能分布后，着眼受地铁站点及上盖区影响的范围，因地制宜地开展功能组织工作。同时，由于地铁车辆段上盖建筑往往动辄占地几十公顷，体量巨大，因此会对周边的自然生态环境产生较大的影响，所以在整合设计过程中应考虑与周边环境的景观连续性和本土物种的保护等自然生态因素。

有机组织原则。地铁车辆段上盖建筑与周边城市空间整合的城市功能具有各自的特性，如居住功能要求私密、安静的环境，商业功能则需求开放的环境等。针对不同功能间的差异，应在空间上进行有机组织，使各功能区块能够各取所需。

（2）功能组合模式

地铁车辆段上盖建筑的功能组合主要涉及两个层面。从城市的层面来说，地铁车辆段上盖建筑周边的土地混合使用表现为地块之间的用地功能布局的混合。即在常规公交路网分割的地块内部进行了进一步的功能分割，将不同性质的用地类型进一步细分，使地块内的用地性质更加有机、多元。如上盖居住功能与落地商业功能的结合。从建筑层面来说，功能组合的主要方式是相邻建筑间的横向组合或同一建筑不同楼层间不同功能的竖向组合，如居住功能中住宅、酒店与公寓的组合，商业功能中餐饮、百货、零售的组合。

表 7-7　城市功能的组合类型

类型	特征	举例
主辅型	地铁车辆段上盖建筑与周边城市空间主次分明，协调运作。	居住上盖区：以居住功能为主，周边应配以商业、公园、广场、餐饮、停车等辅助功能。
相似型	地铁车辆段上盖建筑与周边城市空间相似性质的功能单元有机延续和合理的依次转换，形成高效、便捷的体系。	地铁车辆段上盖建筑与周边城市空间之间不同交通体系的组合换乘。
互补型	地铁车辆段上盖建筑与周边城市空间相关功能单元的互补构成完善整体。	休闲茶座——城市游览；餐饮——广场聚会等功能需求配对。

具体来说，地铁车辆段上盖建筑与周边城市空间功能的组合模式可分为：

主辅型。这是一种主次分明的配置方法。比如地铁车辆段上盖区以居住功能为主，同时配以适量的商业、公园、广场、餐饮以及停车系统等以保证整个区域系统的协调运作。

相似型。相似型配置方式是指通过具有一定相似性或相关性的功能单元进行排列组合，进而对地铁车辆段上盖区与周边环境的互通、渗透产生一定的益处。比如，从城市空间进入地铁车辆段上盖区的交通衔接，可以是不同性质的交通方式进行的组合。

互补型。通过地铁车辆段上盖建筑与周边城市空间之间能形成互补关系的功能之间结合形成具有互补关系的新整体。比如茶座与文教设施、餐饮与商业设施等。

而无论哪种功能组合类型，上盖区本身的功能都是其能否融入周边环境的关键。根据相关资料可推算演绎出上盖建筑不同功能业态对于周边环境以及资源的影响，通过各要素之间的关系指导上盖建筑与周边建筑的功能分布。

表 7-8　上盖功能的影响价值

上盖功能	容积率	折合上盖建筑单价	对周边环境影响	轨道客流价值	对地方经济影响
住宅	≤ 2.0	6000/m²	低	一般	低
商业	≤ 3.0	2000/m²	高	高	高
办公	≤ 2.5	2500/m²	较高	较高	较高
公共空间	—	3000/m²	较高	较高	一般
产业	≤ 2.0	2000/m²	一般	较高	高

（3）功能组合形式

地铁上盖建筑与周边功能区块的组合模式不可能仅限于两种功能的组合，根据组合功能的数量，可分为单一型和复合型两种功能组合模式。单一型功能组合模式是指地铁上盖建筑与周边功能区块以居住功能与简单零售业为主，缺乏多样性的功能组合，达到规模的居住区会配建少量的文教设施。此类组合模式中的地铁车辆段上盖区往往具有较强的内向性，各功能组团“各扫门前雪”，其设计重点在于提升居住区内部环境，对于区域整体的功能组合和布局缺乏考虑。因此对于此类功能组合模式指导下的车辆段上盖建筑区与周边功能区的建设应强调功能定位的准确性，并确保各区块的合理配置，还需在区块之间合理设置交通走廊，以确保区块与地铁车站连接的紧密性。而复合型功能组合模式指地铁上盖区与周边地块包含了居住、交通、商业等多种城市功能，通过功能配置形式互相作用，对于城市环境的促进作用体现在景观的美化、交通的便捷以及公共空间的高效集约。比如车辆段上盖建筑与地铁站、交通换乘枢纽一体设计的轨道交通综合体，其能够将常规公交、“P+R”停车场、地铁、小汽车等多种交通方式叠合在面积有限的区域内，又将餐椅、娱乐、休闲等商业功能整合在周边，形成能够顺畅连接的功能单元，集中体现了集约化城市建设的成果。

因此，大部分的地铁车辆段上盖区功能组合模式均为复合型。而复合型的功能组合模式中又包含了不同的组合形式。

1）居住—商业—交通

居住、商业以及交通功能是地铁车辆段上盖建筑及周边环境必须具备的功能，这三者互相联系、互相制约，缺少任何一个功能都将对其余两项功能造成毁灭性打击，并严重影响地铁对于周边城市的辐射范围，从而导致失败的上盖开发。因此，将这三种功能的组合作为地铁车辆段上盖建筑与周边城市功能区的基本组合形式，是符合客观规律，也是符合未来预期的。

对于仅含这三种功能的地铁车辆段上盖开发项目，一般规模较小，且开发目的以拓展城市边界为主,功能组合的方式也较为粗放。此类项目属于典型的主辅型功能配置，应紧密围绕上盖区的居住功能展开，同时兼顾周边居住区的需求。由于居住功能不易集聚周边地区的人流，所以应在地铁车辆段上盖建筑较近的距离配建地铁站和公交换乘点，并渐次开展商业开发，可借鉴新加坡先行进行绿化覆盖的方式，对地铁周边的土地进行涵养，并改善环境，吸引人口的增长，随后根据人口的增长的需要建设如商业街、盖下商业广场等能够满足周边居住区居民日常生活的功能单元，逐步向区域商业中心发展，以期在未来成为真正意义上的地区功能核心。

与此同时，地铁车辆段上盖建设强调空间集约，对于居住功能建筑与商业、交通功能建筑的整合应注重把平面布置转变为立体布局，并考虑不同功能的分隔与衔接，这样可以在以站点为核心的圈层式分区的基础上更精细化集约化地利用土地。其核心内容包括交通集散与换乘由平面布置转变为立体布局；建筑空间垂直发展，地下、地面、地上相结合；将商业、交通设施与物业开发进行融合；注重居住与商业、交通功能之间的衔接空间。

2）居住—商业—交通—文教

结合文教功能的地铁车辆段上盖建筑与周边功能组合模式相较于第一类功能组合模式更加多元化和人性化，从现有的例子来说，文教功能大多结合车辆段上盖区设置，以帮助上盖项目吸引更多人流，更快地完成人口的积累与增长。一般来说，教育功能组团一般设置在上盖区临近出入口的位置，一是满足消防要求，方便学生逃生，二是方便上盖区及周边居民接送学生。为避免与上盖住宅的交通系统发生矛盾，在条件允许的情况下应单独设置出入口，其中小型教育功能的建筑可结合停车场进行布置，实现建筑空间的集约化利用。文娱功能组团应靠近上盖区与周边空间的商业或主要交通流线的出入口附近，通过小汽车、巴士、自行车等不同交通方式接驳上盖区和周边居民进行文化娱乐活动，打造区域地标性功能组团，大大增强上盖建筑与周边空间的活力。

3）居住—商业—交通—办公

结合办公功能的地铁车辆段上盖建筑与周边功能组合模式相较于前两类功能组合模式，通常已经完成了人口的原始积累，周边地区的成熟程度也更高，所以整合的重点在于提升生活品质。针对办公功能组团，应与商业、交通功能组团紧密结合，以进一步提升商业区的人流量，并缓和以居住功能为主导的主辅型上盖建筑与周边功能组合带来的人流潮汐现象，使上盖周边区域具有全时性活力。具体可在竖向上叠合商业、办公、以及停车功能，平面上可通过广场、台阶、绿地、连廊等公共空间连接各功能要素，但应注意办公区的上下班人流高峰，出入口最好与商业区分开设置，可结合地铁站点以站前广场为代表的交通集散场地统一设置，利用空间使用者的时间差实现空间利用的集约化和全时化。

4）公共空间

公共空间是联系地铁车辆段上盖区各功能单元与周边所有功能单元的黏合剂，是保障空间连续性和完整性的基石。在地铁车辆段上盖建筑与周边功能的整合设计过程中，应充分保障公共空间在规划区域内的面积。实行门禁制度的上盖居住区，则应通过私人与公共空间的划分保障公共空间与周边功能区的连接，防止大片公园、绿地、广场沦为少数人活动的私人空间，造成上盖区与周边环境的割裂，从而产生更加严重的“孤岛感”。

（二）结合交通环境的整合设计

1. 交通环境整合设计目标

（1）满足区域出行需求

地铁车辆段上盖建筑的选址一般是城市边缘的荒地，在未建设地铁车辆段及上盖建筑的时候自然也就没有交通发生量。随着地铁车辆段及其上盖建筑的建设和地铁车站的开通，逐渐增长的人流带来了巨大的交通量，这些交通发生量难免需要穿越地铁上盖区，因此地铁上盖建筑与周边交通环境的整合设计的首要目标就是解决上盖区对于城市交通的阻隔，以满足上盖区及周边居民的交通出行需求。

（2）构建畅通的城市交通环境

评价一个地区交通水平的高低，最重要的因素就是其交通通畅程度，缺乏交通设施或是缺乏对于交通设施的组织都将导致城市交通的阻塞，严重影响居民的生活品质。那么地铁车辆段作为影响城市交通通畅程度的负面因素，就不能只顾上盖区内部的交通组织，更应针对上盖区及周边交通的衔接做足文章。充分分析车辆段周边的交通环境，使得上盖区对外交通的出入口位置及界面形态与对外交通系统协调统一，防止因为设计的不合理影响周边交通的通畅程度。

同时，车辆段配建的地铁站点也需要通过地面其他交通方式来吸收和集散客流。因此，上盖区与周边交通的无缝化交通衔接是上盖建筑与地面交通之间零障碍通勤的保障。“无缝衔接”也要求在充分了解现状并预测未来地区交通量的情况下通过合理布置车辆段上盖区及周边交通设施、整合各类换乘设施来实现上盖区与地面交通之间的零障碍换乘。

（3）实现集约化设计

地铁车辆段因为其自身技术要求，体量巨大，因此在其上盖区的规划设计过程中更应在各方面贯彻集约化设计理念。落实在交通整合设计的方面，应综合不同层次的交通空间，统一规划设计，结合周边城市功能，构建立体、丰富、集约的交通空间，最终实现集约化设计。

（4）减少对于城市景观的破坏

地铁车辆段上盖区与周边市政道路的衔接一般依靠高架匝道，如果处理不当将对城市景观造成不利的影响。应充分分析地块交通条件，通过与周边交通环境的整合设计来削弱交通设施对于城市景观的影响。

2. 交通要素

地铁车辆段上盖建筑的交通要素涉及的上盖区内外交通衔接方式大体可分为机动车衔接、地铁站点衔接、公交系统衔接、出租车衔接、非机动车衔接和步行系统衔接。

（1）机动车衔接

上盖区内部车行交通与车辆段周边市政交通的衔接模式可分为贯穿式和坡道连接式。贯穿式指市政道路通过高架直接与车辆段上盖区的机动车道路相连，并贯穿上盖区，从另一侧重新连接市政道路，如香港何家楼车辆段。坡道连接式是指市政道路与上盖区通过较长的路侧高架坡道连接，坡道又可分为直坡道和旋转坡道。

（2）地铁站点衔接

上盖建筑与地铁站点的衔接根据两者的空间关系可分为远离式和接近式。远离式是指上盖建筑与地铁站点有一定的距离，步行难以快速到达，此时一般应设有专门针对上盖区与地铁车站的通勤巴士。此类组合形式比较少见，一般车辆段上盖与地铁车站不是同期建设。接近式是指上盖建筑与地铁站点接近，一般从车辆段出口到地铁站点通道入口不超过50m，两者之间通过地上、地面、地下的连廊等交通设施相连，以实现人流交换，如平西府车辆段。近期也有将地铁车站与车辆段上盖区融合的建设形式，地铁上盖区的地下一层与地铁车站统一建设，通过开敞式的垂直交通核相连，如杭州七堡车辆段。此类组合形式较为常见，一般车辆段上盖与地铁车站同期建设。

（3）常规公交系统及出租车的衔接

上盖建筑与常规公交系统及出租车的衔接模式可根据站点的位置分为内置式和外

围式。内置式是指公交车、出租车可以进入上盖区内部，这种衔接方式与机动车的衔接方式有一定的关联。比如沿贯穿式的机动车衔接方式的上盖区主路设置有公交车停靠站和出租车候客区，而坡道连接式的机动车衔接方式则限制了公交车以及出租车进入上盖平台，但是可以在设备层与停车场平行设置公交、出租停车区，较大的车辆段甚至可以与地铁车站形成短距离换乘关系。此类衔接方式一般适用于较大的车辆段上盖区。外围式是指限制公交车、出租车进入上盖区，而是将公交站点、出租候客区沿车辆段外围布置，通过垂直交通核等步行设施将上盖区人流引导至地面后再前往上车区。这类衔接方式一般适用于较小的车辆段上盖区。

（4）非机动车衔接

上盖建筑的非机动车衔接模式根据能否进入上盖区可分为进入式和隔离式。进入式是指非机动车可以通过坡道、垂直交通核等交通设施进入上盖区的衔接模式。该模式需要结合上盖区规划慢车道以及非机动车停车区，对于上盖区的空间占用较多，一般适用于规模较大的车辆段上盖区。隔离式是指禁止非机动车驶入上盖区的衔接模式。该模式限制了外来非机动车对于上盖区交通的影响，其实际上是将非机动车的衔接需求转移给了步行系统的衔接，如果上盖区较大，一般设置电瓶车或内部自行车租赁系统，是较为内向的模式。

（5）步行系统衔接

上盖区与城市步行交通系统的衔接根据步行流线方向可以分为水平衔接式和竖向衔接式。水平衔接式是指将上盖平台与周边建筑或地区在同一、相近水平层面上相连的衔接模式。一般根据交通或景观需求可分别设置连廊、平台或跌落式平台进行水平连接，该模式巧妙利用了周边建筑的垂直交通系统，将上盖区的交通功能与周边建筑的商业功能也进行了结合，是较为集约的衔接模式。如上海金桥车辆段即是将中部的公共服务区与落地区的商住建筑进行了连接，使二者都集约地获得了各自不具备的功能。竖向衔接方式是指上盖区通过竖直方向的交通设施直接通向地面的衔接模式。比如通过散布的垂直交通核内的电梯、楼梯将上盖区高效快捷地与地面相连，也可通过较为舒缓的生态斜坡与地面交通进行较为美观的连接。如上海徐泾车辆段，上盖区东入口设有台地式商业，其形式较车辆段的垂直界面更加丰富、灵动，对于上盖区及其本身的商业环境起到了较好的提升作用。

3. 流线组织

（1）步行流线组织

由于车辆段上盖本身的高度因素，步行交通系统的流线组织必须考虑立体衔接问题。在周边多功能空间的包围下处理好多层次立体步行交通系统流线组织，需要考虑用地、经济、建筑、景观等方面的问题。

步行流线可分为水平流线和竖直流线，水平流线主要连接上盖区与周边商业、办公、地铁站点等功能建筑，竖直流线主要连接上盖区与地面步行系统。其中，竖直流线以坡道、楼梯以及垂直交通核等竖向交通设施为代表，在设计过程中应充分分析上盖区及周边地区的道路等级与用地性质，确定步行系统空间需求，并考虑不同出行目的人群的出行需要，既要保证目的地出行与避难出行的简洁、高效，也要考虑休闲出行的步行空间品质塑造。此外，地铁上盖区体量巨大，四周的城市界面常常绵延数百米，所以针对不同出行目的的居民，在周边城市道路两侧应注意布置导向性设施，确保标识明显且互成体系，以防上盖区的交通可达性受到损害。

水平流线以空中廊道、步行平台为代表，可结合周边绿地及公园景观，构建高品质步行休闲系统，串联重要的公共活动节点及场所，形成步行休闲网络，以减少人车干扰，提升交通空间品质；也可串联各地块的商业系统，形成与商业空间的无缝连接，将交通空间有机融合到商业空间之中，特别是商业建筑的出入口空间，如广场、街道等场所，可结合交通功能统一集约设计，作为缓冲空间缓解周边地块人流集散的压力。该类场所的构建有助于引导周边居民进入商业建筑，从而提升地块的商业价值。连接地铁站点的流线，应考虑天气因素，设置雨棚等便民设施，提升从地铁站点到上盖区的步行品质，同时考虑简单商业设施的注入，增加趣味性。空中廊道等架空交通设施应具有较好的识别性，流线应简洁流畅，以提高其辨识度和连续性。

在目前普遍认可的“人车分流”设计理念下，步行流线与车行流线仅在换乘点有所交叉，因此，保证不同交通方式间的换乘通畅度是步行流线组织的重点。换乘实际上就是交通设施与换乘场所之间集聚、疏散的反复过程，为保障其通畅程度，应在对上盖区出行需求进行预测后再布置换乘点位置，还需在在上下两个端口设计疏散场地，并集成多种换乘方式。如苏州市太平车辆段上盖项目，该项目围绕垂直交通核，结合下部地铁车站以及常规公交站点集聚的人流与上盖区进行人流交换，并设置自行车服务点以满足不同出行目的人群的出行需要。

（2）车行流线组织

结合地上车辆段建设的上盖建筑一般位于 9m 左右的平台之上，最低处也与周边道路有数米的高差，而高差和巨大体量造成了上盖区两侧的城市交通系统的衔接问题。同时，其巨大的交通发生量也对周边城市交通提出了挑战。以北京市五路车辆段为例，其东西向狭长的占地即阻断了一条城市次干道、三到四条城市支路，对城市交通形成了巨大阻隔。

要解决车辆段对于城市交通的影响，最为有效的方式就是建设地下车辆段，这一做法虽然解决了上盖区的“孤岛”问题，但耗资巨大，是对车辆段本身的优化升级。

地铁车辆段上盖区与外部车行交通系统的衔接可分为水平流线和竖直流线。水平流线主要指车流从地上停车场直接与城市高架相连，直接汇入高架车流中去，其较适用于车流量较大的上盖区，此类车行流线会对城市高架路造成一定影响，所以应在出入口设置渠化设施，以保障出入车流的安全有序。竖直流线主要指通过上盖区同侧的坡道进行交通连接的流线，这种方式一般适用于中小型车辆段上盖，也是最为普遍、可靠的对外交通衔接模式，这种方式对于土地资源的占用相对较大，比较适合周边用地相对宽裕的车辆段上盖项目。还有一类将停车库置于车辆段之下，这类地下停车库实行上盖区人车分离策略，车辆进入地下停车库后通过内置的垂直交通核直达无车的上盖区，这种分区方式虽然避免了路侧坡道对于城市空间的挤占，但对结构要求较高。

此外，还应注意上盖区与周边地区车行流线衔接的流畅度。上盖区应采取较为快速的门禁系统，如号码识别门禁系统，此举可大幅缩短车辆进入上盖区的通过时间，如果有收费点，应设置在停车库出口，以防止车辆进入坡道后启停发生意外堵塞通道；其次应严格遵照规范，规避不宜设置车库出入口的位置，如距离城市主路口应在 70m 以上；出入口与城市道路交角不应小于 75 度；距天桥、斑马线、地下道 8m 以上等。最后，车辆进入城市交通系统时应尽量注入城市次干道，并配以足够的缓冲空间，防止早晚高峰对于城市主干路的巨大冲击。结合周边商业、办公功能，其车行流线应单独设置，保障送货车辆、公交、出租车的临时停靠，防止与上盖区的车行流线互相干扰，应单独设置地下停车库和出入口。

对于公交流线则应根据交通影响评价对本地区交通发生量的预测和现状公交系统的负荷从公交线网的角度进行优化，其流线组织应以补充地铁交通运力、提升区域通达性为原则，围绕车辆段周边城市道路、结合车辆段交通系统，在空间使用度较高的出入口位置设置公交停靠点，并可考虑根据公交线网情况在周边未开发区或绿地内设置公交车首末站停车场，实现交通功能与城市空间的整合利用。

综合来说，车辆段上盖项目应根据自身和周边交通条件设计交通流线，尽量与周边地块交通规划同期进行设计，以保障整合设计的完整性和可行性。

4. 形式设计

（1）步行形式设计

不同类型的交通流线决定了其形式也是多种多样的，下面具体分析各类流线的整合策略。

1）楼梯、坡道

楼梯、坡道作为竖向步行系统是短距离最为高效、可靠的交通方式，常常结合周边与上盖区存在高差的商业区、办公区设置，以及独立设置作为连接上盖区与地面交通的重要连接方式。其优势在于简单、高效、可靠，通过组合设计可以增加步行流线的多样性，例如：通过楼梯连接上盖平台与周边商业建筑的室外平台，这样可以直通商业建筑内部，进而通过商业建筑的内部交通通往其他区域，同时，设置平台到地面的楼梯，给使用者较多的出行流线选择，从而增加趣味性。但楼梯作为较为简单的交通设施应采用紧凑性设计，防止一字铺开，占据较多的城市用地，影响城市景观。而坡道由于需要考虑纵坡坡度，常结合车行坡道统一设计，或结合楼梯形成直达地下交通站点的交通流线。

2）垂直交通核

垂直交通核是一种能够快速聚拢、组织、疏散人流的交通形式，常常包含楼梯、垂直电梯，较大的交通核甚至包括扶手电梯，因此对于应付脉冲式人流具有较好的表现，针对上盖区的早、晚出行高峰也具有较好的适应性。但这种交通形式虽然运量较大、方便快捷而且节地，但与之相伴的是内部各项设施较高的造价和维护费用，因此很难通过数量上的叠加彻底解决上盖区与周边交通的整合。除去经济因素，从整合设计的角度来看，垂直交通核具有较好的视觉导向性，受外部干扰较小，结合空中廊道可以形成较为通畅、连续的综合步行交通系统。按其所处位置可分为上盖区内部交通核和外部交通核，内部交通核往往结合下部地铁站点设计，方便上盖区居民快速到达地铁站点，外部交通核则紧邻上盖区边缘，方便居民快速到达地面。同时，在设计交通量较大的垂直交通核时，应在上盖和下部出入口设置一定的缓冲、集散空间，以防止较大的交通量直接汇入城市交通系统，造成堵塞。

3）生态斜坡

生态斜坡是一种结合了交通功能和景观功能的交通形式，即通过覆土构筑缓坡的方式满足竖直方向的交通需求。但其占地较大，不利于土地集约利用，一般结合落地区其他景观形成片区生态景观，通过景观优势提升片区整体环境。

4）空中廊道

空中廊道主要连接上盖区与周边无高差的商业、办公建筑，供行人快速通过，不做停留，可以是直接通入建筑内部的形式，也可以是横跨缺乏建设竖向交通条件的街区、建筑，其后接入城市空中步行系统或交通核的形式。该交通形式主要起到点对点的交通作用，虽然确保了交通流线的完整和行人的安全性，但缺乏趣味性。

5）步行平台

步行平台主要结合上盖区周边商业、办公建筑的低层平台设置，将两者通过水平步行平台或跌落式平台相连，形成开放的交通、休闲空间，如上海金桥车辆段项目，上盖中部配套公共服务区在 16.5 m 层、11m 层通过水平连廊和平台的方式与落地部分商住物业相衔接，给居民生活带来舒适和方便。

（2）车行形式设计

1）坡道

上盖区停车场一般位于上盖建筑与地上车辆段夹层之间，常通过路侧高架匝道将车辆引入停车库。根据规范，普通城市居住区的道路纵坡应满足表 7-9 要求，按照一般车辆段停车库地面距离城市道路的高度 9m 计算，坡道最短需占用 112.5m 长的城市用地，而多雪严寒地区最短需占用 180m 城市用地。同时，居住小区至少应有 2 条主要对外车行道路与外部交通相接，因此至少需要两个坡道才能解决上盖区车行交通问题，而且我国新建的车辆段上盖项目会考虑远期车行需求，所以还需建设一条备用坡道。考虑到路宽，路侧高架占用了较多的城市用地，因此应尽量紧靠上盖区设计，减少对城市空间的占用。

表 7-9　居住区内道路纵坡控制指标（%）

坡度要求	最小纵坡	最大纵坡	多雪严寒地区最大纵坡
机动车道	≥ 0.2	≤ 8.0 L ≤ 200m	≤ 5.0 L ≤ 600m

注：L为坡长（m）。

车行坡道按照结构模式可分为螺旋式和直坡式，直坡式一般从车辆段上盖四角引出向沿边界延伸，螺旋式则可以对拐角处两侧竖向空间进行竖向利用，减少对于城市空间的占用，留给上盖区更多整齐的城市界面。

2）高架

地铁车辆段上盖区车行出入口的高架衔接形式主要针对规模较大的上盖项目，当坡道无法满足上盖区的交通需求时，需要通过高架直连的方式解决。如四惠车辆段，上盖区有 4 个住宅小区，车流量巨大，因此采用了高架直连的方式。但高架对于临近高架路的车辆段界面下方的步行交通产生了不利影响，一定程度上阻滞了步行流线与周边地块的连接。

5. 无障碍设计

无障碍设计理论是与 20 世纪初提出的保障老年人、残疾人、妇女、儿童出行安全和方便的一种理论。时至今日，无障碍设计已经渗透到人们日常生活的方方面面。地铁车辆段上盖区由其特殊的构造，应在无障碍设计方面做足功课，特别是其通往地铁车站的流线，地铁是上盖区残疾、老年人的主要出行方式，应着重进行无障碍设计。

（1）针对视力障碍者。视力障碍者很难与普通人一样识别一般的标识，可以通过色彩或触觉的方式来解决这一问题，如在楼梯扶手各处设置盲文提示，在地面设置盲道，并保持连续不断，在路口处应有较好的衔接坡道。

（2）针对轮椅使用者。由于轮椅的使用空间较大，因此上盖区及周边建筑的建筑环境、道路和入口宽度应符合其尺度，并在其常用行进流线上尽量设置坡道或可以升降轮椅的升降平台，其中坡道的设置应注意防滑，起始部位设置至少 1.2m 的缓冲空间，并设置防护栏。

（3）针对老年人。老年人不同于残障人士，主要影响其出行体验的是身体感官的退化，因此针对老年使用者，应着重设计符合老年人感官体验的设施，如在垂直交通核楼梯处设置合适高度的扶手，并在下部设置照明光源防止光的直射刺激老人眼睛而从而造成不便。

（4）针对其他弱势群体。女性、身体状况不佳者等弱势人群，在使用交通设施时会出现与常人不同的使用体验，因此在细节上应进行特殊设计，防止给此类人群造成困扰。如在天桥的楼梯处设置"V"字型粗糙轨道，加强了坡道对自行车、电动自行车或摩托车的摩擦系数，帮助弱势人群完成上坡的行为。

（三）结合景观环境的整合设计

1. 景观环境整合设计目标

（1）满足上盖区及周边居民的景观需求

受车辆段与地面高差影响，上盖区景观与城市景观产生天然的割裂，因此需要整合设计对其进行缝合与粘补，力求在整合交通环境的同时做到将城市景观引进来，内部景观走出去。

（2）构建服务于城市的景观系统

在以往的上盖区景观设计中，往往只关注居住区内部居民的需求，忽视了周边的城市环境。地铁车辆段上盖建筑与周边景观环境的整合设计应以城市景观环境为中心、上盖区景观为载体，构建服务于城市的景观系统，实现上盖区景观与城市景观的统一，防止上盖区景观与城市景观的割裂。

2. 景观环境要素

地铁车辆段上盖建筑与周边环境整合设计涉及的环境要素主要包括绿化景观要素、建筑环境要素、视觉环境要素、人文环境要素以及物理环境要素。

（1）绿化景观要素

地铁车辆段上盖建筑与周边地区的绿化景观要素主要可分为包括以上盖居住区为核心的居住区公园、小游园以及各上盖建筑间的组团绿地、带状绿地、宅旁绿地等公共绿地，以及周边地区的绿化景观，如道路绿地、架空空间绿地、平台绿化以及各类的局部小环境绿化等。诸如此类的公共空间构成了上盖区与周边地区的绿化系统。

1）居住区公园

以上盖居住区为核心的居住区公园一般以服务上盖区及周边 15min 步行圈

（800 ~ 1000m）内的居民为设计标准，一般规模大于 1 万 m^2，是相对较集中的绿地景观系统，且与上盖居住区的区级道路及通往周边地区的交通设施相连，具有较好的可达性，可作为城市公园的延续。居住区公园内结合绿地景观的功能分区较为明确，可设置游览区、游乐区、健身区、服务网点、管理区等，对于交通设施和景观设施的包容性较好，一般是上盖区及周边地区的中心绿化景观，能够覆盖较大的车辆段上盖区以及周边的一定范围。

2）小游园

以上盖居住区为核心的小游园一般以服务上盖区及周边 10min 步行圈（400 ~ 500m）内的居民为设计标准，一般规模 4000 ~ 6000m^2，是比居住区公园低一级的居住区绿化单元，一般与小区级道路相连，内置儿童、老年人活动设施和一般游憩区，以满足上盖区内部居民的景观需求而设置。

3）组团绿地

以上盖居住区各建筑组团为核心的组团绿地则是处在私密空间与公共空间交界处的绿化空间，一般服务半径不超过 200m，且服务于 3min 内可达的组团内部居民，涉及的景观设施较为简单。

4）宅旁绿地

宅旁绿地与居住区居民的关系最为密切，主要是供相邻建筑内居民使用，一般设置有简易儿童游乐设施以及供看管儿童的大人休息的座椅。

5）道路绿地

道路绿地可分为分隔带绿地、街头绿地、停车场绿地、防护绿带、广场绿地等，主要起到连接各绿地空间以及分隔空间的作用。

6）架空空间绿化

在较为温暖的地区，车辆段周边的落地建筑常设置架空空间以改善车辆段与周边城市环境的景观渗透关系。如通过墙、柱的垂直绿化柔化其生硬线条，打造半公共空间，形成泛会所等。

7）平台绿化

平台绿化指上盖区通过平台与周边地区相连，在此平台上进行的绿化布置。与车辆段上盖地区一样，平台绿化应着重考虑覆土及下部采光问题。

8）屋顶绿化

此处所指的屋顶绿化指除车辆段车间顶部以外的建筑物顶部绿化，该类绿化形式对于提升建筑的节能效果具有一定的帮助，但与车辆段顶部和平台绿化一样，需要解决覆土与荷载问题，且对温度、湿度、风力有更高的要求，同时对于植物种类的选择较为苛刻。

9）局部小环境绿化

建筑局部小环境的绿化可分为建筑入口绿化、建筑墙面绿化、建筑与地面交界处绿化以及与景观小品结合的绿化。这类绿化景观从细节处帮助车辆段融入城市景观系统，对于提升片区整体景观环境起到了重要的作用。

（2）建筑环境要素

1）建筑形式

地铁车辆段上盖建筑与周边建筑的建筑形式是保障其完整性和美观性的重要前提，因此应从车辆段的体量切分、上盖建筑的合理排布以及上盖建筑与周边建筑的整体性着力把握。

2）建筑色彩与材质

地铁车辆段上盖建筑的色彩和材质很大程度上决定了其自身的美观程度以及与周边环境的协调程度。同时，在盖下商业街等不易辨别方向的地下空间，可结合建筑色彩的组合，提升空间的导向性和识别性。比如暖色系、高明度的色彩能够舒缓人的神经，营造舒适的视觉环境，从而增强空间的吸引力。

3）环保性

建筑环境设计的环保性主要体现在对自然光、自然风、雨水的利用以及对建筑的保温隔热性能的提升。如使用光伏电板作为外墙或屋顶材料以利用自然光、利用导光管解决室内照明、利用中水系统实现雨水的利用、使用墙体绿化代替建筑材料等。

（3）视觉环境要素

视觉环境要素是影响地铁车辆段上盖区及周边地区居民居住幸福感的最重要因素之一，任何人都希望能够看到一个美观、整洁的景观环境，与此同时，良好的景观环境也可以带给人们舒适、健康的心情。对于上盖区内部的景观，按照居民区的景观三要素可分为实空间、虚空间和柔空间，通过建筑、绿化和景观设施的互相组合可形成丰富多彩的上盖区景观环境。此外，对景、衬景、框景等设计手法都是景观环境优化的重要途径。而车辆段周边地区的视觉环境要素则体现了上盖区景观系统的延伸，其主要通过与上盖区相邻的周边地块的道路、商业街、落地区建筑的架空层内的绿化、水景、铺地、座椅等景观与上盖区的合理搭配互相渗透，达到视觉环境的统一。

（4）人文环境要素

人文环境要素可分为对自然环境的延续和对当地文化的尊重。对自然环境的延续指对于上盖区原址或周边一定范围内的本土树种、古树名木的保护，以及与周边山体之间的高度关系；对当地文化的尊重指通过各类景观小品以及景观设施体现当地文化，如雕塑、灯箱、垃圾桶等设施可以从形态、色彩以及文化隐喻着手，通过特殊的细节处理体现人文关怀。

（5）物理环境要素

1）光环境

光环境影响着人们日常生活的每一个活动，也对人们的身心健康起到了调节作用，因此良好的光环境对于每一个人来说都至关重要。对于自然光的利用，可根据当地自然气候条件选择合适遮阴率的绿化景观，利用自然光与树木产生的光影效果营造更加宜人的户外空间。地铁车辆段上盖建筑与周边建筑的光环境设计不仅要强调自然光地引入，更应遏制光污染的产生。如采光井或导光管可以保证盖下空间的自然光引入；限制金属或镜面材料在建筑上的使用可以从源头控制光污染的产生；合理排布建筑的朝向可以防止地铁车辆的眩光等。

2）声环境

地铁车辆段上盖建筑的居住属性决定了其对于声环境的特殊敏感性，对于噪声的控制成为了保障地铁上盖居住区居住品质的重要因素。根据调查，噪声在固体中的传播比空气传播影响的范围更大，效果也更强，因此下部车辆段地铁车辆在行驶过程中与铁轨摩擦产生的噪声是上盖区需要着重解决的问题。我国城市居住区白天的噪声控制值在45dB以下，夜间控制值在40dB以下，所以隔噪、减振措施是必须的。现有的减振措施分为轨道减振和建筑物减振，轨道减振措施包括扣件、枕轨和道床，而建筑减振措施又分为了结构减振措施和被动减振措施，结构减震措施是指上盖建筑物使用独立基础并下设橡胶隔振支座，被动减振措施指使用隔音毡减少振动对楼板的冲击。

当然，除噪声之外，花鸟蝉鸣等悦耳的自然声音也是城市中值得珍惜的声环境要素，因此在地铁车辆段上盖建筑与周边环境的整合设计过程中也应考虑保留、塑造优秀的声环境要素。如结合天际线声光设计的轻松背景音乐、结合儿童游乐场所的孩童嬉戏声、结合绿化景观的树叶摩擦声等。

表7-10　居住区的声环境

声源	适宜的发生时间	声音的特性	对人的心理影响
鸟鸣	清晨	声压级较小，中、高频成分重	动听、令人愉快
轻松的背景音乐	清晨、傍晚	声压级适中，中频成分重	恬静、宜人
树叶的摩擦	全时段	声压级小，中频成分重	安静、令人联想
孩童的嬉戏	白天、傍晚	声压级适中，中、高频成分重	热闹、活泼
部分昆虫的鸣叫	夜间	声压级小，各频率的成分均重	宁静、安逸
公园内的流水	白天	声压级小，中频成分重	安静、动听

3）风环境

地铁车辆段在平常的作业过程中会产生一定的高温废气，对于此类废气通常采取的处理方式是选择一处远离人群与建筑的排风口进行直排，在排风口的布置上也会综合当地风向风速进行建模分析。因此，上盖区及周边地块的建筑排布不仅影响着地块内的小气候，也对建筑之间的热量散失模式、污染物的排除以及上盖区及周边的空气质量起到了重要的作用。

对于风环境影响最大的是建筑的排布，不同的建筑排布方式对自然通风的影响也是不同的，对于上盖区常见的行列式布置方式，需要调整建筑的朝向来引导气流斜向进入建筑群，以获得较小的阻力，改善通风效果；结合周边落地区建筑的周边式布置模式在背风区及转角处会出现气流停滞区，但在寒冷地区反而可以起到阻挡寒风的作用；中心式则因单体挡风面较小，比较利于通风。

3. 绿化景观系统的布置

地铁车辆段上盖建筑及周边区域的景观主要指上盖区及周边地块内的公园、绿地以及亭廊、花架等建筑小品，其布置应充分考虑各区间的功能与景观需求，并依照其外部景观环境及规范要求，从自身实际出发，通过不同类型的景观布置方式构建区域性的景观与游憩系统。

（1）绿化景观系统的布置原则

地铁车辆段上盖建筑周边的绿化景观的服务对象主要是上盖居住区内的居民和周边一定范围内的使用者，在设计过程中应满足以下原则。

1）易达性原则

易达性原则是保障地铁车辆段上盖建筑内居民及周边居民接近景观系统的最基本的原则。绿化景观的功能是使人们全身心地投入其中并获得身心的愉悦，而不是远观辄止的，根据研究，绿化景观系统对于人们的吸引力往往在于其周边 5min 步行圈的范围内，超出这个范围的居民即使需要这项功能，也会因为距离的原因而却步。因此，无论是上盖区内的绿化景观还是下部的绿化景观，都应考虑其易达性，其设置的位置应处在居民经常经过或者常常自然到达的地方，如结合咽喉区设置绿化景观，沿景观轴可设置垂直交通核通向地面，使交通功能与景观功能相融合。不应为了方便管理和安全性设置围墙、栏杆等障碍物，降低绿化景观的易达性。

2）功能性原则

绿化景观可以给地区带来生机，给人们带来愉悦的心情，一年四季常青常绿是所有城市追求的绿化景观效果，但地铁车辆段上盖建筑及周边区域的绿化景观必须从实际出发，避免刻意追求名贵树种，上盖区应从覆土的深度、植物本身的生长速度、遮阴率等因素考虑，选择适合当地、适合上盖区的本土树种。比如植物根系也会对盖板的结构造成不良影响，因此应选择低矮的、浅根系的、具有抗热、耐寒、耐旱、抗风、耐盐碱、抗病虫害等特性的如小叶黄杨等植物作为上盖开发景观绿化植被物种。

集中式的公园、绿地原则上应处在各功能区的几何中心位置，以方便各处居民的使用，但也可根据当地条件因地制宜，结合周边地形或上盖区结构，分散成几块或处理为条形。上盖区考虑到防水和渗漏问题一般对于绿地内的水体景观审慎考虑，而且无法引用自然水源，只得开泵放水，但在周边地块可以结合绿化景观进行布置。

3）亲和性原则

绿化景观的尺度应根据周边建筑、环境的尺度进行综合把控，防止放入尺度不适宜的小品。对于车辆段上盖区内的绿化景观，应利用其本身“软质围合”空间的作用，模糊上盖区的边界，使身处其中的居民感到亲密以及和谐。

（2）绿化景观系统的布置方式

地铁车辆段上盖区的绿化景观系统是城市景观系统的一部分，因此上盖区与周边地区的绿化景观布置应形成整体系统，其布置设计应充分结合周遭建筑的功能特点、居民的心理需求以及当地的文化氛围。

总体来说，绿化景观系统的布置手法应做到“点、线、面结合”，确保景观流线的连续性。“点”包括了宅旁绿地、组团绿地、屋顶绿化，“线”包括了道路绿地、架空绿地、平台绿地，“面”包括了小区游园和居住区公园。“点”是组成地铁车辆段上盖区及周边地区景观系统的基础单位，“面”则是景观系统的核心。在设计过程中，应结合建筑的布置方式、空间的尺度、车辆段顶部荷载、覆土以及排水层厚度等要素，从上盖区及周边建筑的总体规划角度整合绿化景观的种类、高度，最终确定绿化景观的布置形式。具体可分为点状布置方式、带状布置方式、面状布置方式以及竖向布置方式。

1）点状布置

点状布置方式的绿化景观通常具有较强的吸引人们停驻的功能，常常围绕景观周围布置有休息座椅等设施，其有助于营造舒适宜人的社交空间。而利用容器种植的绿化景观则大大提升了点状布置方式的自由度，使覆土厚度、排水等一系列问题迎刃而解。该种布置方式可解决大部分建筑出入口或住宅组团内部的绿化景观问题。

2）带状布置

带状布置方式则一般沿道路流线布置，一来可引导交通，二来起到分隔空间的作用。合理的带状景观布置能使各点状、面状绿化景观相互连续、相互依存，这就要求在交通流线设计时要与绿化景观布置设计互相渗透、统一规划。另外，在建筑与地面的交界处，也是经常布置带状绿化景观的位置，该处是建筑材料与绿化景观最直接的连接点，在植物的选择上一要考虑建筑的特性，二要考虑人工要素向自然要素的转换。在与其他设施的整合设计过程中，带状布置的绿化景观不应过大，以防影响其他设施的功能。如在墙基 3m 内一般不种植根部较为发达的乔木、灌木，以兼顾建筑墙基的特性；植物对于墙面的遮掩也应根据建筑墙面的美化与否进行相应密度的遮挡。

3）面状布置

面状布置形式通常用于地铁车辆段上盖区入口处面积较大的居住区公园，其对于上盖区以及周边地区具有较强的景观辐射作用，既美化了上盖区出入口，也将上盖区与周边景观系统生硬的硬质铺地与优化柔和的绿色生态轴线相连。另外，由于上盖区体量较大，在引导的标识设施设置上除了使用硬质标识牌，还可在上盖区的主出入口设置利于形体打造的植物景观，并保证其识别特征及通行质量，在建筑的次级出入口则可设置简单易识别且季相变化不大的绿化景观，以增强上盖区入口的可识别性从而营造舒适的通行环境。地铁车辆段上盖建筑之间以及与落地区建筑之间的空间或小型广场空间也可塑造面状的景观绿化，以减少硬质铺地的面积，营造出舒适宜人的小气候，但在临近住宅的窗口下不宜设置高大灌木，如种植乔木也应与建筑保持一定距离或种植在建筑东西两侧以遮蔽烈日。

4）竖向布置

竖向景观的布置主要可依靠车辆段不同功能区之间的高差形成的坡度以此塑造竖向景观，形成良好的视线对景效果，还可与道路结合形成丰富的高差变化，塑造多层次的立体景观。或通过车辆段沿城市的墙体绿化，柔化车辆段建筑墙体冷硬的线条和色调，结合墙体材质、纹理及色彩进行合理的整合设计。同时，与下部车辆段墙体使用浓密植物遮蔽不同，在车辆段上盖区边缘的栅栏旁的景观植被应营造若隐若现的景观效果。

（3）绿化景观的空间组织

1）观赏空间的塑造

人们的观赏活动可分为静态和动态两类。静态观赏空间如上盖区出入口、中心绿地、广场等，这类观赏空间要求视野相对开阔，而且拥有良好的对景、框景和背景，人们可以在这里停留、交谈，形成集聚人气的趣味空间。而动态观赏空间则负责将景观系统的各个空间连接起来，形成完整空间序列，这类空间的观赏活动需要考虑人的视点移动，然后再结合景观小品的布置达到“移步换景”的效果。

2）空间的划分与联系

绿化景观对空间划分的主要目的在于提升空间质量，增加空间层次和深度感。当人们在建筑内部时，可认为相对于绿化景观是静止的，可通过划分封闭空间来营造上盖居住区的安静、私密的空间感受。而当人们在户外行动的时候则可以通过硬质墙体或较密的绿化景观对空间进行划分，进而对视线进行引导，获得丰富的空间感受。而空间之间的联系则是通过景观向周围空间的渗透与延伸增加空间的层次感，防止缺乏联系的空间给人造成心理压迫。

4. 景观环境设计

（1）景观小品

建筑小品如亭、廊、雕塑、假山等，都是提升地铁车辆段上盖区与周边地块景观水平的重要要素，其造型可根据实际情况多种多样，从而提升景观体系的情趣。

从建筑心理学的角度来讲，当人们处在车辆段这类巨型体量的建筑周边时，一般会感到压抑和不安全感，通过景观小品这类小尺度的景观设施可以与之形成对比，可在一定程度上可缓解人们的焦躁情绪。在小品类景观环境设施的整合设计中，应注意景观系统的主次关系。如雕塑景观即分为主景艺术品和次景艺术品，主景艺术品通过大尺度元素的注入使人们印象深刻，而次景艺术品则侧重于渲染特定环境的气氛，提升小范围的空间质量，结合景观小品的绿化植物应对于小品的色彩、材质、以及形态形成衬托作用，避免喧宾夺主。为界定小品的主次关系，可结合道路路网和开放空间的设置调整小品的视觉尺度，当 $S < H$ 时，人们只能看到小品的局部，观察位置较为不适；当 $S=H$ 时，人们可以自由观察小品主体；当 $S=2H \sim 3H$ 时，观察的主体较为突出，周边环境处于次要地位，是最为合适的观测位置；当 $S > 3H$ 时，小品主体和周围环境处于同等地位，没有主次之分。

（2）标识系统

在现代视觉传达理论中，通常将人为制造的在传达过程中起媒介角色的载体称作标识，而标识系统则是指将这类载体有组织地整合起来，通过规定其色彩、材质、造型以达到与周边城市风貌的协调。地铁车辆段上盖建筑周边的标识系统主要分为导向性为主的交通标识系统和以表征性、诉求性为主的商业标识系统以及指意性、示意性标识系统。

导向性为主的交通标识系统包括了指示地铁、公交车站位置的交通指示牌、特定区域示意牌、车次时刻表甚至包括电子显示屏等，也包括了建筑、休闲场所中的导向牌，如楼层牌、门牌、地图等。这一类标识牌应简洁、醒目，并且具有较好的通识性和连续性，能够使人在最短时间内读出标识牌的意思并根据指示到达目的地。

表征性、诉求性的商业标识系统相对于交通标识系统更具代言功能，而且具有鲜明的表征性。在地铁车辆段上盖区及周边的商业区内充分表达商业文化的标识可以成为城市区域的兴奋点，激活地区活力，但应循序渐进，防止其造型过于夸张、刺激，与周边城市风貌不符。

指意性、示意性标识系统涵盖了大部分的公共标识，在地铁车辆段上盖区及周边商业、文化类场所的周边都设有此类标识，以通俗性的图标、图案等使人快速理解其中含义，能够方便、快捷、美观地标识出各种语义，是分布最为广泛、用途最多的标识系统。因此，应确保其表达的准确性，防止误读或含义不清的情况发生，较为简易的标志牌可结合地被植物或藤本植物对其支撑结构进行适当遮挡，以获得较好的景观。

（3）照明设施

光不仅可以使建筑物产生多彩的光影效果，并且还可以烘托出不同的空间气氛，光的有效应用在塑造空间和实体的过程中起到了很大的促进作用。在地铁车辆段上盖项目的建设中对于照明设施的使用主要应用在下部车辆段、商业街、停车场等的采光以及外部景观装饰及道路照明。按照光源的种类来说可以将照明设施分为自然光照明和人工光照明。在白天，使用自然光照明的优势较大，此类采光设施如采光井和导光管，可以在白天将自然光引入下层空间，从而节省能源，达到环保的效果，而人工光则适合不易获取自然光的空间以及需要较好导向性的空间。其中值得一提的是近年来受到热捧的导光管，其原理是将自然光通过采光罩收集至导光管内，再通过物理方法将管内光线重新分配至下方漫射装置，由此室外的自然光便可均匀高效地照射到室内任何位置。随着技术地发展，即使在光线不强的阴天或者黄昏，导光管系统依然可以导入足够光线达到照明效果。相对于传统照明设施如采光井和电力光源，导光管的效率更高、能耗更低、使用年限更长、照度更均匀、保温性更好，而且对于上盖区的影响也更小。不同于白天的情景，在夜间如果缺少了照明设施的协助，所有的景观设施都将无法发挥效能。可以说，景观照明设施是景观系统生命力的延伸，是保障景观全时性的重要设施。在地铁车辆段上盖区及周边景观环境的整合设计中，照明设施可以分为道路照明设施和装饰照明设施，道路照明设施安排在广场、街道、公园等地，除日常的照明功能之外，还起到了分隔空间和一定的引导作用，因此应结合上盖区及周边的道路、景观节点统一布置。装饰照明起到衬托景观、装饰环境以及渲染气氛的作用，其可嵌入其他景观设施中隐蔽照明，也可单独或群体出现表露照明，但无论哪种照明方式，大照度的照明设施都应避开地铁车辆行驶动线，以防灯光互相影响。

（4）座椅

座椅是人行流线上重要的景观元素，人们借此休息、交流，对于提升上盖区的开放性具有较好的效果。座椅的布置应考虑人们的行进路线，要与人们经常路过的小广场、绿地结合。另外，咽喉区集中绿地的边缘往往是人们最喜爱的地方，可据此设置长凳或带有靠背的座椅。与此同时，应注意座椅的朝向，因为在能够将周边景观尽收眼底又不受干扰的位置设置的座椅一般较受欢迎。此外，在拥有较大空间的场所还可将座椅与树池结合，形成兼具艺术性和趣味性的景观。需要注意的是，虽然我们鼓励在上盖区的主要步行流线上布置座椅，但除了垂直交通核，在上盖区与周边地区衔接的坡道、廊道等交通空间内应尽量简洁，防止座椅干扰人们的正常通行。

（5）墙壁与栅栏

为保障地铁车辆段的周边地块不受影响，车辆段与城市的接触面常常使用墙壁对车辆段进行遮挡。这类高且长的墙壁，是车辆段与城市之间最直接的交互，而上盖区则常采用栅栏界定其与城市的边界。

墙壁与栏杆都是现代公共环境艺术的重要组成部分，虽然其基本功能是对空间的划分，但均可通过材料、色彩、结构形态等方面对周边空间进行渲染和填补，达到消除车辆段四周的侧壁效应，为周边的城市环境增添一抹亮色。如栅栏本身可以产生视觉趣味并改善周边环境，其镂空产生的光影变化也可以通过虚实变幻来活跃景观空间。

（6）辅助设施

为保障地铁车辆段上盖建筑和下部车辆段都能获得较好的工作环境，一般会布置一些辅助设施。如靠近咽喉区的上盖区边缘一般会设置隔音栅栏；在需要采光的车辆段上部设置导光管等。这类辅助设施一般不会与周边环境统一设计，在景观设计阶段应尽量将其安排在不显眼的位置，或使用遮蔽物对其进行美化处理。在光导管安装过程中还需注意与结构、通风空调、给排水等专业进行协同设计，避免管线与光导照明孔洞冲突。此外还应合理选择光导照明覆盖的区域，针对白天需要照明及电气照明密度大的区域，例如车辆段的运用库。同时，应根据场地的照度要求，通过光照计算软件合理地选择最佳设备数量，防止昂贵的导光管得不到最有效的利用。

5. 建筑景观与城市的一体化组织

在传统封闭式居住区中，绿地的面积往往相当可观，但一般为内向型景观，且仅仅服务于本区，对于周边城市环境的改善没有任何贡献。地铁车辆段上盖区作为未来的区域中心，为有效与城市环境整合，应当创新思路，通过外向型景观空间的塑造打破上盖区的边界，同时也可为周边商业争取较好的经济效益。那么，上盖绿化景观环境和周边城市环境的一体化组织的最为有效的手段就是增加其可见性与可游性。对于上盖建筑景观与周边环境的一体化，应注意的是其建筑色彩、形式与天际线控制。

（1）可见性

上盖区景观的可见性是指其景观系统能够与周边城市发生视觉接触。只有周边的居民可以看到景观设施，才会自觉地使用它、靠近它，从而使原本封闭的上盖区获得额外的物质以及信息流量，进而发展出涵盖一整片城市区域的社交网络。在以往的车辆段上盖规划项目中，只是片面地向周边城市空间索取景观资源，却忽略了上盖区能为区域景观做出的贡献，最多是在一些上盖区的出入口处布置中心景观，但一般规模较小，而且其目的往往在于营造出入口形象，提升商业价值。甚至有一些上盖项目，为遮挡下部车辆段较差的景观环境，使用建筑物、构筑物遮挡的方式“俗景以避之”，实际上是人为的将上盖区与周边城市环境割裂，导致起遮蔽作用的商业建筑只能“自力更生”，空间品质和商业价值迟迟无法得到提升，从而影响周边城市环境。车辆段上盖多是东西走向，产生了大量延展性的优质景观视觉资源，结合上盖建筑的空间布局，可将上盖住宅进行平面错落布置，从而充分利用朝向资源，增加住宅的优良景观朝向，提升景观价值。

（2）可游性

上盖区及其周边景观的可游性取决于其景观空间的连续性和整体性。这种连续性既包括了物质层面的连续也包含了时间感知的连续，即保障景观空间连续性的关键在于人的生活动线的连续，而非形式上的连续。如地铁车辆段上盖建筑周边的广场，可以通过城市设计的手法使其与地面的街道形成互动关系，通过一体化的景观轴线、节点、对景等处理手法，营造多样丰富的城市空间序列。由于上盖区与普通住宅小区相比，在交通方面存在一定的劣势，因此就可以将被动的“酒香不怕巷子深”式景观营造手法变为主动的景观设施的外延，通过上盖区景观的外置，在周边的城市次干道以及落地区的边缘空间形成外向型的景观空间，再通过次一级的道路交通系统将这类开放的景观空间串联起来，融合进城市景观系统，使上盖区的可游性大大提高。

（3）色彩、材质与形态

作为向城市界面全方位展示的上盖建筑，其建筑色彩与形式首先应符合当地相关规范。其次，建筑色彩应以片区整体功能属性或建筑物形态进行系统研究，在尊重自然色彩并融合地域特色的基础上对色彩混合效果进行分析，利用色彩调和理论组织出和谐统一的色彩关系。另外可通过色彩与材质的变化及对比进行细化整合，特别是车辆段四周的建筑外墙应细致处理，以满足人们近距离观赏的要求。建筑形态则应注意其与周边以及车辆段建筑之间的完整性，以及其能否对周边环境产生积极的影响，防止盲目以自我为中心大肆建设与周边城市风貌不协调的建筑，如将体量较大的而单一的建筑通过不同高度、长度以及错位、退台的处理方式进行组合变化，丰富建筑景观的层次，对于住宅建筑可以结合其顶部、底部、阳台进行造型上的设计，增强与周边环境的协调度。

（4）天际线

地铁车辆段上盖建筑起于9m以上的高台，结合高层住宅建筑建设将达到数十米的高度，如果结合地铁车站建设有商业办公建筑则有可能更高。因此，作为未来的区域中心，对于车辆段上盖建筑的天际线控制十分必要。

一般来说，地铁车辆段的建筑形态为偏长的长方体，因此对于其长边的建筑高度控制可有效管理其天际线，如结合车辆段的结构转换区和结构落地区的不同结构形式设计不同高度的建筑，可以在充分利用上盖区资源的同时获得丰富的天际线。此外，可对观景方向的建筑材质、色彩、照明等因素进行统一设计，从光、电等角度全方位设计天际线。

第四节 基于整合设计的车辆段上盖区方案设计及优化建议

通过对我国已建成地铁车辆段上盖建筑与周边环境的调研、分析，提出了针对各要素的整合策略。各地车辆段无须界定城市等级和房价高低均可进行上盖建筑开发，而只需根据其各自的土地价值比选最为合适的技术措施。因此，选择徐州地铁杏山子车辆段上盖项目作详细阐述，分析其设计策略，以期检验研究成果的可实施性和可推广性。

一、方案简介

徐州地铁杏山子车辆段上盖区位于江苏省徐州市西部，地处以三环路为界的城市核心区与城郊区的分界点，东临云龙湖，北面是因塌陷地改造而成的泉润湿地公园，东南方向有龟山及家后山等重山环抱，其现状为周边居住区众多，多为高层小区，西侧待建设用地规划为汉王新城居住区。徐州杏山子车辆段负责 1、2、3 号线的大架修，为线网性大架修基地，库区布局形式为平面并列式，其功能复杂、多样、占地面积大，段内设置各种生产、生活、办公用房 17 栋，北侧配建有徐州轨道交通 1 号线尽端站——路窝村站。车辆段总用地面积约 41.6 公顷，其中上盖区分为西南方向的主上盖区及东北方向的咽喉区上盖区，总用地面积约 11 公顷。主上盖区地面高程 15.8m，停车层 8.7m；咽喉区上盖结合周边发展备用地，将备用地整体抬高，与上盖区一体打造，上盖区地面高程 10.0m，周边抬高坡地 6.0m。

二、方案分析

徐州杏山子车辆段上盖方案通过地铁站点及车辆段选址的综合定位，确定了现阶段迫切需要的及未来影响居民生活品质的城市功能，通过上盖商业建筑、街坊中心的辐射效应扩大功能影响范围，形成了多元可持续的功能布局体系。

（一）功能环境

1. 功能定位

根据所处区位及周边城市区的功能，徐州杏山子车辆段上盖区的功能定位为城市郊区型社区公共服务中心和公共交通换乘中心，结合地铁的建设，推进周边地区的厂房、城中村改造及土地复合开发，利用地铁的带动效应提升周边地块的经济效益。根据徐州市轨道交通一号线站点周边商业价值评估，徐州杏山子车辆段配建的路窝村站属于二类开发站点，近期对于商业开发需求不足，因此宜通过时间规划论的指导，优先注入城市公共服务功能，帮助周边地区集聚人气，形成以点带面的功能服务格局。

2. 功能组合

从功能组合上讲，徐州杏山子车辆段上盖区与周边城市功能区根据现状及规划特征属于复合功能组合关系，主要功能为依托于地铁站点的"P+R"停车功能、依托上盖区的车辆段办公配套功能以及服务于周边居住区的邻里中心，结合北部泉润湿地公园，形成服务于周边居住区以及城郊换乘游客的片区中心。其中"P+R"停车功能结合地铁轨道高架下部空间进行布置，既有效利用了消极空间，也将换乘距离掌握在较短的路径内；结合地铁办公区进行上盖开发则是借鉴了港铁九龙湾车辆段港铁总部大楼的做法，将地铁办公区设置在尽端站所在的车辆段上盖项目周边，这一做法可以对商业起到促进和吸引作用，既有效补充初始阶段上盖区附近缺乏的商业氛围，在交通方面也可缓解早晚高峰的单向交通流；而街坊中心则是通过借鉴新加坡经验打造的集商业、文化、体育、卫生等于一体的"居住区商业中心"，围绕居住配套基础功能展开，为周边居民提供"一站式"的服务。街坊中心是上盖区的重要门户，也是城市区域的地标性建筑，是整个项目开发的核心区域。这种点状综合体式的功能组合形式既考虑了周边居住区居民现状对功能的不同需求，也考虑了随着时间的推移居民对功能品质追求的提升。进行功能集中布置的优势在于集约利用落地区土地，将占地面积不大却又不可缺失的基础功能设置在居民可达性较强的落地区，方便上盖区和周边居民进入和使用。

（二）空间环境

1. 车辆段与上盖空间的整合

徐州杏山子车辆段的车间排布形式为平面并列式，检修库和运用库处于并列的空间关系。

2. 消极空间的利用

根据配建路窝村站点的功能定位所建设的"P+R"停车功能与地铁站点高架下部空间结合，将难以利用的高架下部空间改造成为整个城市片区提供公共服务的交通空间。

（三）交通环境

徐州杏山子车辆段上盖方案通过坡道、人行天桥和垂直交通核等交通设施的布置，有效协调了上盖区与周边地区的交通关系，在人车分流的基础上对不同分区进行了合理分隔与联系。

1. 流线组织

步行流线方面，主要考虑上盖区与地铁站点及常规公交、出租车停靠点的衔接问题。与地铁站点的衔接方面，徐州杏山子车辆段配建的路窝村站是处于车辆段北侧 50m 内的徐州地铁 1 号线高架尽端站，与上盖区属于接近式的空间关系，两者通过专用换乘通道设施相连，可以避免地面交通流线的干扰，直接实现上盖区与地铁车站的人流互通。在与常规公交的衔接方面，规划公交站点及出租车停靠点为周边式布局模式，主要沿上盖区垂直交通核布置，并设置自行车换乘点以增加交通设施服务半径。

车行流线方面，徐州杏山子车辆段上盖区内部实行人车分流，主上盖区内部仅规划一条环形车行道，其停车功能设于主上盖区的地下停车层，车辆通过三处坡道可直接进入停车层。停车层利用列检库与检修库的高差设置，结合三处坡道设有三处车库出入口，北部两出口均设有垂直交通核连接立体交通。同时在地铁高架下部设置出租车落客区以接驳地铁站点的客流。

主上盖区的内部车行道路为外环形道路，在北侧与咽喉区上盖有车行通道相连，咽喉区上盖内部设置一条贯穿式车行道路，其中咽喉区上盖结合周边坡地将地块整体打造成为 6m（白地区）和 10m（上盖区）两个高度的平台，两者之间通过坡道相连。对外车行交通方面，徐州杏山子车辆段的现状主要依靠双向 2 车道、车行道宽约 6m 的一块板式徐萧公路进行对外交通联系，交通较为不便。未来规划布设网格型密集路网，并对徐萧公路进行快速路改造，区域交通水平将得到大幅提升，但北部与车辆段上盖区连接处并未设置辅道，大部分公交车停靠站也设置在徐萧公路沿线，这势必将会对徐萧公路产生较大的影响。

2. 形式设计

徐州杏山子车辆段上盖区的竖向交通连接主要通过坡道和垂直交通核进行，其中坡道主要解决车行交通，垂直交通核主要解决步行交通；水平方向则通过高架廊道连接地铁站以及周边落地建筑。

该项目的车行坡道坡度最高为 7.5%，相对较陡，但最大程序地节约了交通设施对土地的占用，其是在周边用地较为宽裕和考虑节约成本的情况下进行的形式选择。而垂直交通核则分为了内部交通核和外部交通核，除与街坊中心相连节点为外部交通核与内部交通核复合设置外，其余均为内部交通核，该节点由于需要接待地铁站点和上盖区的脉冲式人流，并需要形成较好的景观效果，采用景观台地和外部交通核组合的方式进行设置，具有较为复合的交通组织形式，能够达到功能和景观的需求。值得注意的是高架廊道，北侧由于徐萧公路和地铁高架桥的阻挡，南北人行交通需要通过高架廊道协调，但由于地铁高架桥的高度问题必须采用下凹式天桥的形式进行处理。

（四）景观环境

1. 绿化景观

绿化景观方面，由于主上盖区的建筑排布较规则，因此设有集中式的长条状组团绿地，该绿化组团设于多层居住区一侧，可辐射整个上盖区，但因缺乏与周边地区的交通联系，未能与落地车辆段配套办公区形成较好的交通联系，通达性较差，属于居住小区内部的组团式绿化景观。

2. 建筑立面景观

作为较难解决的车辆段车间及上盖建筑的立面景观问题，徐州杏山子项目提供了两种车辆段立面美化思路，一是依据“修复生态”“覆绿留景”“凝练文化”的设计理念，沿街建筑立面设置种植槽以种植藤本植物，这种方式的透光透气性好，且能够激活城市活力，缓解高密度感，以律动的曲线为创意，曲线造形的绿篱配合高低错落的乔木，具有动态的美感，体现了城市活力与蓬勃朝气；二是结合基地南侧临近的龟山和家后山，沿街立面选用竖向混凝土挂板形成“山”形图案，不同角度的图案有所变化。此外，由于咽喉区上盖距离龟山山体较近，需考虑上盖建筑对山体景观的影响，在靠近山顶的一侧建筑高度较低，建筑高度沿远离山顶的方向逐渐升高，从而保障了山体向车辆段方向的景观渗透。对于上盖建筑立面的处理则是采用中式建筑风格，利用大面宽强调横向线条，并按照中式建筑对建筑进行三段式设计，在头部注入昭示性的新中式元素；中段通过材料的变化增加韵律感；基座则使用错缝石材和细部装饰使之具有庄重感。同时，还将立面分了三级，通过材质的搭配形成横竖设计韵律感的体量作为第一层级；小面宽的竖向线条结合深褐色真石漆作为第二层级；新中式元素顶部形成第三层级。徐州市色彩规划要求贯穿了设计的始末，所有建筑统一进行了同色系的立面色彩整合设计。

3. 景观设施

与街坊中心形成良好交通关系的商业配套组团围绕高层居住组团建有小型集散广场以及相应的景观小品，通过营造外向的景观设施为上盖区的商业配套建筑营造了更佳的商业环境，同时也吸引了周边更多的消费者。同时考虑到居民对于水体景观的热捧，配有多处面积较小的浅水景观水池，以防冬季结冰或缺乏管理形成较差水质恶化环境的问题，也防止了儿童嬉戏形成的安全隐患问题。

4. 物理环境

物理环境方面，驶入车辆段进站停车检修的地铁在夜间会对东面一排住宅产生灯光照射，因此在总图和户型设计中，对住宅的角度进行了调整，使夜间受照面仅在山墙面和北面，从而使南面的卧室在夜间休息时不会产生干扰。在驶出方向，白地上的相关厂房设施或商业建筑会挡住地铁投射过来的灯光，从而减少光污染干扰。

三、方案问题梳理及优化策略运用

针对徐州市杏山子车辆段上盖建筑方案出现的与周边环境缺乏整合的问题，结合整合设计策略针对不同要素提出了优化策略。

针对功能要素，徐州杏山子车辆段上覆盖定位为公共服务中心和公共交通换乘中心，主要解决与周边居住区之间的功能协调关系，在功能组合方面做到了平面与竖向相结合，功能相对较为复合，但在功能定位方面存在一定优化空间。

表 7-11　功能优化策略

存在问题	形成原因	优化策略
站点位于城市核心区以外，定位以提供公共服务为主，未与新城开发规划有效结合，依然以居住功能为主导。	居住功能主导，受上位规划影响较大。	1.在选址未定阶段，可通过将车辆段纳入新城开发规划中去，寻求其他功能上盖建筑可能。 2.在线网规划阶段，车辆段用地指标划入地区城市建设用地总指标内，但不进行单独划定。增加地区建设用地总指标的方法，使得车辆段的用地得以与其他功能区做出相互置换。

表 7-12　空间环境优化策略

存在问题	形成原因	优化策略
车辆段车间与落地区之间的消极空间未进行有效利用，仅依靠立面美化无法彻底解决消极空间的利用问题。	考虑经济因素，尽量扩大落地区面积进行商业开发。	可适当加大车辆段车间与落地建筑间的间距，通过景观系统的注入协调两者的立面关系。

针对空间环境要素，平面并列式的空间组织形式有利于上盖建筑间的联系，同时可利用检修库与运用库之间的高度差，精细化设计小汽车停车库，使上盖建筑入口层位于同一水平面上。对于下部车辆段的空间布置与上盖建筑之间的空间布置考虑了两者的通风、采光和相应污染损害的规避，但在消极空间的利用上仅考虑将部分高架下部空间改为“P+R”停车场，未从源头上对避免形成消极空间，需进行有效设计，建议摒弃以往极力缩小消极空间的做法，适当增加其空间，通过其他元素的注入进而改造成为富有活力的交往、共享空间。

针对交通环境要素，徐州杏山子车辆段上盖区实行人车分流，周边通过交通影响分析规划新建道路，但在流线组织上出现了一定问题。如公共交通接驳处应加强管理，防止车辆长时间停靠；上盖商业建筑周边应设有专用的后勤道路以供货运车辆临时停靠，坡道应位于商业区与住宅区的交界位置，同时应单独设置出入口，与住宅出口分离。

表 7-13　交通环境优化策略

存在问题	形成原因	优化策略
由于上盖区东西方向界面较长，且地铁高架线路沿徐萧公路（规划快速路）布设，根据人行横道间距不应大于300m的规定，结合上盖地块以及地铁站与公路北侧的交通连接需求，需要在徐萧公路沿线设置跨越地铁高架的过街天桥满足南北方向的交通需求，交通组织较为复杂。	地铁线路沿快速路布置的常规做法。	1.深入探讨快速路切割方向的近、中、远期交通需求，优化车辆段选址。 2.结合地铁车站的位置，通过延长车站空间并结合上盖区与高架之间的高差，探索多种高度的过街形式，并营造更加舒适的空中步行环境。
公交站点设置不合理，与路口距离过近，影响过境交通的通畅程度，且交通站点多设置在高等级道路上。	—	结合路网规划，在落地区内部设置公交。

针对景观环境要素，主要问题在于咽喉区未实现全覆盖，使得上盖区及周边落地区建筑需规避列车行进方向带来的声、光污染，且采光设施的设置缺乏与下部车辆段的整合。

表 7-14　景观环境优化策略

存在问题	形成原因	优化策略
部分轨行区未进行上盖开发覆盖，造成了对周边地区的光污染和噪声污染。	徐州杏山子车辆段负担三条线路的大架修，为线网性大架修基地，规模较大，而受基地地形因素影响，部分轨行区柱网排列困难，不便进行上盖建筑开发。	可结合上盖区交通系统进行绿化景观覆盖，形成区域性的生态中心，从而提升区域活力，并将主上盖区和咽喉区上盖紧密联系。
采用采光井为下部车辆段提供照明，占用了大量上盖区土地。	节省经费，集中获得大通光量。	通过合理的照度分配，拆分大体量的采光井，使用导光管完成对车辆段的照明。

第八章　地铁车辆段与上盖物业影响度评价体系构建

车辆段上盖物业的开发虽然很好地解决了土地资源紧缺问题，但在开发建设过程中，车辆段与上盖物业之间会伴随着诸多相互影响因素。本章将对车辆段与上盖物业之间的互相影响进行探索和研究。

第一节　车辆段对上盖物业的影响指标体系构建

一、车辆段对上盖物业的影响因素分析

从空间资源角度和经济角度出发，将车辆端地上部分利用，可建设部分物业。然而，虽然很好地解决了土地资源紧缺问题，但上盖物业必然会受到盖下车辆段的诸多影响，比如盖下车辆的振动、噪声影响等。目前国内学者在上盖物业对车辆段的影响因素分析中，主要以分析车辆段对上盖物业建筑布局、管线配套设施、结构方案为主，部分学者专门分析了车辆段对盖上物业的人行交通、车行交通等方面的影响，在车辆段对上盖物业的噪声、振动、废气等环境方面影响的分析也大有人在，尤其是对振动及噪声方面的分析较多。

（一）对物业建筑的影响

1. 对建筑布局的影响

从地铁车辆段占地面积分析，占地面积越大则上盖物业的可利用面积越大，同时可以根据需求进行功能布局，以聚合的物业形态顺利投入使用。反之，占地面积越小则上盖物业的可利用面积越小，功能布局时必须严格遵循地铁隧道面积与走向，因此功能结构相对呆板，格局样式单调。

从地铁车辆段内部建筑结构的性能与特点分析，在保证物业不对地铁产生负面影响的基础上，针对不同的结构区域进行适宜的规划。如交叉口或地铁的主要办公室区域，上方不建议开发物业，可适当进行绿化种植，既可以美化地铁车辆段甚至整个城市的

环境，又可以透过绿植的勃勃生机去感染每一位市民、每一位乘客，使其抛开压抑的情绪拥抱生活。从车辆段自身结构特征看，柱网规则的列检库等场所则可以根据地域需求建设商场、办公以及住宅等。一方面要保障双方的安全需求，另一方面需综合参考相互间的影响与干扰。

我国当前的地铁车辆段上盖物业主要有行列式、组团式和围合式三种类型的空间布局，整体组成形态则以物业自身实际需求为依据，同时遵从城市的整体结构、绿化标准而进行合理布局，从而使组合体现出最强的适用性和最高价值。

（1）行列式

行列式布局模式，即在建设上盖物业时，物业建筑主体均与地铁隧道成行列形状，即要么与隧道方向平行，要么与隧道方向垂直交叉，是车辆段上盖物业最常见的一种布局方式。由于物业的建筑与隧道方向相呼应，所以，两者之间的一致性几乎不存在结构的转换，并且，随着隧道方向的物业建筑，仅通过简单的内部空间整理，便可以获取到优良的日照、通风等环境因素。行列式布局常用于小规模的地铁车辆段，并且由于功能设计可调节性较小，在以居住为主的车辆段上盖物业开发中应用较多。

如深圳龙华车辆段上盖物业，在地铁车辆段上建设高层住宅，与地铁隧道保持行列式，并紧邻城市道路呈平行状态，同时满足了与地铁之间的相互影响以及遵从城市整体结构的双重要求，并且整排建筑的底商可以聚集大量人气，所形成的商圈覆盖了整个地铁车辆段上盖物业的区域范围。

（2）组团式

组团式上盖物业开发一般应用于占地规模较大的车辆段，物业群体具有多种功能，且相对独立，根据居住、办公、商业等各项功能的特点，主要依据其对声音环境的要求进行相对区分，打造出和谐的综合上盖物业。

如占地面积约 32.02 公顷，总建筑面积约 16.23 平方米的深圳深云车辆段上盖物业，将小高层居住组团布置于东侧靠近山体区域，低层商业休闲建筑布置与西侧靠近溪谷区域，而商业、办公组团则靠近城市快速路一侧布置，自成一区，避免对车辆段内部交通的干扰。整个车辆段上盖物业形成高低错落的阶梯式天际线。

整个车辆段上盖物业在东西向高度控制上形成阶梯式天际线，东侧靠近山体位置布置小高层居住组团，西侧靠近溪谷布置低层商业休闲建筑，形成商业组团，办公组团则位于靠近城市快速路一侧，自成一区，由此避免对车辆段内部交通的干扰。

（3）围合式

围合式布局模式，指将某一种功能建筑作为整个上盖物业的核心，其他功能建筑围绕该核心功能建筑展开布局，形成功能聚集的建筑群体。围合式的车辆段上盖物业中心通常以大型的对外设施为主，如大型商业综合体和公共服务中心，中心功能通常与通勤出行结合，形成有效的商业中心和换乘中心。将各类公共设施集中于区域中心有利于形成规模效应，实现各功能作用的最大化。

如深圳前海车辆段上盖物业，整个车辆段上盖物业以居住功能为主导，商业办公功能为辅助，在结合车辆段自身结构要求和物业功能需求特征的基础上，形成了以商业办公功能为中心，居住功能在其外围围合的空间布局模式，各功能围合形成的聚合公共空间供城市居民共享。

2. 对盖上物业建筑配套设施的影响

由于上盖物业开发是在车辆段上盖顶板上进行的，盖上物业的各类配套设施，如给水加压泵房，各类管线布置、化粪池等均不能按照常规物业建筑布置，必须借助车辆段用地以及上盖平台夹层来解决。

3. 对盖上物业建筑高度的影响

由于地铁车辆段盖下层建筑必须结合轨道方向及工业建筑的柱网专业要求而布局，不仅影响盖上层物业建筑的平面布局，对盖上层建筑高度也有一定约束。根据地铁车辆段工艺、线路等要求，平台往往会设有如下设施：停车场、列检库等，所以平台下结构通常为厂房，且柱网相对较大，正常情况下尺寸为（7.2 ~ 8.4m）×（12 ~ 18m）平台上建有小开间轴线布局的物业楼、住宅楼等，柱网开间尺寸多以（3.3 ~ 5.4m）×（5.1 ~ 6 m）为主。出于建筑功能考虑，结构设计中上盖建筑和下部柱网无法实现对齐，导致平台上建筑结构的竖向构件无法贯通到底部，其中将涉及竖向构件的转换。在现行结构设计规范中，针对上方为框架、框架一剪力墙，下方为框架的，结构体系中并未对这一设计划分给出明确的要求，但在设计过程中出于对安全的考虑，往往将其归类为框架结构，特别是在抗震区，针对这一上盖建筑结构对高度有着极其严格的要求，譬如深圳地区限值在 7 度 0.1g，并且《抗规》对建筑同样有着明确的说明，即总高度不得超过五十米，受该规范的限制，上盖建筑的开发效率也受到了不同程度相应的影响，致使城市土地使用效率大幅下降。

（二）对物业交通的影响

1. 人行交通组织设计

地铁车辆段上盖物业建设于车辆段上盖大平台之上，这种特殊的物业形式增加了其交通组织设计的难度。上盖物业与车辆段既保持密切性，又相对独立的设计对于普通物业交通组织设计中来说需要考虑的环节众多，这一方面无疑使得交通组织设计的难度进一步加大。

由人行交通组织层面来分析，平台上方和城市道路两者间存有车辆段用房与结构转换层高的高差，下方区域的地铁作业厂房实则地铁人员内部使用部分，主要用于工作人员通行，所以，上盖物业使用者与普通上盖物业使用者存有一定的差异，可以从底层商业建筑内部竖向交通进入上盖平台当中。因此，为方便上盖人群自由出入，车辆段上盖物业应以外部交通系统与城市道路进行相联。一般情况下，上盖物业和城市路面的对接可分为以下几种形式。

（1）采取坡道、台阶等方式进行连接

一般外性强、人流量大，城市地面高差小的上盖物业多采用这一方式。距离城市道路比较近的区域以台阶、坡道为主，以实现城市道路与上盖平台的有效对接，这样一方面可以起到对城市界面竖向空间的强化作用，另一方面可以有效地突出其引导性。

（2）采取交通核的方式进行连接

正常情况下车辆段上盖物业和城市路面的高差保持在9米上下，因此竖向交通核成为惯用的方式。垂直电梯、楼梯是交通核的主要构成形式，且在人流量较多的区域往往还配有自动扶梯。便捷、高效率以及无障碍出行等优势是交通核所具备的特点，与此同时，高成本、高维护费也是这一方式不容忽视的重点，如果只对出行方便予以一味地追求，在规划中设置过多的电梯往往会造成资源的无度浪费。所以，应在交通核交通形式的设计中结合具体实情，将出行的便利以及经济成本一并纳入考虑的范畴。

（3）采取天桥的方式进行连接

车辆段上盖物业人流来源的另一关键性渠道即天桥，该方式主要实现对车辆段上盖物业和周边建筑、城市道路的相连，通过空中步道，人们便可以实现街区的跨越，从而由一个建筑内部进入另一区域的建筑，有效地实现了车流与人流的隔离，一方面起到了对人行安全性的全面保障，另一方面使得可达性进一步增加。与此同时，由于地铁车辆段上盖物业配置了大规模的商业设施，而天桥的形式则将商业设施和周边人行道、公共交通站以及周边建筑、商业街区进行了充分地衔接，不仅加大了商业人流，还实现了对周边区域的人流转换，在城市二层步行系统中其作用不容小觑。

人行对外交通形式中，由于天桥与城市地面存有一定的高差，地铁车辆段上盖物业采取这一形式其优势也十分显著，其在诸多实例中的运用十分广泛，如中国香港、日本等发达地区，空中步行系统的运用就较为普及，上盖物业不同功能、周边城市建筑以及城市道路等均通过二层步道进行了有序的贯穿，在整个区域中，大型二层步道系统的作用和优势愈发显著。

2. 车行交通流线设计

由车行流线组织来分析，上盖物业地下设置为车库是运用最为普遍方式，上盖物业平台为消防通道，地铁车辆段本身实则工业厂房建筑群，受自身工艺要求的影响，由车辆段实施隔断，无法将传统地面、地下停车方式运用其中，车库和结构转换层结合方式则可以实现对上述停车问题进行有效地解决。鉴于车辆段占地面积具有一定的要求，致使上盖物业规模也随之变大，这一点无疑使得交通需求相继增加，因此，与普通上盖物业交通组织相比，该车辆段上盖物业车行交通要更为复杂。

（1）地铁车辆段上盖物业车行交通组织应始终以《城市居住区设计规范》为准绳。《城市居住区设计规范》需满足如下三个方面：

1）确保两个及两个以上主要对外车行道和周边道路保持有效的连接。

2）坡道是上盖物业车行交通用以解决高差的主要采用的方式，因此需要在设计中严格遵循居住区相关规范实施。机动车道最大纵坡不大于8%，以9米高差来计算，最小坡长为113米，在严寒地区应不小于180米。

3）城市道路层车行对外交通出入口的设计需对其具体形式予以全面的考量，确保各个环节设计更具合理性，将交通意外、拥堵等情况发生的风险降至最低。

（2）以相关规范为设计前提，车行对外交通形式可大致包括四类，依次为空中介入式、地面介入式、地下介入式以及立体介入式。

1）空中介入式

空中介入式指利用高架路与车辆段上盖物业相连。

2）地面介入式

采取地面介入式的前提要求是车辆段上盖物业和周边道路没有高差，车辆出入口和城市道路保持在一个水平面，由形态来看其和普通落地物业出入口相近似。

大量车辆的进出容易导致城市交通的拥堵，对人行道连续性造成相应的影响。所以，在采用这一方式时需对出入口布局、形式进行全面的考量，确保出入口布置适量，为城市道路和出入口间预留足够的缓冲空间，以此实现对高峰期间车辆出入的有效缓解。

3）地下介入式

与车辆段上盖物业转换层相比，如果其周边城市道路明显高于前者时，可设置单独的车行道，将车流引入下行车辆段上盖物业停车场，人行出入口则置于地面，以此方式实现对人行、车行流线的隔离。地下介入式一方面可以使得车流对人流的影响降至最低，另一方面有助于使地面交通压力得到进一步的缓解。

4）立体介入式

如果车辆段上盖物业规模庞大，同时功能方式具有较高的混合性，针对这一情况可同时采用上述两种（或三种）方式实现对城市道路与车辆段上盖物业的衔接。就目前而言，地铁车辆段上盖物业的功能日趋多元，无论是土地利用，抑或是交通组织都越来越复杂化，也因此其所承载的人流量压力日渐加剧，所以，基于此就车辆段上盖物业交通组织来看，立体介入式将成为其后续发展的主要方向。

3. 出入口设置

（1）出入口数量

根据上盖物业的用地性质、容积率等指标，按照相关规范实现对停车位配建指标的核验，随后对物业出入口进行设计，在这里需要注意的一点是配建停车泊位数量需要与出入口数量保持协调。以停车位设计规范为依据，出入口数量和车位数两者的关系可详见表 8-1 所示。一旦出入口数量得以确定，则后续工作即实现上盖物业出入口交通组织，如果项目条件允许，人流、车流的交通组织通常会采用机非分离的方式。需要注意的是，停车位配建指标以及出入口数量的确定，除需要满足国家标准外，还需要满足各城市地方标准。

表 8-1 出入口数量与车位数量配置关系

车位数（个）	出入口数（个）	备注
≤ 50	1	—
50 ~ 300	2	—
300 ~ 500	2	泊位数大于 300 时，出口和入口应单独设置，且二者间距离应大于 20m。
≥ 500	≤ 3	—

（2）出入口位置

各城市都有相应的地方标准对项目基地出入口设置做出规定，上盖物业出入口设置必须满足其中的规定，比如浙江省对项目基地出入口的设置要求如下：

主干路上的出入口与交叉口的距离应大于 100 米；次干路上的出入口与交叉口的距离应大于 80 米；支路上出入口与交叉口距离应大于 40 米。

（三）对物业价值的影响

1. 振动及噪声对上盖物业价值的影响

车辆段大平台下地铁进出及维修，都会对客户心理有直接影响，通过市场调研约谈区域意向客户，客户普遍认为在通过技术处理解决好噪声、振动等问题的前提下，上盖区住宅的销售价格应该比周边楼盘下浮 10%。

2. 通勤出行对上盖物业价值的影响

一般情况下，进行上盖物业开发的车辆段区域均会设置地铁站点，由于地铁站对上盖物业业主的通勤出行带来极大的便利，会适当提升物业的价值。

根据相关统计，与非地铁物业价值相比，地铁沿线物业要高出前者 20 个至 30 个百分点，其中以地铁上盖物业价值最为突出。

二、地铁车辆段对上盖物业影响度评价指标体系构建

1. 根据评价指标设定原则确立评价指标体系

前述分析了上盖物业对车辆段的 10 个主要影响因素，比较科学全面地反应了评价指标，很好地体现了科学性、系统性原则。根据操作性上述原则，应将影响指标进行分类归纳，构建多层次递阶评价体系，以便于计算分析。经过分析归纳，最终确定了物业建筑、物业交通、物业环境和物业价值等 4 个二级指标，以及建筑布局、建筑配套设施、建筑高度、车行交通、人行交通、出入口设置、废气、振动、噪声、通勤出行等 10 个三级指标。

2. 根据专家反馈意见调整评价指标体系

本次研究在车辆段与上盖物业影响度评价体系构建过程中，共选取了 8 位专家进行意见收集，在专家反馈的意见中，有 6 位专家认为二级指标建筑配套设施属于建筑布局范畴，两者相互交叉，应合并成建筑布局这一个因素。

第二节　上盖物业对车辆段的影响指标体系构建

一、上盖物业对地铁车辆段影响因素分析

地铁车辆段上盖物业的开发在带来经济效益的同时，也对车辆段的建设带来诸多不利因素，譬如环境方面的影响、设计困难等。且在设计期间还需对建设周期、结构、交通等各方面的难点加以周全考虑。上盖物业建成后，对盖下人员工作环境产生诸多影响，如采光、通风等。

（一）对盖下建筑的影响

1. 建筑面积

增加上盖物业以后，受到盖上物业和盖下柱子及基础对位关系的影响，车辆段运用库及检修库在垂直轨道方向的柱间距一般不小于 12.6m 平行轨道方向 8m 左右，从而带来运用库及检修库的面积会比无上盖物业开发情况下有所增加。由于线间距的增加，同时有可能带来用地红线的突破的情况。

上盖物业开发时，根据盖上建筑特征，应在无上盖开发设计运用库中增设结构柱、

核心筒落地或夹心落地等结构，以此实现对结构落地面积的增加，故占地面积也会随之扩大。

2. 建筑布局

增加上盖物业以后，办公楼、物资总库等人员密集建筑也应尽量靠近上盖平台边缘布置，边缘采光通风相对较好，会带来整个建筑方案颠覆性的调整。同时由于建筑位置的改变，有可能会带来红线位置的变化及用地面积的突破的结果。此外，增加上盖物业以后，对盖下车辆段检修工艺布局也会产生较大影响，主要表现为：

（1）当咽喉区范围全部上盖开发时，出入段通行能力受到较大影响，导致地铁运营效率受到极大影响。

（2）受结构特点的影响，通常情况下地铁车辆段检修库均采用二线库，二线库在实际中很多车辆段需要布置为三线库，与普通二线车辆库相比，该类车辆库工艺布局不尽合理，且会增加起重机等设备的投入。

（3）由于上盖物业开发限制，致使盖下车辆检修工艺布局受限，其中大架修所使用的移车台方案便无法得到运用。

（二）对结构的影响

高层建筑超限可分为两种，一是高度超限，二是规则性超限。引发上盖物业超限的因素可归结为两个方面：

1. 上盖物业主要以小开间轴线布置的住宅、办公楼为主，柱网开间尺寸通常为 3.3 ~ 5.4m × 5.1 ~ 6m，出于建筑功能考虑，盖下设计多以停车场、列车库、运用库为首要，所以盖下结构常以厂房居多，且柱网相对较大，正常情况下尺寸为 7.2 ~ 8.4m × 12 ~ 18m。结构设计中上盖建筑和下部车辆库柱网无法实现对齐，导致平台上建筑结构的竖向构件无法贯通到底部，其中将涉及竖向构件的转换，与此同时，还需对竖向结构突变性转化引起的竖向抗侧力构件不连续的情况进行解决，且由于盖上结构抗侧力构件无法实现直接落地，致使盖上和盖下结构的刚度突变和层刚度变弱，该处地震作用效应将十分显著，譬如层间位移过大。

2. 由已建成上盖物业车辆段的使用情形来分析，建筑防水最为薄弱的部分主要在伸缩缝位置，出于建筑功能考虑，针对这类建筑应尽可能减少设缝，否则将极易造成大底盘多塔楼情况，或大底盘和上盖结构底层出现较大偏心的问题，也就是俗称的塔楼偏置，而这一情况往往会在地震作用下出现较大的扭转效应，由此对结构安全、非结构构件的正常使用造成严重影响。

针对上盖物业超限建筑可采取的解决方式具体如下：对存在转换层多、多塔、竖向刚度突变等众多问题的超限高层结构来说，可通过抗震性能设计的增加，加上结构转换部位和上盖结构底层性能水准的严格把控加以解决，上盖其他部位则遵循常规设计进行；高度大的建筑通常在水平荷载作用下反应也相对较大，针对这一问题可在该建筑上安置阻尼器，以此实现对这一反应的发生概率的有效降低。

根据上盖物业开发结构的不同，上盖物业开发的结构方案可以划分为三种形式：转换层大平台形式；夹心落地形式；核心筒落地形式。

转换层大平台形式的结构方案，由于盖下振动噪声极易传递到盖上建筑，下部结构对上部建筑的制约较大，一般对于公共建筑、多层住宅建设较为适用，但不适宜高层建筑。

无论是夹心落地形式，还是核心筒落地形式，其结构体和车辆段上盖结构可采取分开设置的方式，以此实现对振动和噪声的有效隔离，将干扰降至最低，但此类形式占地面积较大，主要用于高层住宅或写字楼的开发。

在实际开发期间，通常上述三种形式以组合的方式运用，譬如核心筒落地形式、夹心落地形式多用于布局较为规整的运用库中；而在柱网跨度较大的检修库范围，一般采用转换层大平台形式；而在柱网位置不规则的车辆段附近区域多用于建设景观绿地等。

（三）施工周期

1. 政策处理方面

项目要真正实施下去，在施工图设计之前需要有几方面的问题要解决。方案设计、初步设计、物业建筑初步设计（尤其是物业户型问题）、交通分析，车辆段消防等审查都要完成，为后续工程的实施做好准备，避免施工图返工，上述审查的完成，一般需要约 5 ~ 6 个月时间来完成此部分工作。

2. 建设周期方面

为了不影响车辆段正常运营，在车辆段建设完工、上盖物业建设前必须完成上盖大平台建设，这大大增加了建设周期。

（四）工程投资

投资的增加主要体现在：

1. 占地面积增加引起的额外购地费用；

2. 上盖平台（或附属设施）的投资；

3. 预留基础和结构柱的投资；

4. 盖下通风设施、采光设施等费用的投入；

5. 运营费用的提高。

鉴于在车辆段开发过程中，上盖物业开发商无法予以明确，进而以上费用一并纳入车辆段建设费用的范畴。这些费用能否按时回收，主要取决于后期上盖物业开发的招投标政策或相关政府投资是否到位。

车辆段上部大平台建设，是影响车辆段工程投资最重要的因素。目前，国内车辆段上盖平台采取双层盖板型式居多，根据相关经验，该部分增加成本约为 5000 元 /m^2。

（五）消防的影响

由于不同地区对上盖物业开发消防的理解、要求各不相同，加之该类工程在国内消防规范中缺乏明确的规范，所以，针对上盖物业开发车辆段消防设计有必要和当地消防部门提前进行充分地沟通，实现对设计思路的确定和梳理。根据相似案例的经验，像香港、深圳地区对车辆段盖上、盖下的消防设计便要求予以分开，盖上、盖下两者间使用耐火极限≥ 4 小时的防火板以及防火墙，上盖物业落至车辆段内的板、柱等耐火极限需至少满足四小时，与此同时，增加结构尺寸与保护层的厚度。

一般情况下，通风排烟窗很难设置于车辆段屋顶，而平台下库房的通风条件也不是十分理想，所以应增设风机、风管等设备加大排烟、通风的力度。所以，在车辆段上盖物业设计期间需要与专业消防设计单位进行沟通，或将专项消防设计交由其进行操作。

（六）振动的影响

形成车辆段振动的因素主要包括如下：出入车辆段产生的振动、检修库内吊车运行的振动、地铁车辆试车产生的振动等，这些振动对人体具有一定的影响。

（七）噪声的影响

盖上物业对盖下车辆段噪声污染的主要因素包括：设备噪声、交通噪声以及人流噪声，引发设备噪声的主要方面有水加压泵、发电机、变压器等；交通噪声更多地源自区内道路或停车场进出车辆的噪声；人流噪声通常情况下由娱乐、商场等相关经营活动造成。

（八）废气烟尘

车辆段的废气源主要为电焊机焊接烟气、旋轮或检修作业时造成的粉尘，通过净化装置、加强通风等措施可实现对上述问题的解决，从而对盖下工作人员的影响大大降低，对上盖物业人员的影响甚微。

（九）高温

车辆段盖下空气流通不畅，散热慢，极易造成高温闷热。相对于未上盖空气质量的下降和高温闷热是盖下环境污染体现最大的地方。

（十）采光

由于上盖大平台将盖下空间形成较大面积的封闭区域，盖下车辆段自然采光差，需要通过其他人工方法进行补光，补光时应考虑其节能性及人的舒适度感受。

二、上盖物业对地铁车辆段影响度评价指标体系构建

1. 根据评价指标设定原则确立评价指标体系

前述分析了上盖物业对车辆段的 10 个主要影响因素，比较科学全面地反应了评价指标，很好地体现了科学性、系统性原则，但是上述指标中，部分指标之间会出现一定程度的交叉影响，比如噪声与振动很多情况下都是同时产生的，故这两个因素应该合并成一个指标因素。根据上述原则，确立上盖物业对地铁车辆段影响度评价指标，主要分 9 个二级指标。

2. 根据专家反馈意见调整评价指标体系

本次研究在车辆段与上盖物业影响度评价体系构建过程中，共选取了 8 位专家进行意见收集，专家反馈的意见中，有 5 位专家认为评价指标中，建筑结构、施工工期、振动、噪声等影响因素均会对工程投资因素产生影响，故工程投资不宜与其他指标一起纳入评价指标体系，应予以删除。另有 4 位专家认为振动、噪声、废弃烟尘等指标主要为车辆段对上盖物业的影响因素，上盖物业对车辆段产生的振动、噪声及废弃烟尘等影响基本可忽略不计，可从影响因素指标中剔除。

第三节　上盖物业与车辆段影响度评价体系构建

一、权重分析主要方法

多指标综合性内容评价，主要是根据人们所形成的多样化指标模式，进行不同目标的内容评价，可以根据情况选择相应的评价形式，据此选择多个因素或指标，并通过特定的评价方法将多个评价因素或指标转化为能反映评价对象总体特征的信息，综合评价的结果由评价指标与权重系数直接影响。

多目标决策过程中最重要环节即为评价指标权重的确定，因为多目标决策的思路模式，主要是将多目标的决策内容进行量化结果值确定，也就是说，根据一定的技术方法手段，对于实际的方法，进行价值内容的综合数值转化，或者说，运用多样化的技术方法进行目标的问题解决，最后，按照一定的决策理论，进行内容决策。

对于指标权重来说，主要是反映了在具体评价过程中，所产生的不同程度内容的评价模式，综合上是能够解决多种问题指标的重要性内容，对于主观及客观因素进行反应，有效地将权重赋值进行合理的评估。而这些是决定了评价结果是否与实际相符；其中某个因素权重的变化，将会直接影响整个评价结果。因此，权重的赋值必须做到客观合理，这就要求寻求合适的权重赋值方法。

（一）专家调查法

专家调查法依据评价对象的具体要求选定若干个评价项目，然后根据评价项目确定评价标准，聘请若干具有代表性的业内知名专家，凭借他们的经验，对评价标准提出相应的意见，并给出各项目的评价分值，然后对专家评分值进行分析计算。

1. 基本特点

（1）简便。

（2）具体的直观性比较强，每个等级之中，都会具有一定的标准化打分模式。

（3）计算方法比较简单，同时，在可选择余地层面上，也比较容易。

（4）进一步对定量计算的方法进行项目内容思考，对于项目评价做以有效考虑。

2. 主要特点

（1）进行专家的邀请，请其能够参与评价，充分利用专家的经验和学识；

（2）由于专家之间不碰面，每一位专家均能不受他人干涉地作出独立自由的判断。

3. 主要原则

（1）合理地对专家进行挑选，择优一定权威性的人物。

（2）在进行检查之前，会形成具体的调查目的呈现，以确定能够获得对应对象的帮助与支持，以确定其能够更加客观地进行内容的评分，从而提高指标的合理性。

（3）调查表格设计应该用词准确，避免引起歧义，一次不宜调查太多问题，不要问无关紧要的问题，并且在具体的调查问题之前，不需要进行互相包含的内容模式，对于具体的问题给予更加明确的调查。对于调查对象而言，是均能从同一角度去评价。

（4）形成专家的信息内容提供，以便能够及时地对具体的内容做出判断。

（5）需要对专家进行有效的数字模式分析，并且对于其中的要求，不需要进行苛刻的要求。

（6）避免形成组合模式。如果对于同一事件来说，形成不同方法的表达，那么，专家对于表达的回答是很难进行的。

4. 注意事项

（1）针对于专家的意见来说，避免其彼此进行集体模式的讨论，而且需要其单独提出相关性意见。

（2）可以对其形成一定的信息内容供给，从而使其有足够的根据做出判断。

（3）所提问的问题应是专家能够回答的问题。

（4）对专家估计数字精确度不做任何要求。

（5）尽可能将过程简化，不问与预测无关的问题。

5. 专家调查法优点

（1）能够有效避免会议法中被最大或地位最高的专家左右，形成调查对象的一致化。

（2）对于管理者来说，能够形成有效的意见统一，以便形成具体对应的决策，其中，对于观点不能忽视。

（3）需要尊重各位专家的意见，并且让其能够更好地发挥其应有的作用，不断地集思广益，这样对于结果的准确性，是有一定帮助的。

（4）能够将多位专家的分歧点进行表达，并且做到扬长避短。

（5）合理权衡多位专家意见，确保其意见不会影响其他的人。

（6）避免触发影响专家发表观点的因素，帮助专家更好地进行观点的表达。

（7）有效避免专家因出自自尊心因素，而不愿意将自己意见进行修改的情况出现。

（二）层次分析法

1. 层次分析法

针对人们而言，在多个领域当中都会出现一定的问题，在对于这些问题进行分析的时候，往往会存在多个因素互相影响、制约的情况。在层次分析法层面上，主要是对于这类系统的内容进行了分析，并且形成了一种简洁的实用性方法。在层次分析法的内容中，其实强调的是一种能够解决多种目标系统的复杂分析方法，采取的是定性与定量内容的合理结合。这种方法能够对于决策者进行经验内容的有效判断，从而对于各个指标当中所形成的重要性因素，形成合理化的指标衡量，形成相对标度，以相对标度为基础，利用一定的数学方法，求得各个指标的权重，作为各方案的优劣排序，在难以用定量方法解决的系统问题中发挥了至关重要的作用。

2. 层次分析法原理

层次分析法的思想内容是，根据现阶段的问题、系统内容、特征，进行层次递进的关系结构构建，对多个因素进行内容比较，再根据对应的指标，给予要素的层次因素判断，形成一定的矩阵内容，从而得出对应的下层关系要素，对其对应的上层要素的相对重要程度产生作用。

层次分析法的根据性问题内容以及期待获得的总目标，能够依据此进行对问题的多元化分解组合，最终按照因素之间的关系给予更多层次内容的组合安排，形成一个多层次化内容的结构模式，最终形成最底层的内容，达成最高的目标相对权重，从而进一步对其进行优劣次序的排序。其中值得注意的是，当问题组成因素超过 9 项时研究人员，应将组成因素进行分组，形成递阶层次结构，分层级进行内容的分析比较。

而对于层次分析法来说，其中的重要特征在于，能够采用少量的信息内容，对于更多的信息给予复杂决策的问题本质研究，并且对其中的因素等给予深入分析，对于思维过程给予数学化模式的运算，从而对多目标的准则给予达成，以提供更加简便的决策方案。这些特别适合于那些决策结果难于直接准确量化的系统问题。

3. 方法与步骤

在进行层次法内容分析的时候，需要构建模型，具体的步骤可以分为以下四个层面。

（1）构建层次结构模式

在进行问题分析的时候，其中所具有的相关因素，会在相关内容的基础上，形成属性不同的因素，其中因素可以从上到下地进行层次的分解。在同一个阶级层面上，也会对上一级的因素具有一定的影响，同时对下一级的因素也会存在一定的作用。而总体上来说，层次结构基本上可以分为：顶层、中层和底层，三个层级。

（2）构造判断矩阵

在具体的层次结构当中，从属上一层的因素，可以进行同一级别的因素比较，相关的比较程度对于准则的影响，是需要在事前进行规定量化的，同时矩阵形式，也就是说判断矩阵。在其中的各个元素的数值一般是从一到九位标度法进行内容的确定，进而通过专家评估的模式，进行数据的获得。

（3）计算权向量

计算权向量，就是计算每个判断矩阵的因素，对于其中的准则进行权重的判断。其中，判断矩阵 A 针对于最大特征值 λ_{max} 的特征向量 W，在经过归一化之后，也就是相关的因素对于上一层次的因素，形成一定的重要性内容排序，排序是按照权值进行排列的。权重的相关计算方法含有根法等方式。

（4）一致性检验

为了有效避免其他多种因素对于矩阵的内容干扰，就需要在实际的判断当中，形成矩阵的一致性内容，对于一致性需要检验。只有通过检验，才能够说明矩阵逻辑是比较合理的，才能够针对相关的结果内容进行分析，从而对判断矩阵进行一致性的检验，计算：

$$CR = CI / RI$$

式中，CR 内容是一致性比率。当 $CR < 0.10$ 时，可以认为，对于判断矩阵来说，相关的一致性是能够接受的，否则就需要对于矩阵进行有效的修改。CI 则是一致性的内容指标，按照下面的计算公式来说：

$$CI = (\lambda_{\max} - n) / (n-1)$$

（三）变异系数法

变异系数法，属于客观赋值范畴，依据各项指标包含的信息直接计算指标的权重。基本思想为：在评价体系当中，如果差异性逐步变大，那么指标就比较难实现，这样，就更加能够反应评价单位的固定内容差距。

例如，在评价某学校多个班级的考试结果时，选择班级平均成绩作为评价的标准指标之一，是因为平均成绩不仅能反映一个班级的学习水平，还能反映各个班级的考试状况。但如果各个班级的平均成绩差别较小，则用该指标来衡量考试结果的意义就不大。

很多情况下，在评价指标的具体体系当中，各种指标的量纲是不同的，而且是比较难以进行差异化比较的，所以，需要采用指标的方式，进行变异系数的衡量，对于指标取的差异程度来说，具体的公式如下：

$$v_i = \frac{\sigma_i}{x_i}\left(i = 1, 2, \cdots n\right)$$

多项权重为：

$$W_i = \frac{V_i}{\sum_{i=1}^{n} V_i}$$

（四）权重分析方法的确定

根据前述分析，目前常用的评价指标权重分析方法有：专家调查法、层次分析法、变异系数法、熵值法等。本研究通过排除法思路，最终采取专家法和层次分析法相结合来综合分析车辆段与上盖物业影响因素的权重。主要原因有以下几方面。

1. 变异系数法、属于客观赋权法，虽然能够较好地排除人为因素的干扰，但运用此类方法分析指标权重时，必须对各个独立指标进行定量赋值，经过分析发现，本研究中的部分影响因素指标很难找到合适的定量取值，比如车辆段对上盖物业的交通影响指标、建筑布局影响指标等很难量化，这些指标无法通过此类方法进行分析，从而导致评价体系中评价因素或指标不全面得情况。

2. 熵值法的相关原理内容，其实就是通过对熵值的计算，来合理判断一个事件的随机性内容和无序程度，同时，也可以运用这样的方式，进行离散程度的内容表示，其中，指标的离散程度越大，该指标对综合评价的影响越大，其权重越大。该方法仅仅以指标的离散程度作为权重的依据，忽略了指标本身的重要程度，实际应用中有时会导致某些非重要指标经此法计算得出的客观权重过大，导致综合权重不切实际，与预期的结果相差甚远。

二、车辆段对上盖物业影响度评价体系构建

（一）构造因素两两判断矩阵

研究采用层次分析法进行车辆段对上盖物业影响度评价，评价指标体系为 3 层，其中 4 个二级指标，9 个三级指标。

由于本研究评价体系有诸多构成因素，是很难具体地达成量化标准的，所以在具体的权重比例确定的过程中，需要采用标度构建判断矩阵。当前，层次分析法的标度的确存在多种方法，比如：分数标度等。而比较常用的是 1 ~ 9 标度，也将采用这种方式进行内容的体现，以下是其具体内容。

判断矩阵 $C=(c_{ij})n\times n$ 有如下性质：

表 8-2　比例标度意义

标度值	定义	说明
1	同样重要	两元素相等重要
3	稍微重要	一个稍高于另一个重要性
5	明显重要	一个明显于另一个重要性
7	强烈重要	一个强烈于另一个重要性
9	绝对重要	一个绝对于另一个重要性
2，4，6，8 相邻判断的中值 若因素 i 与因素 J 比较得 c_{ij}，则因素 j 与因素 i 比较得 $1/c_{ij}$	—	—

如果说，认为 c_i 与 c_j 同样重要，则 c_{ij} =1，c_{ji} =1，认为 c_i 比 c_j 略微重要，则 c_{ij} =3，c_{ji} =1/3，……，从而就能够形成一个层次因素相对于上一个层次因素的判断矩阵内容。

通过对多位专家的调查，得到各上下层级之间的判断矩阵如表 8-3 ~ 表 8-7：

表 8-3　A—B 之间构成的判断矩阵

A	建筑（B1）	交通（B2）	环境（B3）	物业价值（B4）
建筑（B1）	1	2	7	4
交通（B2）	1/2	1	3	2
环境（B3）	1/7	1/3	1	1/3
物业价值（B4）	1/4	1/2	3	1

表 8-4　Bl—C 之间构成的判断矩阵

建筑影响 B1	建筑布局 C1	建筑高度 C2
建筑布局 C1	1	2
建筑高度 C2	1/2	1

表 8-5　B2—C 之间构成的判断矩阵

交通影响 B2	车行交通 C3	人行交通 C4	出入口设置 C5
车行交通 C3	1	4	2
人行交通 C4	1/4	1	2
出入口设置 C5	1/2	1/2	1

表 8-6　B3—C 之间构成的判断矩阵

环境影响 B3	废气 C6	振动 C7	噪声 C8
废气 C6	1	1/4	1/3
振动 C7	4	1	2
噪声 C8	3	1/2	1

表 8-7　B4—C 之间构成的判断矩阵

价值影响 B4	振动 C7	噪声 C8	通勤出行 C9
振动 C7	1	2	1/4
噪声 C8	1/2	1	1/5
通勤出行 C9	4	5	1

（二）单层次排序计算并做一致性检验

单层次排序为相同层次要素对其上层次某要素的相对重要性权重。一般情况下，将两两比较矩阵的特征向量作为该层次要素的权重排序。

矩阵的特征值及其对应的特征向量有多种计算方法，比如和积法、方根法、幂法等，采用方根法计算，以下是其具体步骤。

1. 单层次排序计算

对于两两比较判断矩阵 C，其对应的经正规化后的特征向量 W 即为元素的排序权重。以下是其计算步骤。

（1）A——B 矩阵

1）判断矩阵 B 的元素按行相乘，得到行元素的乘积 M_i

$$M_i = \prod_{i=1}^{n} b_{ij}\left(i, j = 1, 2, \cdots n\right)$$

$$M = \left(56, 3, 0.015873, 0.375\right)^T$$

2）各行的乘积 M_i 分别开 T 次方，得到 W_t'

$$W_i = \sqrt[n]{M_i}\left(1,2,\cdots n\right)$$

$$W^{'} = \left(2.736,1.316,0.355,0.783\right)^T$$

3）将向量 W' 归一化

$$W_i = W_i^{'} / \sum_{j=1}^{n}\left(i=1,2,\cdots,n\right)$$

$$W = \left(0.527,0.254,0.068,0.151\right)^T$$

归一化的向量 W 即为各个指标的权重。

4）计算判断矩阵的最大特征根 $\lambda_{\max}$

$$\lambda_{\max} = \sum_{i=1}^{n}\left[\left(AW\right)_i / nW_i\right] = 4.0499$$

（2）一致性检验

在针对几个指标进行判断的时候，需要进行两两的内容比较，若得到如下比较结果：A>B，B>C，那么 A>C，反之，就不成立，更加明确一点说，那么如果 A 比 B 重要值为 3，B 比 C 重要值为 3，那么 A 与 C 比较，值应该为 6，但是，最终得到的数据不是 6，那么就会在一致性层面上存在偏差。因此，需要通过矩阵内容给予一致性的判断，以确保两者进行比较的时候，不会出现上述的错误内容。

判断矩阵的一致性指标为：

$$CI = \left(\lambda_{\max} - n\right)/\left(n-1\right)$$

式中的 n 为 n 判断矩阵的阶数。

平均随机一致性指标 RI，这是一个常量，根据阶数可以在量表里查询。RI 的取值如表 8-8 所示。

表 8-8　RI 的取值

阶数	1	2	3	4	5	6	7	8	9	10	11	12
RI	0	0	0.52	0.80	1.12	1.26	1.36	1.41	1.46	1.49	1.52	1.54

（3）计算一致性比率 CR

$$CR = CI / RI$$

一般认为，当 CR<0.1 时，判断矩阵满足一致性要求，否则，就需要不断地对其进行内容调整，从而满足其有效的一致性检验内容。

将正规化后的 W 作为元素的排序权重。一致性指标 $CI = \left(\lambda_{\max} - n\right)/\left(n-1\right) =$ 0.001664，由表 8-8 得 RI=0.8，于是一致性比率 $CR = CI / RI = 0.0208 < 1$，判断矩阵一致性检验通过，可以接受该组权重计算结果。

2. 同理可得

B1——C 矩阵的特征向量

$$W=(0.667,0.333)^T$$

$\lambda_{max}=2$，$CI=(\lambda_{max}-n)/(n-1)=0$，$CR=CI/RI=0<0.1$，判断矩阵一致性检验通过，可以接受该组权重计算结果。

B2——C 矩阵的特征向量

$$W=(0.572,0.143,0.286)^T$$

$\lambda_{max}=3.0$，$CI=(\lambda_{max}-n)/(n-1)=0$，RI=0.52，$CR=CI/RI=0<0.1$，判断矩阵一致性检验通过，可以接受该组权重计算结果。

B3——C 矩阵的特征向量

$$W=(0.122,0.558,0.320)^T$$

$\lambda_{max}=3.0$，$CI=(\lambda_{max}-n)/(n-1)=0.0091$，RI=0.52，$CR=CI/RI=0<0.1$，判断矩阵一致性检验通过，可以接受该组权重计算结果。

B4——C 矩阵的特征向量

$$W=(0.200,0.117,0.683)^T$$

$\lambda_{max}=3.0246$，$CI=(\lambda_{max}-n)/(n-1)=0.0123$，RI=0.52，$CR=CI/RI=0<0.1$，判断矩阵一致性检验通过，可以接受该组权重计算结果。

（三）总层次排序计算并做一致性检验

总层次排序是单层次排序权重自上而下地进行合成。

车辆段对上盖物业的所有因素的总排序按表 8-9 所示方式进行计算。

表 8-9　车辆段对上盖物业影响度及权重

B 层	建筑	交通	环境	价值	C 层因素总排序权重
C 层	0.527	0.254	0.068	0.151	
建筑布局	0.667	0.000	0.000	0.000	0.352
建筑高度	0.333	0.000	0.000	0.000	0.175
车行交通	0.000	0.572	0.000	0.000	0.145
人行交通	0.000	0.143	0.000	0.000	0.036
出入口布置	0.000	0.286	0.000	0.000	0.073
废气	0.000	0.000	0.122	0.000	0.008
振动	0.000	0.000	0.558	0.200	0.068
噪声	0.000	0.000	0.320	0.117	0.039
通勤出行	0.000	0.000	0.000	0.683	0.103

对总排序结果进行一致性检验。计算综合检验指标：

$$CI=\frac{\sum_{i=1}^{n}CI(i)W_i}{\sum_{i=1}^{n}RI(i)W_i}=\frac{(0,0,0.0091,0.0123)(0.527,0.254,0.068,0.151)^T}{(0,0.52,0.52,0.52)(0.527,0.254,0.068,0.151)^T}=0.01<0.1$$

判断矩阵一致性检验通过，可以接受该组权重计算结果。因此，运用层次分析法确定车辆段对上盖物业影响因素之间的相对重要程度是可行的。

（四）评价指标赋值准则的设定

采用主观赋值法对各评价指标进行赋值。在评分等级上，根据建筑布局建筑高度、车行交通、人行交通、出入口设置、废气、振动、噪声，通勤出行等指标对上盖物业的影响强弱程度分为 10 个等级，分别对应于 1（基本无影响）、2（特别弱）、3（很弱）、4（较弱）、5（一般）、6（较强）、7（很强）、8（特别强）、9（严重）、10（严峻）这 10 个分值。

三、上盖物业对车辆段影响度评价体系构建

（一）构造因素两两判断矩阵

根据第二节的分析，上盖物业对车辆段的影响主要有建筑、结构、施工周期、消防、高温及采光等 6 个方面。

两两判断矩阵的确定是根据专家所给的两两判断矩阵的基础上，对个别比值与其他专家所给比值相差较大的，进行剔除，然后求平均值获得（表 8-10）。

表 8-10　上盖物业对车辆段的影响因素判断矩阵

A	建筑（C1）	结构（C2）	施工周期（C3）	消防（C4）	高温（C5）	采光（C6）
建筑（C1）	1	2	3	8	7	9
结构（C2）	1/2	1	2	7	6	8
施工周期（C3）	1/3	1/2	1	6	6	5
消防（C4）	1/8	1/7	1/6	1	1/2	2
高温（C5）	1/7	1/6	1/6	2	1	2
采光（C6）	1/9	1/8	1/5	1/2	1/2	1

（二）指标权重排序计算及一致性检验

1. 指标权重计算

（1）判断矩阵 C 的元素按行相乘，得到行元素的乘积 M_i

$$M_i = \prod_{i=1}^{n} c_{ij}\left(i,j=1,2,\cdots,n\right)$$

$$M = \left(3024,336,30,0.0029762,0.015873,0.0006944\right)^T$$

（2）各行的乘积 M_i 分别开 T 次方，得到 $W_i^{'}$

$$W_i^{'} = \sqrt[n]{M_i}\left(i=1,2,\cdots,n\right)$$

$$W^{'} = \left(3.803,2.637,1.763,0.379,0.501,0.298\right)^T$$

（3）将向量 W' 归一化

$$W_i = W_i^{'} / \sum_{j=1}^{n} W_j^{'}\left(i=1,2,\cdots,n\right)$$

$$W = \left(0.405,0.281,0.188,0.140,0.053,0.032\right)^T$$

归一化的向量 W 即为各个指标的权重。

2. 一致性检验

计算最大特征根 $\lambda_{\max}$

$$\lambda_{\max} = \sum_{i=1}^{n}\left[\left(AW\right)_i / nW_i\right] = 6.218$$

一致性指标 $CI = \left(\lambda_{\max} - n\right)/\left(n-1\right) = 0.0436$，RI=1.26，$CR = CI/RI = 0.0346 < 0.1$，判断矩阵一致性检验通过，可以接受该组权重计算结果。

（三）评价指标赋值准则的设定

采用主观赋值法对各评价指标进行赋值。在评分等级上，根据建筑、结构、施工周期、消防、高温、采光等指标对车辆段的影响强弱程度分为 10 个等级，分别对应于 1（基本无影响）、2（特别弱）、3（很弱）、4（较弱）、5（一般）、6（较强）、7（很强）、8（特别强）、9（严重）、10（严峻）这 10 个分值。

结 语

综上所述，城市人口密度逐年增加，使得城市公共交通面临更大的压力。频繁地交通堵塞、拥堵等问题影响着人们出行的便利性。为了有效缓解城市交通压力，各大城市开始加大地铁交通项目的建设。在现阶段地铁交通项目建设中，关键施工技术的合理应用可以进一步提高车辆段的施工水平，结合施工管理工作的科学实施，有利于车辆段的顺利建设。

将BIM技术用于地铁车辆段施工全过程管理，通过BIM平台建立的模型，其工程量都是可以全部进行计算的。通过BIM技术可以把控材料总计划，能更好控制施工现场材料，实现材料精细化管理。BIM技术还可以进行内部多专业碰撞检查，通过结合施工方案和深化设计方案进行碰撞检查，可以有效避免工期延误等问题。通过BIM技术建立三维立体模型，可以很直观地反映出现场道路的布置、材料堆放现场、加工区、生活区等情况。能在施工时最有效地利用场地，便于施工人员现场管理，保证现场运输道路畅通，避免材料二次搬运和事故发生。地铁工程作为目前城市基建的主要组成部分，建设热潮涌动，竞争市场也越发激烈。要想在地铁市场拥有一席之地，就要对地铁施工进行施工技术分析和总结，对施工过程管理采用BIM全过程精细化管理，对施工技术要积极创新和实践，选择适合工程施工的新工艺、新技术、新方法。由于更难以交叉融合领域的专业进行车辆段施工，为了确保车辆段施工符合标准的要求，需要关注规划时间表，全面落实质量、安全管理，在此基础上通过对工程建设需求的分析，合理应用不同的关键技术，进而在提升车辆段建设技术水平的同时，保证地铁车辆段建设的顺利运行。

参 考 文 献

[1] 冯航，袁亮亮 . 城市轨道交通车辆段及停车场工程合同管理研究广州地铁六号线二期萝岗车辆段项目清单 [M]. 广州：华南理工大学出版社，2016.

[2] 李增良，宋鹏杰，张利军 . 复杂突变地层地铁工程施工技术 [M]. 北京：中国铁道出版社，2022.

[3] 刘磊 . 地铁车辆段综合工程的施工管理 [J]. 建材与装饰，2020，（13）：255，258.

[4] 陈晓立 . 浅谈地铁车辆段工程施工管理 [J]. 商品与质量，2019，（35）：64-65.

[5] 王立庄，曹伟，申宇 . 基于 BIM 的地铁车辆段施工管理研究 [J]. 项目管理技术，2021，（3）：117-121.

[6] 刘银 . 浅析地铁车辆段工程施工关键技术与施工管理 [J]. 建材与装饰，2020，（32）：273-274.

[7] 杨龙 . 地铁车辆段工程的监理管理与协调 [J]. 建设监理，2022，（5）：31-33，55.

[8] 高卫东 . 地铁车辆段工程施工关键技术与施工管理 [J]. 城市建设理论研究（电子版），2019，（31）：40.

[9] 邢文军 . 基于地铁车辆段工程中高支模施工技术探究 [J]. 交通科技与管理，2023，（4）：150-152.

[10] 肖瑞金 . 地铁车辆段工艺设计 [M]. 成都：西南交通大学出版社，2021.

[11] 张雄，陈斌 . 地铁车辆段及上盖物业开发规划与设计 [M]. 北京：人民交通出版社，2020.

[12] 方金刚，押晓飞，宋在荣 . 岭南区域城市轨道交通车辆段复杂地质施工关键技术 [D]. 广州：广州城建职业学院，2023.

[13] 任立志，白伟，李围 . 地铁场段出入线超大断面隧道群施工关键技术 [M]. 北京：中国铁道出版社，2018.

[14] 袁亮亮，吴敏 . 城市轨道交通车辆段及停车场工程合同管理研究 [M]. 广州：华南理工大学出版社，2016.

[15] 曹忠于 . 广州市轨道交通嘉禾车辆段及综合基地工程技术总结与研究 [M]. 广

州：华南理工大学出版社，2017.

[16] 曹容宁，姜博龙，孙晓静，等. 地铁车辆段上盖建筑振动预测方法研究 [M]. 北京：北京交通大学出版社，2023.

[17] 农兴中，史海鸥，翟利华. 岩溶地区地铁工程设计关键技术研究与应用 [M]. 长沙：中南大学出版社，2021.

[18] 蔡峥编. 地铁 TOD 车辆段上盖商业空间设计与运作指引 [M]. 杭州：浙江大学出版社，2021.

[19] 刘泉维，李维洲编. 中国隧道及地下工程修建关键技术研究书系近海富水硬岩条件下地铁快线建造关键技术与创新青岛地铁 13 号线工程 [M]. 北京：人民交通出版社，2021.

[20] 刘维宁. 地铁车辆 - 轨道耦合动力学解析方法 [M]. 北京：科学出版社，2019.

[21] 温起峰. 地铁车辆段施工技术应用研究 [J]. 运输经理世界，2022，（17）：14-16.

[22] 李涛. 地铁车辆段工程施工关键技术与施工管理 [J]. 科海故事博览，2022，（18）：85-87.

[23] 刘凌军.TOD 开发模式上盖地铁车辆段关键施工技术 [J]. 交通世界，2023，（10）：31-34.

[24] 黄悦. 地铁车辆段施工中的二次经营 [J]. 经济技术协作信息，2019，（17）：36.

[25] 李伟，孙更利，康龙，等.BIM 技术在高寒地区地铁车辆段施工中的应用研究 [J]. 黑龙江交通科技，2023，（9）：165-167.

[26] 杨树松，朱晋文，盛锦江，等. 直流集中供电技术在地铁车辆段照明中的应用 [J]. 城市轨道交通研究，2023，（7）：265-270.

[27] 范玉涛. 带上盖地铁车辆段塔式起重机拆除技术与施工 [J]. 建筑机械化，2023，（4）：40-42.

[28] 陈斌. 新工艺新技术在地铁车辆段施工中的有效应用分析 [J]. 运输经理世界，2022，（19）.

[29] 徐剑，王勇，苗璧昕. 基于 BIM 技术的地铁车辆段施工协同管理研究——以佛山地铁 2 号线林岳车辆段施工为例 [J]. 项目管理技术，2021，（6）：100-104.

[30] 侯壮. 地铁车辆段施工管理中的 BIM 技术应用和监理工作 [J]. 科技创新导报，2021，（35）：166-168.